교류의 바다 동해

이 저서는 2011년도 정부재원(교육과학기술부 학술연구지원사업비)으로
한국학중앙연구원의 지원에 의하여 연구되었음(AKS-2011-DAD-3101)

교류의 바다 동해

윤재운 지음

경인문화사

책머리에

필자가 개인적으로 동해에 관심을 가지게 된 시점은 2004년으로 거슬러 올라간다. 당시 고구려연구재단 소속으로 크라스키노성에서 시행된 한·러 공동 발굴 작업에 참여하게 된 것이 계기였다. 난생 처음 본 크라스키노성과 동해의 모습, 그리고 출토된 여러 유물 들은 나의 지적 호기심을 자극하였다. 발굴에서 돌아온 후 우연한 기회로 일본의 노토반도에 있는 후쿠라항을 방문할 기회가 있었다. 책에서만 보던 동해를 건넌 발해사절단의 일본측 도착항구가 바로 이곳이었다! 유물 가운데 특히 주목을 끈 것은 토마(土馬)였다. 본서의 4장에도 실려 있는 발해의 해양신앙이란 글은 이를 바탕으로 작성된 것이다. 이후 2006년까지 크라스키노성 발굴에 참여하면서 성 주변 일대를 답사할 수 있었고, 많은 영감을 얻기도 했다.

이후 삼척, 속초 등에서 환동해 관련 학술회의나 세미나 등에 참여할 기회가 있었다. 삼척은 동해왕 이사부, 속초는 러시아와의 항로 개통을 계기로 속초시립박물관에 세계 최초로 발해박물관을 세우는 등 환동해교류의 거점으로 거듭나기 위해 많은 노력을 기울이고 있었다. 이를 계기로 동해에 대한 관심을 더욱 기울이게 되었다. 이와 관련하여 2007~2008년에 걸쳐 동북아역사재단에서 시행한 '고대 환동해 교류사 연구'사업에 참여하면서 환동해 교류와 관련된 일본측 주요 유적지를 볼 수 있는 기회도

얻었다.

2008년에 대구대학교로 자리를 옮긴 뒤에도 동해와 관련된 인연은 이어졌다. 대구대학교의 연수원이 경북 영덕에 있어서 자주 영덕을 포함한 경북 동해안 지역을 답사할 계기도 마련되었다. 그리고 이 책을 내게 된 결정적인 계기는 2011년에 한국학중앙연구원에서 시행한 프로젝트에 선정되면서 부터이다. '바다와 한국사'란 주제 아래 모두 8명의 연구원들이 모여 2년간 연구를 한 것이 큰 도움이 되었다. 강봉룡, 김동전, 박남수, 이진한, 이청규, 하우봉, 한철호 선생님과의 교류는 필자에게 좋은 추억과 자극을 주었다.

필자는 지금 연구년 차 미국 버클리대 동아시아연구소 한국학센터에 와 있다. 태평양을 바라보면서 '바다와 한국사'시리즈의 하나인 본서를 마무리 할 수 있는 좋은 기회를 얻어 매우 영광스럽게 생각한다. 아무쪼록 본서가 동해, 환동해교류 연구의 활성화에 작은 디딤돌이라도 된다면 여한이 없을 것이다.

이 책이 나올 수 있도록 많은 도움을 주신 분들께 감사를 드리고 싶다. 우선 연구의 기회를 준 한국학중앙연구원 측과, 지적호기심을 충족시켜주신 '바다와 한국사' 연구진들에게도 감사를 드린다. 다음으로 고구려재단 및 동북아역사재단 재직시 따뜻한 격려와 배려를 해 주신 동료 연구위원 분들에게도 사의를 표하고 싶다. 그리고 학과의 막내임에도 여러 외부 연구 활동에 지원과 격려를 아끼지 않으시는 대구대학교 역사교육과의 교수님들께도 감사를 드린다. 같은 전공은 아니지만 학교안에서 항상 따뜻한 관심과 격려를 해주시는 정철, 정인호, 박종근 교수님께도 사의를 표한다. 본서의 표지 선정 및 버클리 적응에 많은 도움을 주신 버클리대 동아시아 도서관 장재용 선생님의 배려도 빼놓을 수 없다. 어려운 출판사정에도 불구하고 본서를 포함한 바다와 한국사 시리즈 출판을 흔쾌히 허락해 주신 경인문화사와 실무를 맡아 많은 도움을 주신 신학태 실장님께도 감사를 드린다.

　마지막으로 가족의 도움과 배려가 없었다면 연구 활동에 많은 어려움이 있었을 것이다. 이 기회를 빌어 언제나 곁에서 필자를 자상하게 챙겨주는 아내 효와 사랑스런 아들 예준이에게 고마움을 전한다.

2015년 5월

버클리에서 윤재운

머리말

동해는 아주 오래전부터 한반도·연해주와 일본열도를 연결해 주는 바 닷길이었다. 고대 국가가 성립되기 이전부터 이 해역 연안에 거주하던 사 람들은 바닷길을 통한 교류를 전개해 왔다.

하지만 동해가 단순한 바다가 아닌, 현재와 같이 동북아시아의 새로운 소통 장소로 주목받게 된 것은 비교적 최근에 이르러서이다. 오래도록 동 해는 정치, 경제, 사회, 문화적 측면에서 주변성을 면치 못하였다. 물론 그 원인은 매우 다양하다. 실제로 동해 지역의 많은 사람들은 이 지역의 느린 경제속도를 주원인으로 제시한다. 그리고 이러한 경제적 측면은 동해에 면해 있는 이 지역을 그들 나라로부터 '변방'으로 인식하게 만든다.

그러나 경제적 관점은 지역을 이해하는 하나의 관점이 될 수 있지만, 지 역 전체를 이해하는 중심 시각은 될 수 없다. 경제·사회·문화 등 다양한 문제들을 아우를 수 있을 때, 비로소 한 지역의 잠재력이 그 모습을 드러낸 다. 즉 경제적 잠재력은 정치적이고 사회문화적이며 환경적인 다른 모든 요인들과의 결합을 통해 현실화된다.

따라서 동해를 이해하기 위해서는 경제적 관점과 더불어 이 지역에서 발생하고 있는 다양한 문제들을 종합적으로 인식할 필요가 있다. 그 어느 때보다 동해에 대한 관심이 증대되고 있는 상황이다. 이 모든 관심이 동해의 경제적 이익 창출이라는 목적에서 출발했을지라도, 이 지역을 하나의 의미 있는 공간으로 재생산하는 것은 경제 이외의 다른 모든 요소들의 총체적인 결합을 통해서이다.

일례로 동해를 통한 교류는 그 역사가 매우 깊다. 반면에 동해는 역사적으로 동북아시아의 대표적인 분쟁 지역이기도 하다. 따라서 동해에 대하여 어느 한 쪽 면만을 보는 것은 이 지역에서 발생하는 갈등의 주요 원인이 되었던 국가 중심, 혹은 민족 중심의 편협한 시각을 되풀이하는 것이다. 모든 지역은 각 국가마다, 행위자마다 같은 사실이라도 다른 기억, 다른 인식을 가질 수 있다. 차이는 때로는 협력의 원인이 되기도 하고 갈등을 조장하기도 한다. 그러나 살아 있는 공간이란 바로 이러한 차이에 의해서 발생한다. 차이는 새로운 공간 생산의 힘이다. 본 연구에서는 이러한 동해의 공간적 특성에 주목해 보고자 한다.

한편 동북아시아 지역에서는 과거로부터 활발한 문물교류가 있어왔다. 그 가운데 한반도는 동북아시아 문물교류의 중심지였고, 그러한 역할을 하고 있었다. 동북아시아에서 해상교류는 크게 한반도를 중심으로 보았을 때, 신의주와 부산을 잇는 축을 중심으로 전개되었다고 할 수 있다. 즉 서남쪽은 위로부터 발해, 황해, 남해 등이 주 무대였고, 동북쪽은 동해와 오호츠크해가 무대였다. 문제는 국내에서의 기존 연구가 주로 한반도를 중심으로 보았을 때, 서남쪽에 해당하는 바다를 통한 교류에 집중되었다는 점이다. 물론 고대문명의 중심축이 중국의 화북지역과 한반도 서남해안, 일본의 규슈[九州]·긴키[近畿] 일대라는 것을 부정할 수는 없다. 하지만 전자가 70~80%의 비중을 점한다면, 후자 즉 동해를 통한 교류는 최소한 20~30%의 비중을 가지고 있었다고 생각된다. 동해를 통한 교류는 선사시대부터 현재까지 활발했다. 러시아연해주-동해안-일본으로 이어지는 항로는 황해-남해-일본으로 이어지는 루트에 못지않게 빈번히 이용되었다. 고대의 경우만 해도 고구려와 발해가 동해를 건너 일본과 활발한 교류를 하였다. 이러한 문제의식아래 동해를 통한 교류를 시기별, 주제별(사람, 물자, 정보의 교류)로 나누어 살펴보고자 한다.

　1장에서는 동해의 재인식과 그 의미라는 주제로, 환동해 지역의 지정학적 중요성, 전근대 동해·동해안 인식의 변천, 그리고 동해지역의 자연 및 인문환경을 서술하였다. 2장에서는 환동해 교류의 여명이라는 주제로, 환동해 문화권의 형성과정과 의미, 옥저·읍루를 통한 초기국가의 환동해 교류의 양상을 서술하였다. 3장에서는 환동해 교류의 본격화라는 주제로, 삼국시대의 환동해 교류를 살펴보았다. 여기서는 환동해 교류의 주역, 신라의 동해안 제해권 장악의 의미, 그리고 고구려의 대왜교섭 등을 살펴보고, 아울러 삼국시대 환동해 교류의 자취를 유적과 유물 및 해양설화를 통해 검토하였다. 4장에서는 환동해 교류가 활성화된 시기였던 남북국시대의 교류의 내용을 사람, 물자, 항로, 그리고 해양신앙을 통해 살펴보았다. 5장에서는 환동해 교류 쇠퇴의 배경을 여진 해적의 대두와 고려의 대일교섭 양상을 통해 살펴보았다.

　이상의 검토를 통해 청동기시대부터 고려시기까지의 환동해 교류의 생성, 전개 그리고 쇠퇴 과정의 역사적 전개와 그 변화상을 추적해 보았다. 이를 통해 우리 역사에서의 동해, 환동해 교류의 의미를 새롭게 보고자 한다.

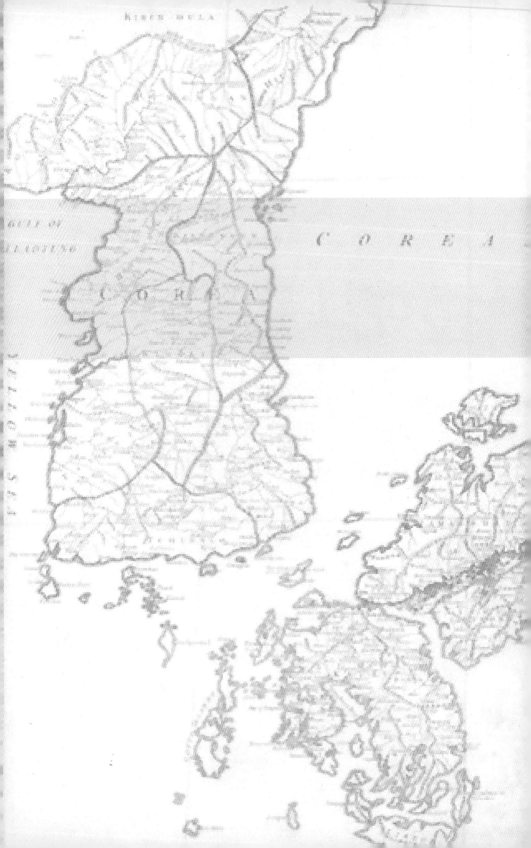

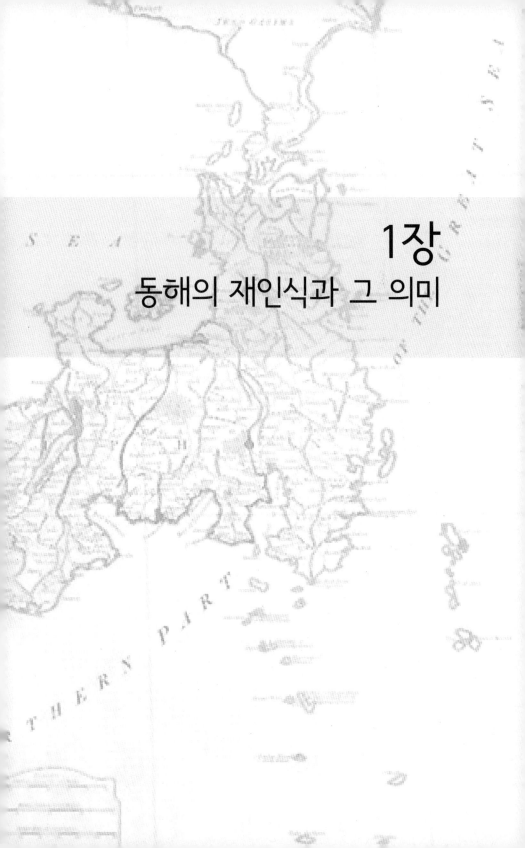

1장
동해의 재인식과 그 의미

오늘날 학문적으로 '환동해' 지역은 일본의 '환일본해' 지역에 대응하는 개념으로 사용되기도 한다. 협의적 정의로는 한국(강원도, 경북, 경남, 부산), 북한(함경남도, 강원도), 중국(길림성, 흑룡강성), 일본(동해 연안 14개 도부현[道府縣]), 러시아 연해주지역을 포함하고, 광의적 정의로는 한국, 북한, 일본, 러시아 극동지구, 중국의 동북 3성을 포함한다. 초광의적 정의는 몽골, 발해만 지역을 포괄하여 동북아시아와 유사한 개념이 되기도 한다. 본서에서는 협의적 개념으로 동해·환동해 지역의 교류에 대해 살펴보고자 한다. 이를 위해 우선 전근대 동해·동해안에 대한 인식을 검토하고, 동해 지역의 자연·인문환경도 간단히 살펴 한국 고대 환동해 교류에 대한 인식의 토대를 마련해보고자 한다.

I. 왜 환동해 지역인가?

환동해권에 대한 관심은 사회적 측면, 특히 지방 수준의 정책적 측면에서 시작되었다고 해도 과언이 아니다. 한국에서는 환동해 간 지역 교류에 대한 열망에도 불구하고 동해는 여전히 변방 지역으로 인식되고, 지방 개발 차원에서 주로 논의가 되면서 동해 연구는 답보에 이르고 있다. 따라서 동해라는 공간은 실재적인 장으로서 학문적인 연구가 진행되어야 할 대상이다.

일반적으로 환동해권은 동해를 둘러싼 한반도 동해안, 일본의 서해안, 중국의 동북3성, 러시아 극동지역을 포함한 지역으로 범위가 정해진다. 이를 세분화하면 지리적으로 환동해 지역은 탈냉전 이후 중국의 경제발전, 러시아의 자본주의화 등의 역동적인 지역질서의 변화가 가시화되는 공간이다. 그리고 환동해를 둘러싼 지정학적 역학 관계가 활발하게 변모하고 있는데, 이 지역에서의 이러한 변화는 국가적 시각은 물론 초국가적 시각, 지방적 시각을 동시에 요구하고 있다. 또한 이 지역에서는 기존의 전통적 안보 개념을 확대시켜 인간 삶의 영역까지 포괄하는 인간안보 문제가 대두되고 있다.

지경학적으로 환동해는 에너지 개발 및 물류 운송의 차원에서 교통의 요지이자 결절 지역이다. 또한 오랜 저개발 상태로 청정 환경이 유지되고 있는 공간이다. 아울러 역내 주민들의 공동관심사 증대(인권, 환경오염, 빈부격차, 지역개발, 개발공동체)로 초국가적 문제가 제기되고 있으며, 인적·물적·문화적 교류로 국가 간 문화 교차현상도 심화되는 추세이다. 아울러 이 지역은 국가-지방-지역 등 행위 주체의 다원화, 정부-시장-시민사회 등 영역의 다원화가 되고 있다. 보다 전략적 차원에서 일본 중심의 '일본해학'을 극복하고 일본중심의 환동해 담론에 대하여 적극적으로 대응할 필요가 있다.

환동해 지역의 속성은 단일요소가 아닌 다양한 요소들의 비선형적인 상호작용에 의해 구성된다. 그 속성을 이해하기 위해서는 정치적·경제적·사회적·문화적·자연적·지정학적 등의 요인으로 분리하여 기술하는 분석보다는 포괄적으로 인식하는 해석이 더 적합하다. 기존의 동아시아 연구가 주로 어떤 특성이 유사한 지역 범위로 규정되는 등질 지역을 찾아 나서는 작업이었다면, 이제는 어떤 중심지의 기능이 미치는 범위인 기능지역을 찾아내는 작업이 동시에 필요하다.

한편 오늘날 학문적으로 '환동해'지역은 일본의 '환일본해'지역에 대응하는 개념으로 사용되기도 한다. 협의적으로는 한국(강원도, 경북, 경남, 대구, 부산), 북한(함경남도, 강원도), 중국(길림성, 흑룡강성), 일본(동해 연안 14개 도부현[道府縣]), 러시아(연해주)를 포함하고, 광의적 정의로는 한국, 북한, 일본, 러시아 극동지구, 중국의 동북 3성을 포함한다. 초광의적 정의는 몽골, 발해만 지역 등을 포괄함으로써 동북아시아와 유사한 개념이 되기도 한다.

환동해 지역은 단순히 지리적 시각에서 정해진 고정된 지역 개념이 아닌 역동적이고 살아 움직이는 변경적 공간 개념으로 재인식해야 한다. 환동해 지역을 물리적·절대적 공간 안에 가두지 않고 사회적이고 상대적인 공간 속에서 개념화하고, 재현 및 실천을 통해 새롭게 재구성되는 공간으로 이해할 필요가 있는 것이다.

환동해 지역성에 대한 논의는 기존 동아시아 지역성 논의의 한계에서 출발할 필요가 있다. 지역 정체성은 고정적·일원적이거나 획일화된 것이 아니라 지역 내외부와의 소통 속에서 만들어지는 다원적이고 복수적인 관계성이다. 따라서 환동해 지역성은 고정된 대상이 아니라 끊임없이 재구성되는 창발적 공간성으로 이해해야 한다.

일본해학은 '순환', '공생', '일본해' 세 가지를 기본적인 개념으로 하고 있으며, '환일본해의 자연환경', '환일본해 지역의 교류', '환일본해의 문화', '환일본해의 위험과 공생' 등 네 가지 분야로 구성되어 있다. 아직 새로운 학문으로서 체계화되지 못했지만, 어떤 의미에서 일본해학은 실천적인 '새로운 실학'으로 정립되고 있는 중이다.[1]

본서에서는 이러한 일본해학의 실학적 측면을 넘어, 하나의 담론으로서의 환동해학에 대한 검토를 해 보고자 한다. 해류학으로서의 환동해학은 동해를 매개로 형성되는 교섭 공간을 중심으로 문화적, 사회적 자연·인문

환경 공간의 상호연관성을 종합적으로 해석하게 된다. 이는 환동해 지역의 정황적 지식 생산을 중심으로 한 지역연구 방법으로, 환동해 지역의 현재적 현상과 변화 과정을 종합적으로 연구한다. 이는 연구방법에 있어서 인문·사회·자연의 분과학문을 아우르는 학제적 연구방법으로 통합된다.

환동해라는 지역단위는 지역연구에서 실천적 의미를 부여받게 되었다. 현실적 영역에서 다양하게 형성되고 있는 관계성을 이해하기 위해서 학문적 영역에서 연구가 필요한 시점이다. 학문적 수준에서 '어떻게' 환동해를 정의하고 연구할 것인가라는 과제가 제시되고 있다. 여기에 지역연구로서 환동해에 대한 연구의의가 있는 것이다.

Ⅱ. 전근대 동해·동해안 지역 인식

동해라는 명칭이 발견되는 최초의 문헌은 『삼국사기』로, 이 문헌을 통해 한국인에게 동해는 고유한 지명으로 자리 잡고 있었음을 확인할 수 있다. 근대 이전의 동해안 지역에 대한 인식을 주요 문헌 중심으로 살펴보면, 대체로 물리적 경계로서의 지역인식보다는 바다를 중심으로 하는 관념적 인식공간으로서의 지역인식이 우위를 점하고 있다. 인식공간으로서의 동해안 지역은 다음과 같은 몇 가지 의미층위를 형성하고 있다.[2]

첫째, 바다로서의 동해 자체는 자연재해 혹은 자연적 이변이 일어나는 두려움과 경외의 대상이다. 폭풍과 파도, 홍수와 가뭄 등의 자연재해나 고래로 추정되는 엄청나게 큰 물고기의 출현에 대한 기록에 나타난 동해는, 기본적으로 인간을 압도하는 두려움과 경외의 대상으로 인식되고 있다. 동해 해신에게 제사를 지내는 국가의례가 삼국시대에 생겨났고, 고려 이후에는 이것이 하나의 제도로서 정착되면서 동해해신을 모시는 사당이 동해변의 곳곳에 생겨나게 된다. 또한 동해에 대한 신앙적 대상화는 신화적 상상력을 자극하기에 충분하였다. 동북아 지역에서 광범위하게 공유되던 신화적 인식 가운데 하나인 부상국(扶桑國)에 대한 상상이 그 일례이다. 동해 저편에 부상이라는 해가 잠드는 나뭇가지가 있고 이것이 부상국이라는 인식은 널리 알려진 신화이다.

근대 이전 동아시아의 여러 나라에서는 사전(祀典) 체계가 정비되어 있었다. 사전이란 국가에서 거행하는 제사에 대한 규정과 의례를 뜻한다. 국가 사전은 제정(祭政)의 분리 이후 통치 체계 안에 각종 신들에 대한 의례를 포함시키던 시대의 제도로, 권력의 정당성을 마련하고 민심을 안정시키며 영토를 확정하기 위한 목적을 지닌다. 이를 위해 통치자는 그 위상과 기능에 따라 신들의 위계를 정하고, 사묘(祀廟)를 마련하며, 제의(祭儀)의 시기와 규모를 정하였다. 삼국시대에서 조선에 이르기까지 동해는 국가 사전에서 빠진 적이 없었다.

『삼국사기』 제사지(祭祀志)에 따르면 신라는 종묘(宗廟)를 우선으로 하고, 그 다음에 삼산(三山) 이하 명산대천을 나누어 대(大)·중(中)·소사(小祀)로 삼았다. 동해를 포함한 사해(四海)는 오악(五嶽), 사진(四鎭)과 함께 중사(中祀)에 들어 있었다. 동해신을 모시는 신사는 아등변(阿等邊)에 있었는데, 『신증동국여지승람』에 따르면 아등변은 경상도 흥해군에 있었다고 하는데, 흥해군은 지금의 포항시 영일면 일대이다. 현재 연오랑 세오녀를 제향하는 일월사(日月祠)가 있는 곳이다.

신라에 있어 동해신의 중요성은 『삼국유사』에 실려 있는 만파식적(萬波息笛) 설화를 통해서도 알 수 있다. 삼국통일 직후인 682년에 즉위한 신문왕은 불안한 왕권을 확립하기 위해 문무왕과 김유신의 신화를 만들고, 이 신화를 엄숙한 제의를 통해 재연한 뒤, 신성징표를 제시해 반대세력을 진압하고 백성의 마음을 모으려고 시도했다. 682년 5월 1일 동해에 작은 섬이 떠내려 왔다. 일관(日官)은 이것이 동해의 용이 된 문무왕과 33천의 신이 된 김유신의 현현이라고 풀이했다. 신문왕은 5월 7일 도성을 떠나 감포 앞바다에 행차했는데, 15일까지 이레 동안 천지가 진동하고 비바람이 몰아쳐 온 세상이 컴컴했다. 이튿날인 5월 16일 신문왕이 그 섬에 들어가자 용이 현신하여 해중대룡(海中大龍)이 된 문무왕과 천신(天神)이 된 김유신이 보내준 젓대를 바쳤다. 신문왕은 크게 기뻐하여 갖은 예물을 올려 그 은혜에 보답하는 제사를 지냈다. 도성에 돌아온 신문왕은 그 대나무를 가지고 피리를 만들어 월성의 천존고(天尊庫)에 간직하게 하였는데, 이 피리를 불면 적병이 물러가고 병이 나았으며 가물 때는 비가 오고 장마는 개였고 바람은 자고 파도도 잔잔해졌다. 이에 피리 이름을 만파식적이라 하고 나라의 보물로 삼았다. 이 이야기는 신문왕이 재위 초기 권력 기반의 약점을 극복하고 국정 질서를 잡아가는 과정의 일단을 보여준다.

이 이야기에서 주목되는 것은 7세기 후반 신라에 있어 동해가 지니는 제의적 의의와 기능이다. 문무왕은 죽으면서 동해의 호국용이 되기를 자원했다. 신문왕은 왕권의 운명이 걸린 비상시국에서 1주일 이상 도성을 비우는 모험을 감수하면서 동해를 찾아 큰 제의를 거행했고, 이 제의에서 만파식적을 얻어 국정의 안정을 도모할 수 있었다. 이 시기 동해는 국가 혼란과 사회 불안을 불식시키는 초자연적인 힘을 지닌 상징적인 공간이었던 것이다.

고려시대에 들어 국가 제사는 천자국의 전례로 시행되었다. 악진(嶽鎭)과 해독(海瀆)은 잡사(雜祀)에 편성되어 있었는데, 동해를 대상으로 한 제의의 절차와 규모에 대해 알 수 있는 자료는 남아 있지 않다. 『고려사』에 "익령현(翼嶺縣)에 동해신사(東海神祠)가 있다"[3]고 했다. 익령은 강원도 양양의 옛 이름이다. 정확한 설치 연대는 알 수 없지만, 국가의 사전 체계가 건국 초기에 제정되는 관례로 보아 고려 초기에 설치되었을 것으로 보인다.

신라 시대에 영일만 일대에 있던 동해묘는 고려 시대에 들어와 강원도 양양으로 옮겨진다. 그런데 1661년 강원도 관찰사로 부임했던 허목은

"(강릉) 화비령(火飛嶺) 남쪽에 정동진이 있다. 동해 가에 작은 바위산이 있다. 산의 나무는 모두 소나무이다. 춘분에 동쪽을 바라보면 정 중앙에서 해가 뜬다. 옛날에는 동해신사(東海神祠)가 있었다. 중고시기에 양양으로 옮겼다."[4]는 기록을 남겼다. 화비령은 강릉시 강동면 임곡리와 모전면 산성우리 사이에 있는 고개이다. 이로 보아 고려 왕조는 개성을 수도로 삼으면서 국토의 남쪽에 치우쳐 있던 동해사를 북쪽으로 이동하여 다시 설치했는데, 처음에는 강릉의 화비령에 두었다가 양양으로 옮긴 것으로 추정할 수 있다.

조선시대에 악(嶽)·해(海)·독(瀆)은 풍운뇌우, 성황 등과 함께 중사(中祀)에 편성되었는데, 동해의 경우는 전 시대 양양의 동해묘를 승계한 것으로 보인다. 조선 전기에 편찬된 지리지들은 강원도 양양에 동해신을 모시는 동해묘가 있으며, 봄가을로 예조에서 향축을 내려 중사(中祀)의 예로 제사를 지낸다고 기록하고 있다.[5] 조선시대는 전시대에 비해 동해묘에 대해 비교적 많은 기록을 남기고 있다. 이 기록들을 분석해보면, 동해묘는 민간의 음사(陰祀)와 구분되어 지방관들이 국가 의례의 차원에서 제사를 지내는 곳이었다. 제의는 주로 기우제였으며, 국가 차원이 아닌 강원도 지역민들을 위한 풍농이 그 기원의 주류를 이룬다.

결국 동해신의 위상은 시대에 따라 변화가 있었다. 신라 시대만해도 사전의 위계와는 별도로 동해는 국가 의례의 대상으로서 그 비중이 높았다. 하지만 고려 이후 동해신(東海神)은 동해의 한 지역을 담당하는 정도로 그 위상과 비중이 낮아졌다. 동해신을 모신 동해묘는, 가뭄에 지방관들이 기우제를 지내는 곳으로 격하되었던 것이다. 19세기 이후에는 이러한 국가 사전으로서의 성격이 희미해져, 민간 신앙의 장소로 혼용되었던 것으로 보인다. 고려 시대 이후 약화된 동해의 비중은 이 시기 소극적이고 폐쇄적인 대외정책을 반영하는 것으로도 해석할 수 있다. 이 시기 지식인들의 관심과 지식은 바다 밖으로 확장되지 못했고, 국가의 정책은 국제관계로 폭을 넓히지 못한 채 내부의 통제에만 치중했다. 동해신에 대한 기원이 가뭄에 비를 불러오는 것으로 축소됨은 폐쇄적이고 소극적인 국가시책과 불가분의 함수관계가 있다.

둘째, 동해안 지역은 바다를 공유하고 있는 이웃나라 일본의 침략에 지속적으로 노출되었기 때문에, 이 지역에 대한 인식은 호국의식과 결부되는 예가 많았다.

681년 7월 삼국통일의 주역 문무왕이 죽었다. 문무왕은 죽으면서 자신을 불교의 의식에 따라 화장하여 동해에 뿌려 달라고 유언하였다. 신라 사람들은 유언대로 그를 동해입구 큰 바위 위에 장사지냈다. 그 이후 민간에서는 문무왕이 용이 되었다는 이야기가 전해졌다. 그리고 그 바위를 대왕석(大王石)이라고 불렀다. 이 대왕암에서 내륙으로 조금 들어오면 감은사(感恩寺) 터가 있다. 일연은 『삼국유사』에서 신문왕이 만파식적을 얻는 과정을 기술하는 가운데, 문무왕이 왜병을 진무하려는 목적에서 이 절을 짓기 시작하다가 마치지 못하고 타계하여 해룡(海龍)이 되었다고 감은사의 창건 내력을 설명했다. 이 이야기는 문무왕의 유언 여부와 상관없이, 이 땅에 살았던 사람들에게 아주 설득력 있게 수용되었음을 의미하며, 동해 건너에 있는 일본에 대한 경계심이 역사 시기 내내 이 땅에 만연되어 있었음을 보여주는 것이다.

신라의 왕이 용이 되어 왜구로부터 나라를 지킨다는 이야기는 다른 방식으로도 전승되었다. 경주와 포항 접경 형제산 두 봉우리 사이에 있는 유금이들 형성 사연을 말해주는 김부대왕 이야기에 따르면, 원래 신라와 일본 사이에는 울릉도 아래쪽으로 열두 개의 섬이 남북으로 늘어서 있어 왜구들의 한반도 침략 거점이 되었다. 신라의 마지막 왕인 김부대왕(경순왕)은 자신이 죽으면 용이 되어 그 섬들을 다 없애버리겠다는 유언을 남겼다. 큰 뱀의 형상으로 손살매기 들판에 나타난 김부대왕은 어느 날 용으로 변해 그 열두 섬을 모두 없애버렸다. 울릉도마저 없애버리려고 하였는데 하

감포에서 바라본 대왕암

늘에서 "그것은 나라의 수구맥이니 치지 말라"는 소리가 들려와 울릉도는 치지 않았다. 지금도 울릉도 아래쪽에는 바다 속에 열두 섬의 흔적이 남아 있다고 한다.[6] 이 설화는 동해안에서 비교적 왜구의 침입이 잦았던 경주와 포항 지역민들의 무의식 속에 굳어진 일본에 경계심과 대결의식이 이야기의 형태로 나타난 것이다.

마지막으로 전근대 시기 동해안 지역은 울릉도와 독도에 대한 관리문제를 다루는 기록에서 미미하나마 영토로서 공간인식의 대상이 되기도 하였다. 유사 이래 규모를 떠나 한반도 해역에서의 왜적 출몰은 잦았고 그 피해도 막심했다. 임진왜란은 그중 가장 대표적인 사례이다. 동해를 무대로 해서 이렇게 일회적인 전쟁이 아니라, 오랜 내역을 지니고 현재진행형으로 지속되고 있는 한일 간 대결의 사안은 독도 영유권 문제이다. 조선은 1417년 왜구의 침입에 대비하기 위해 울릉도를 비우는 공도(空島) 정책을 확정했는데, 이 틈을 타 일본은 조업권 확보의 차원에서 울릉도 일대의 영유권을 넘보기 시작했다. 17세기 말 울릉도 일대에서 조업하던 조선 어민과 일본 어민 사이에 왕왕 충돌이 있었다.

그 과정에서 1693년 조선 어부 두 사람이 강제로 납치되었는데, 그 중 하나가 동래 출신 안용복(安龍福)이다. 안용복은 일본에서 조사를 받으며, 또 돌아온 뒤에도 자의로 일본에 건너가 울릉도와 자산도(독도)가 조선령임을 주장했다. 몇 차례 외교적인 갈등 끝에 일본은 울릉도 및 독도가 조선령임을 인정했다.[7] 하지만 조선의 조정은 안용복이 상부의 허가 없이 월경한 죄를 물어 형벌을 내렸다. 안용복에 대한 조정의 처사는 편협하기 짝이 없는 것이었지만, 이후 재야 지식인들이나 민간에서는 안용복의 행적을 높이 사서 기렸다.

이후 1877년 일본 정부는 울릉도와 독도가 조선령이라는 훈령을 내렸는데, 이는 그 전후 울릉도와 독도에 대한 영유권 논쟁이 끊이지 않았음을 의미한다. 이러한 역사의 흐름은 결국 일본에 의한 조선의 국권 상실로 이어졌다.

이처럼 동해안 지역에 대한 근대 이전의 인식에는 신성한 공간, 국가 수호의 의지가 표출된 공간, 영토화의 의지가 투사된 공간이라는 세 가지 의미가 자리 잡고 있다. 그러나 이들 가운데 동해안 지역에 대한 가장 압도적인 인식은 동해라는 바다 자체에 대한 인식으로, 인간의 의지로 대결하기에는 엄청난 위력을 지닌 자연공간이라는 인식이었다.

Ⅲ. 동해지역의 자연·인문 환경

1. 자연환경

동해는 아시아 대륙의 북동부, 한반도, 극동 러시아, 사할린섬, 그리고 일본열도로 둘러싸인 태평양의 연해이다. 동해 수역의 면적은 1,007,300km²에 달하며, 남북 최대 길이는 1,700km, 동서 최대길이는

| 환동해 연안의 현황 | 동해의 해류 |

1,100km이다. 동해에 연한 대륙붕의 면적은 약 210,000km²로 추정된다. 동해의 생성 시기는 약 3,000만년 이전인 신생대 제4기 초로 알려져 있다.

생성원인으로는 대륙이었던 곳이 바다로 바뀌었다는 함몰설과 원래 대륙에 접해 있었던 일본 열도가 동쪽으로 이동해서 생겼다는 이동설이 있다. 겨울철 연해주 지역은 날씨가 맑고 건조하지만 울릉도 일대에는 눈이 많고 북서풍이 강하게 분다. 연평균 기온은 한반도와 일본 열도 연안이 5~15℃, 연해주는 1~5℃이다.

해저지형은 중앙부에 발달된 해저산맥(해령)을 중심으로 남·북으로 나뉜다. 북반부는 깊고 단순하지만 남반부는 복잡하고 돌출 지형인 해구·해퇴 등이 발달했다. 대륙붕은 해안으로부터 15km 내외에 불과해 좁은 편이고 이것을 벗어나면 수심이 깊은 심해(深海)가 된다. 동해 대륙붕의 면적은 28만km²로 전체 면적의 5분의 1수준이다.

동해의 해안선은 비교적 단조로우며, 특기할 만곡으로는 연해주쪽의 표토르대제만, 한반도 쪽에 동한만과 영일만이 있고, 일본 열도 쪽에 이시카리만·도야만·와카사만 등이 있다. 동해상에는 섬도 많지 않다. 포항 북동쪽 210km 해상에 울릉도가 있고, 울릉도 동남쪽 80km에 독도가 있으며,

일본열도 근해에는 오키제도·사도섬·오쿠시리섬 등이 있다.

해류는 북위 40° 부근에서 쓰시마해류와 북한해류가 만나 조경 수역을 이룬다. 쓰시마 해류(난류)는 규슈 남쪽에서 쿠로시오 해류로부터 갈라진 것으로, 대한해협을 통과하여 일본 열도 해안을 북상해서 쓰가루·소야해협으로 빠져 나간다. 한편 대륙을 따라 북에서 리만·연해주·북한해류 등의 한류가 남하하고 있다. 동해는 간만의 차가 적어 20~30cm에 불과하다. 해수면 밑 200m 이하에서는 수온이 0.2℃, 염분 34.1%의 동해 고유수(固有水)가 두껍게 퍼져 있다.[8]

다음으로 한반도의 동해안 즉 한국 해안의 자연환경을 도별로 살펴보겠다. 먼저 경상도해역[9]에 대해 살펴보겠다. 이 해역의 일부는 동해안에 속하고 다른 일부는 남해안에 속한다. 동해안은 그 해안선이 단조롭고 조석간만(潮汐干滿)의 차가 적을 뿐 아니라 갯벌이 거의 없다. 이에 비해 남해안은 그 해안선이 복잡하고 육지와 인접한 크고 작은 섬들이 많다. 동남해역은 현해탄을 건너 일본, 나아가서 서구와 이어지는 한반도의 관문에 위치하고 있어 이러한 지리적 배경에서 근대의 문물이 유입되는 창구의 구실을 하기도 한다.

그 가운데 울진연안은 경상북도 최동단에 위치하고 있으며 이 연안역의 북은 강원도 삼척시 원덕읍에 접하여 갈령산으로서 경계된다. 이 해역의 특징은 매우 단조로운 해안 지형을 이어간다는 것이다. 이는 동고서저형으로 형성된 국토에 따라 동해안쪽이 급사면을 이루고 있는 데 연유한다. 이러한 탓에 동해로 흐르는 하천은 길이가 짧아 급류를 이룬다. 이 해역에서 바다를 향해 흐르는 하천은 부구천, 두천천, 왕피천, 남대천 등이다.

영덕연안은 행정구역으로 영덕군에 해당하는 지역이다. 이 연안의 자연환경은 태백산맥의 동쪽에 위치하여 동쪽으로 갈수록 점차 낮아져 동해에 이르며, 북동쪽에는 태백산맥의 분수령인 칠보산, 등운산 등이 솟아 있고 곳곳에 봉우리를 남기며 동해에 다다른다. 태백산맥이 남북으로 가로질러

포항 호미곶에 있는 상생의 손

큰 하천은 없고 서부산지에서 발원하여 동해로 유입되는 송천과 오십천이
있다.

포항연안은 행정구역으로 포항시에 해당하는 지역이다. 이는 동쪽은 울
진, 남쪽은 경주에 연접해 있고 동해안에서 유일한 굴곡지역으로 구룡반
도가 영일만을 감싸고 있는 형국을 하며 해안의 길이는 총 110km에 이른
다. 경주-안강-신광-청하를 잇는 구조선의 동쪽지역은 태백산맥과는 별
개의 지형을 형성하여 낮은 구릉성 산지와 충적평야를 이루고 있어 농경
지로 적당하다.

경주연안은 행정구역으로 경주시에 해당하는 지역이다. 동해안지역은
대체로 경사가 급하여 하천이 짧고, 남부지역인 외동에는 울산만으로 흘
러가는 태화강의 지류인 동천이 남으로 흐르며, 단석산계 서편인 산내 지
역은 산악이 중첩하고 낙동강의 지류인 동창천이 흐르고 있다.

울산연안은 행정구역으로 울산광역시에 해당하는 지역이다. 이는 위로
경주와 이어지고 아래로는 울주군을 포함하는 지역으로 동해안이 끝나고
남해안이 시작되는 지역이다. 이 지역은 동아시아의 중앙부, 한반도의 동

남부에 위치해 있으며 천혜의 온난한 기후를 가진 항구를 끼고 있다. 지역의 중심을 가로질러 태화강이 흐르고, 울산만에는 울산항, 온산항, 방어진항이 연이어 있다.

부산연안은 행정구역상 부산광역시에 해당하는 지역으로 한반도의 남동단에 자리 잡고 있고, 바다에 면한 남쪽을 제외하고는 경상남도와 접하고, 남쪽으로 대한해협, 북쪽으로 울산광역시와 양산시의 동면과 물금읍, 서쪽으로 김해시의 대동면과 경계를 이루고 있다. 지형적으로 한반도의 척량산맥인 태백산맥의 말단인 포항구조부지에서 남서방향으로 진로를 바꿔 달리다가 대한해협에 몰입하여 소반도와 섬 그리고 만입이 발달하는 리아스식 해안의 특성을 나타내고 있으며, 배후에는 고도 500m 내외의 구릉성 산지가 독립적으로 분포하고 여기서 뻗어 나온 산지와 완만한 경사로서 해안에 몰입하고 있다.

진해연안은 행정구역상 진해시에 자리하고 있다. 마산연안은 한반도 동남단 경상남도 중앙부 해안지역을 말한다. 마산연안은 마산만을 중심으로 동으로 진해와 서로 고성과 연해 있다. 장복산과 산성산을 경계로 마산과 창원 그리고 진해로 나누어진다. 마산연안도 남해안의 그 어느 연안과 마찬가지로 굴곡이 많은 리아스식 해안이다.

고성연안은 한반도 육지부의 남단, 경상남도 남부 연안의 중앙부 최남단에 위치한다. 행정구역상 동으로는 바다를 끼고 거제시, 서로는 사천시, 남으로는 통영시, 동북은 마산시, 서북은 진주시에 접한다. 해안도서와 만이 많은 리아스식 해안으로 농·어업의 최적지이다.

통영연안은 행정구역 통영시에 해당하는 지역이다. 통영연안은 경상남도 서남부에 위치한 지역으로 고성반도의 중남부와 150개의 부속도서로 구성되어 있다.

사천 연안은 한려수도 해상의 중심지로서 자연경관이 수려하다. 또한 교통망이 잘 발달된 교통의 요충지이다. 해안은 리아스식 해안을 이루고 있으며 조석간만의 차가 심하고 한려수도의 중심 기항지, 서부 경남의 관문 항구로서 교통의 요지이며 수산물 집산지이다.

하동연안은 진교만 서안의 진교리에서 한려해상국립공원을 거쳐 섬진강 입구 금성면 고포리에 이르고 있는데 이처럼 하동연안은 지리산의 위용과 남해의 더 넓은 섬진강의 유유함이 조화를 이루는 곳이다.

동남해역에서의 주요한 섬으로는 거제도와 남해도를 들 수 있다. 거제시는 주위에 크고 작은 10개의 유인도서와 52개의 무인도서가 있어 각종 어류의 서식처를 이루고, 특히 이 지역의 해수는 전국에서 제일 맑고 깨끗하여 청정해역으로 지정 보존되고 있다. 남해도는 68개의 섬으로 구성되어 있는데 대부분이 큰 섬인 남해도의 창선도에 살고 있고, 유인도인 조도, 호도, 노도 등 3개 섬에는 70가구 180명이 생활하고 있다. 나머지 65개의 섬은 사람이 살지 않는 무인도로 뛰어난 절경을 갖추고 있어 해양관광자원으로 개발할 수 있는 무한한 잠재력을 갖추고 있다.

강원해역은 북위 37°17′~38°10′, 동경 128°21′~129°21′에 위치하고 있으며 암석질과 모래로 이루어지는 해안선은 길이가 212.3km에 이른다. 이 지역은 쓰시마 난류의 역한 지류인 동선난류가 남쪽에서 북상하여 북쪽에서 남하하는 리만한류의 지류인 북선한류와 만나는 곳으로, 해수의 표면온도는 거진 해안에서 2월의 평균온도가 3.39℃로 최저이고 주문진 해안에서 8월의 평균온도가 23.13℃로 최고이다. 해안선은 단조롭고 외해(外海)와 직접적으로 접촉하고 있어서 파도의 영향을 끊임없이 받게 되고, 조석 간만의 차는 0.3m~0.4m로 작아서 조간대의 폭이 협소하다.

제주도는 우리나라의 최남단에 위치하며 한국, 중국, 일본 등 극동지역의 중앙부에 자리 잡고 있어 지정학적으로 매우 중요한 곳에 해당한다. 제주도는 동중국해를 사이에 두고 동쪽으로는 일본의 규슈지방, 서쪽으로는 중국본토와 대하고 있으며, 북쪽으로는 남해를 사이에 두고 한반도와 마주보고 있다. 제주도는 본도 이외에 상추자도·하추자도·횡간도·우도·비양도·가파도·추포도·마라도 등 8개의 유인도와 55개 무인도 등 총 63개의 섬으로 구성되어 있다.

동해안의 강원연안[10]은 해안선이 단조롭고 도서가 거의 발달되어 있지 않는 특징을 보인다. 실제로 강원연안에는 사람이 살 수 있는 유인섬은 발달되어 있지 않으며, 소규모의 암초성 섬들이 해안선에 근접하여 나타나고 있다. 이처럼 도서발달이 미약한 이유는 태백산맥의 특징에서 찾을 수 있는데 서울에서 대관령 꼭대기까지는 직선거리로 약 200km인데 비해 대관령에서 동해까지는 20km로 경사비율이 '10대 1'로 급경사를 이루며 해안으로 연결되기 때문이며, 해안선에서 7km 안쪽의 해면수심이 평균 1,000m에 이르는 동해안의 일반적 해저지형과 연결되어 있다. 이로 인해 강원연안에는 대륙붕의 발달이 없으며 섬 발달도 미약한 것이다. 동해해역에 나타나는 도서는 강원통계연감에 총 32개인데, 주요 도서로는 저도·죽도·백도·가도·삼각도·조도 등이며, 나머지는 규모가 작은 암초 형태로 고성군, 속초시, 양양군, 강릉시, 그리고 동해시 연안의 해안선을 따라 위치하고 있다.

동남해역의 만을 위치순서대로 살펴보면 다음과 같다. 영일만은 경북 동해안 중앙에 있는 만이다. 동쪽에 돌출된 장기곶으로 둘러싸여 있으며 부근일대에는 해안단구가 발달되어 있다. 연안에는 포항시와 흥해읍·동해면·대보면이 위치한다. 또 형산강이 이곳으로 흘러들어 유역 일대와 하구 부근에 넓은 충적평야가 전개되어 농산물의 산출이 많다. 울산만은 태화강 어귀, 남구 남화동 뻗득말과 방어진 반도 최남단의 화암추 사이에 있는 만이다. 태백산맥 남부의 동쪽 기슭에 따른 단층곡이 몰입하여 만들어진 구조곡만으로 울산 중앙부까지 들어와 있으며, 만구는 남쪽으로 열려 있고 해안선은 비교적 단조롭다. 태화강·동천·외황강 등 작은 하천들이 흘러들면서 운반한 많은 양의 토사가 만을 메움으로써 하구에는 넓은 충적평야와 간석지가 발달해 있다. 만안에는 울산항이 있고 만의 어귀에는 장생포항·방어진항 등이 있다. 진해만은 경남 진해시 남쪽 해안에 있는 만으로, 평균 수심 20m로 항구 발달에 매우 유리하며 진해항이 있다. 만 중앙부에 부도(釜島)가 있어 외해(外海)와 차단되고 내부에는 작은 만들이 곳곳에 형성되어 있어 해안선이 매우 복잡하다. 마산만은 경남 남부 진해만의 북서쪽으로 깊이 만입한 만으로, 만의 안쪽 중앙에 돝섬이 위치하고 연안에 마산시와 창원시가 접해 있다. 진해반도와 구산반도로 둘러싸인 내만인 데다가 바다로부터 마산시 내해에 이르기까지 모도(毛島) 등 크고 작은 많은 섬들이 산재하여 외양(外洋)의 파도를 막아 주므로 평온하고 수심이 깊어 천연적인 양항(良港)이다.

동해해역에 영향을 미치는 주 해류는 대한해협에서 분지된 제3분지류(동한난류)로 동해연안을 따라 북상하면서 한류세력과 만나 동쪽으로 방향을 바꾸게 된다. 한류세력은 리만해류가 북한근해에서 북한해류로 형성되어 함경도 연안을 따라 남하하면서 동해해역 남부에까지 영향을 주게 되며, 경상북도 연안에서는 침강되어 저층수를 이루어 영일만 이남에서는 저층수나 연안용승으로 나타난다.

동남해역의 해류는 기본적으로 쿠로시오 해류와 중국대륙 연안 해류로 대별된다. 북적도류에 기원을 둔 이 해류는 필리핀 르존도 부근에서 출발하여 대만과 오키나와 열도 서단 이시가키섬 사이를 통해 동중국해에 들어와 대륙붕 사면을 따라 북동쪽으로 흘러 가고시마현 야쿠시마 서쪽 약 185km 부근에서 동 내지 동남쪽으로 방향을 바꾸어 도가라 해협을 통해 동해 연안으로 흘러가는 고온고염한 대해류이다. 쓰시마난류는 규슈 남서쪽에서 쿠로시오로부터 갈라져 규슈 서쪽을 따라 북상하면서 동쪽으로 확장하는 중국대륙연안수와 혼합되면서 한국동해로 유입하는 중간적 성질을 갖고 있다. 유속은 0.5노트 정도이지만 대한해협 동, 서수도에서는 지형의 영향으로 1~1.5노트 정도로 변한다. 이 해류는 북상도중 일본 교토 남서쪽에서 규슈연안으로 향하는 지류와 제주도 서쪽에서 황해로 유입하는 황해난류로 갈라진다.

이상에서 살펴본 동해가 갖는 지정학적 중요성은 그것이 동아시아의 연해라는 점에서 비롯한다. 연해(marginal sea)는 육지·반도·섬·열도 등으로 일부가 막혀 있으면서 육지의 주위에, 따라서 대양 쪽에서 볼 때는 그 주변(margin)에 자리 잡고 있는 바다를 말한다. 연해는 지중해와 마찬가지로 전략적으로 매우 중요한 위상을 차지한다. 여러 국가들 중 하나가 그 바다를 지배할 때, 그 영향력과 주도권이 그 주변에 있는 국가들에게 강력하게 확산되기 때문이다.

2. 인문환경

동해에 관해서는 세 가지의 지정학적, 입지적 특성이 언급된다. 첫째, 동해는 유라시아 림랜드(Eurasian rimland), 즉 유라시아 주변지역에 접해 있는 바다라는 점이다. 냉전시대에 양 세력이 동해를 중심으로 마주하고 있었다. 동해는 민주주의 진영에서 공산주의 세력의 외향을 막아내는 중요한 방패 역할을 수행했다.

둘째, 최근에 와서는 동해가 갖는 지경학적(geo-economic) 측면에 더 많은 관심이 쏟아지고 있다. 20년 전에 이미 환황해권과 더불어 환동해권이 동북아시아의 중요한 발전 축으로 등장할 것임이 논의된 바 있다.

셋째, 동해는 한국, 북한, 일본, 러시아의 4개국 세력이 만나는 곳이라는 점에 주목된다. 과거에 이들 국가들은 정치적 이념적으로 상호 대치하고 있었고 이러한 국가 간 갈등은 현재도 지속되고 있다. 그러나 이러한 파워 게임은 정치적 이슈에서 경제적 이슈로 전환하고 있다. 서로 대립하고 있던 육지세력과 해양세력은 통합되어 군사적 갈등상태에 있던 지역을 새로운 경제협력의 시대로 전환시키고 있는 것이다.[11]

환동해지역을 세부지역별로 나누어 보면 다음과 같다. 경상도 해역은 동해·남해를 중심으로 고대로부터 현대에 이르기까지 국제 문화교류라는 측면에서 관심을 가져왔던 지역이다. 대외교류는 선사시대부터 지역적 특성 때문에 활발히 이루어지고 있었던 것은 사실이다. 따라서 동남해역이 가지는 대일·대중 교류사의 유적이나 또는 역사적 자료들을 정리하여 국가의 발전 과정을 이해하는 활용되어야 한다.

이 지역은 부산, 마산, 울산을 중심으로 한 국제 무역항이 형성되어 있다. 동남해 지역은 고대로부터 역사 시대를 거치면서 천연적인 항구의 요건을 갖추고 있었기 때문에 대일본·대중국 교류가 활발하였다. 고대로부터 현대에 이르기까지 해상을 통한 교류의 내용은 유형 문화와 무형문화의 형태로 존재한다.

먼저 대일교류를 살펴보면 다음과 같다. 부산 영도구 동삼동패총에서는 흑요석이 발견되었다. 이 흑요석은 일본 북규슈 지방과의 접촉을 의미한다. 즉 일본 북규슈로부터 이키섬[壹岐島]을 지나, 교역을 통해 들어왔을 것이다. 이렇게 볼 때 융기문토기 유적이 집중 분포되어 있는 당진 일대의 장기현(長崎縣)은 원래 부산 지방과 규슈 중간에 놓여 있는 쓰시마 및 이키섬을 왕래하는 선박의 출발지로 볼 수 있고, 신석기 시대부터 부산과 쓰시마, 이키섬을 연결하는 항로가 형성되고 있었다.

이후 일본은 한반도에서 발달한 삼국 문화를 받아들여 농경 사회를 형성하였으며 급속한 성장을 하게 된다. 『삼국지(三國志)』 위지(魏志) 동이전(東夷傳)을 보면 김해 부근에서 쓰시마-이끼-북규슈-마우라 반도에 이른다고 한다. 이를 통해 보면 『일본서기』에 나타나는 천강신화도 일본 야요이 시대의 사실이다. 이 천강신화는 가락국 이주민들이 가진 개국 신화와 동일하다. 가락국기는 가락국 시조 수로왕이 구지봉에 하강하였다는 기록이다.

동남 해역의 대중국 해양문화교류는 고고학적 발굴 자료가 나오는 선사 시대부터 이루어지고 있다. 그러나 대중국 교류는 삼한(三韓)에 관한 본격적인 기록이 존재하는 시기 이후부터 활성화된다고 할 수 있다.

남해지역의 대중국 교류를 나타내 주는 유물들의 첫 번째로는 배 모양의 가야토기를 들 수 있다. 아울러 동남 해역의 남해지역에 있는 늑도에서도 해양교류의 증거가 많이 나왔다. 늑도에서는 전한(前漢) 무제(武帝) 5년부터 사용된 반양전(半兩錢)이란 화폐가 발견되었다. 또한 이 지역에서 나오는 점토대토기는 한반도내 청동기 시대부터 나타나는 것이며 중국 문화의 영향을 받은 것으로 일본 지역에서도 발굴되고 있다. 이와 같은 발굴 자료들은 기원전 2세기부터 중국, 일본과의 교역이 활성화 되고 있었음을 확인시켜 주고 있다.

강원도의 동해안 지역의 고대사는 사서에서 예맥(濊貊)으로부터 시작된다. 이 집단은 예(濊)로 불리기도 한다. 이들은 한사군의 지배를 벗어나면서 군장사회로 발전한 것으로 보인다. 강릉의 하슬라국, 삼척의 실직국, 울릉도의 우산국 등은 그 예가 될 수 있다. 울진·양양·고성 등 동해안 지역의 도시들도 군장사회가 형성되었을 것으로 보이며, 이들 지역에서 파악되는 옛 명칭은 군장사회의 존재를 시사하는 것으로 볼 수 있을 것이다.

이들 군장사회는 태백산맥 동쪽에 위치하여 안정적으로 세력을 유지할 수 있었을 것이다. 서쪽으로 준령이 가로 놓여 있고, 동으로 동해에 인접해 있다는 지형적 특성으로 이들 군장사회는 비교적 안정적으로 세력을 유지할 수 있었을 것이다. 그러나 이들 군장사회는 고대국가로 성장하지는 못하였다. 그 지형적 특성은 내적으로 안정적 세력을 유지할 수 있었겠지만, 또한 외적으로 세력을 팽창하기에는 극복하기 어려운 난관이 아닐 수 없었을 것이다. 동해안 지역의 군장사회가 고대국가로 성장할 수 없었던 데에는 이러한 지형적 특성이 크게 작용하였을 것으로 짐작된다.

삼국이 고대국가로 성장하면서 동해안 지역의 군장사회는 고구려에 영유되었다. 이러한 사실은 각종 문헌자료에서 공통적으로 파악되며, 관련기사는 아주 단편적인 것으로서 영유된 사실만이 파악되고 있다. 이로서 고구려와 동해안 지역의 군장사회 사이의 복속 관계는 분명치 못하다. 고구려의 고대국가 성장을 한사군의 축출과정으로 이해할 때, 이 과정에서 고구려는 동해안 지역의 군장사회들을 영유하였을 것으로 짐작된다.

고구려가 장악하였던 동해안 지역의 영유권은 점차로 신라로 넘어간 것으로 파악된다. 이러한 사실은 각종 사서에서 공통적으로 파악되고 있다. 이러한 변화는 신라의 팽창정책에 기인한 것이었고, 동해안 지역이 고구려와 신라 사이의 격전장이 되고 있음을 시사한다. 신라의 동해안을 따라 북상하는 진출은 6세기 초반에 이르러 본격화된다. 물론 그 이전시기에 파악되는 전쟁도 북방진출을 의미하는 것이었지만, 지증왕 5년(505)에 이사부(異斯夫)를 실직주 군주로 임명한 것은 신라 북방진출의 서막이었다.

이사부를 실직주에 파견한 것은 신라 군주제의 첫 시작이었다. 신라의 팽창정책에서 북방진출의 비중과 의지를 보여주는 대목이다. 실직군주로 부임한 이사부는 6년 후인 지증왕 12년(511)에 주치(州治)를 하슬라 즉 강릉으로 옮겼다. 신라의 북방진출 의지를 염두에 둘 때 치소(治所)의 이전은 전략상의 의미를 갖는다고 하겠다. 즉 전략기지의 전진배치를 의미하며, 치소를 이전하던 해에 나무사자를 이용하여 우산국을 복속한 사실은 주치의 이전이 갖는 의미를 시사한다. 이로부터 신라의 북방진출은 진흥왕에 이르러 순수비 즉 마운령·황초령비로 상징되는 강역이 확보된다.

이렇듯 강원도 동해안 지역은 일찍이 고구려의 영유로 되었다가 5세기 말에서 6세기 초반에 신라의 팽창정책으로 북방진출이 전개되면서 신라의 영유로 복속되어 갔다. 특히 6세기에 접어들어 신라의 중앙으로부터 외관이 파견되면서 행정적으로 편제되었다. 그리고 이로부터 신라의 체제정비에 따라 동해안 지역에도 국가 제사처가 설정되었다. 즉 중사(中祀) 1곳(삼척의 비예산)과 소사(小祀) 3곳(간성의 설악, 고성의 성악, 울진의 발악)이 그것이다. 중사(中祀)의 장소는 바다에 치제(致祭)하고 소사(小祀)의 대상은 산제였다.[12]

이상의 의미를 가진 동해·환동해지역에 대한 역사를 장을 바꾸어서 살펴보도록 하겠다.

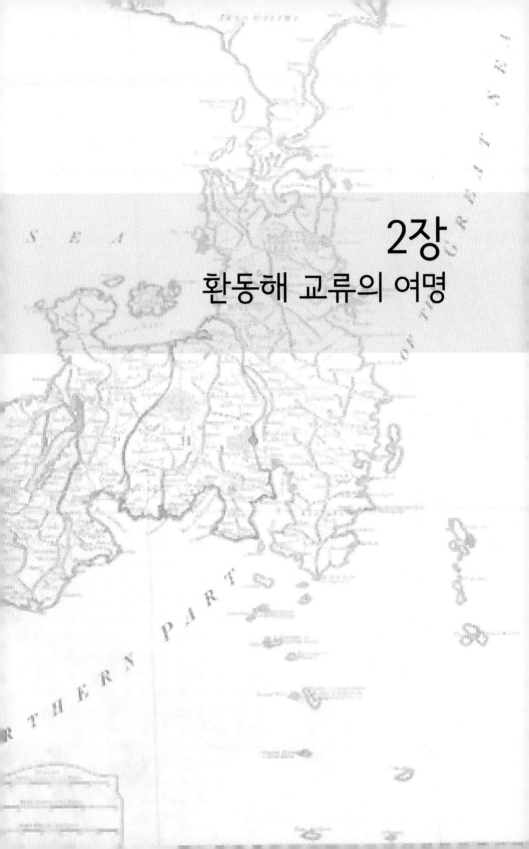

2장
환동해 교류의 여명

고고학적으로 환동해문화권은 한반도 동해안과 연해주를 중심으로 청동기시대·철기시대로 설정된다. 이를 좀 더 보충하자면 현재까지 진행된 연구로 보아서 신석기시대 중기로까지 소급할 수 있을 것으로 보인다. 즉 연해주 보이스만 문화와의 관계인데, 중국으로는 신개류·아포력 유적과 연결되고, 두만강 하류의 서포항 1기도 포함할 수 있는 것으로 보인다. 또한 보이스만 문화와 동해안 문암리·오산리 등의 관계를 고려해 본다면 신석기 중기까지 소급해 볼 수 있을 것으로 보인다.

동해역권에는 다양한 해양민족집단이 할거하고 있었다. 한반도 동부해안 다시 말해 오늘의 강원도에서 함경도에 이르는 광범위한 지역에는 예(濊)라고 불리는 사람들이 거주하고 있었다. 허신(許慎)의 『설문(說文)』11편 하에는 '반어야(魬魚也) 출예사두국(出濊邪頭國)'으로 되어 있고, '사두(邪頭)' 다시 말해 오늘의 강원도 강릉 부근에 거주하고 있던 예족이 어로를 주로 한 생활을 하고 있었던 것을 엿볼 수 있다. 또 『삼국지』위지(魏志) 권30의 예조(濊條)에 '낙랑(樂浪)의 단궁(檀弓)이 그 지역에서 산출된다. 바다에서는 반어(班魚)의 껍질이 산출되며, 땅은 기름지고 무늬 있는 표범이 많다. 또 과하마(果下馬)가 나는데 (후)한의 환제(桓帝) 때 헌상(獻上)하였다.'라 하여 예의 바다에서 반어가 잡혀 그 가죽이 중국황제에게 헌상되었던 것이다. 게다가 광개토왕비에서는 '동해고(東海賈)'라 하여 4~5세기에 걸쳐서는 고구려를 경유하여 중국으로까지 해산물을 운반하는 상고(商賈)로써 활약을 하고 있었다.

맥(貊)의 북쪽에는 다른 민족성을 갖고 있는 옥저와 읍루가 거주하고 있었다. 동옥저에는 바다신에게 산 폐백을 바치는 전설과 다른 모습의 사람들이 표착하는 전승, 나아가서는 바다속의 여인도 이야기 등 해양민에 어울리는 많은 전설이 있었던 것으로 보아, 동옥저도 역시 해양인이었던 것으로 추측된다.

초기국가의 성장

Ⅰ. 환동해 문화권의 형성

한국의 문화는 시기와 지역에 따라 미세하나마 독자적인 편년 설정이 이루어져야 하며 최근 이의 성과는 강원도지역의 '중동부선사문화권'으로 나타나고 있다. 또 강원도의 선사 시대에서 역사 시대로 넘어오는 과도기 시대인 원사(原史)시대는 동예(東濊)로 대표되는데, 이 시기는 아직 국가단계 이전의 군장사회로 철기시대 전기(기원전 400~기원전 1년)에 속한다.

동예에 관한 가장 오래된 기록은 3세기 후반 진나라 진수(陳壽)가 편찬한 『삼국지(三國志)』 위서(魏書) 동이전(東夷傳)이다.(이하 『삼국지』 동이전으로 약칭함). 이에 의하면 예는 남쪽으로 진한, 북쪽으로 고구려·옥저와 접하였고 동쪽은 큰 바다에 닿았으며 조선의 동쪽이 모두 예의 땅이라 하였다. 그러므로 『삼국지』 동이전의 예는 한반도 동해안에 있는 예를 가리키는 것이 분명하며 광의의 예족과 구분하여 동예로 불려진다. 중국 선진(先秦)문헌에서는 일찍부터 예족으로 추정되는 종족 명칭이 나타나고 있으나 이에 대해 밝혀진 것은 거의 없다. 이후 『사기(史記)』와 『한서(漢書)』에서 '예'는 '맥'과 연칭되어 '예맥(穢貊)'으로 표기되면서 '조선(朝鮮)'과 함께 연(燕)나라 동방에 있던 종족으로 그 실체를 드러낸다. 그리고 『삼국지』·『후한서』에 이르러서는 예족을 예맥(濊貊)으로 칭하여 맥족과 혼동하고 있으나 이는 후대 사가의 오류이며 예족은 맥(貊)이나 예맥과는 구분되어야 한다.

한국사와 관련하여 예족의 존재가 비교적 구체적으로 나타나는 것은 한대(漢代)로 원삭(元朔) 원년(기원전 128) 한의 요동군(遼東郡)에 내부(來附)한 예군(濊君) 남려(南閭) 등이 거느린 28만 구의 집단이 그것이다.[1] 한은 남려의 투항을 계기로 그 곳에 창해군(滄海郡)을 설치하였으나 3년 만에 폐지하였다. 창해군의 위치에 대해서는 압록강과 혼강(渾江)유역설, 동해안설, 압록강과 동해안 지역설 등으로 다양하다. 그러나 남려가 위만조선에 반하여 한에 내항하였다는 『후한서』의 기록을 근거로 예군 남려세력을 동해안 지역의 예로 추정하는 데는 문제가 있다. 기원후 3세기 중엽 고구려의 인구가 3만여 호 즉 15만 구 정도임을 감안할 때 28만 구라는 숫자는 광역에 걸친 대규모 집단이다. 여기에는 남려가 속한 정치집단 이외에도 다수의 정치집단들이 포함된 것으로 짐작되는데, 특히 '예군 남려 등'이라는 표현으로 보아 남려는 내부세력의 대표적 인물임을 알 수 있다. 이들이 집단적으로 요동군에 내부한 것은 진번·임둔지역까지 복속시킨 위만조선이 다시 압록강유역으로 세력팽창을 시도하자 이 지역의 토착 정치집단들이 크게 위협을 느꼈기 때문이다. 그러므로 예군 남려가 속한 지역은 위만조선에 이미 복속되어 있었던 진번(眞番)·임둔(臨屯)지역과는 다른 곳이다. 따라서 창해군은 임둔세력이 있었던 동해안 이외의 지역에서 찾아져야 하며 남려 등이 속한 예는 동예와는 별개의 정치집단이다. 설사 이들이 종족적으로는 같은 계통에 속한다고 하더라도 기원전 2세기 말경에는 이미 각 지역별로 정착하여 서로 다른 정치집단을 형성하고 있었으므로 양자는 별개의 세력으로 파악되어야 한다. 즉 동해안지역의 예는 임둔이라는 정치세력을 형성하고 있었고, 압록강·혼강 일대의 예족 역시 광범위한 지역에 걸쳐 다수의 정치집단군을 형성하고 있었으며 맥족과 섞여 고구려의 기반세력으로 성장하고 있었다.

예족이 형성한 정치집단의 존재는 다른 곳에서도 찾아진다. 부여국의 창고에 '예왕지인(濊王之印)'이라 새겨진 도장이 있고 부여에 예성(濊城)이란 이름을 가진 옛날 성이 있었다는 『삼국지』 부여조의 기록에 나타나듯이 길림·장춘지역에도 부여국가 출현 이전에 이미 예족 정치집단이 존재하였다. 예족은 한반도내에서도 함경도·강원도·경기도 등 넓은 지역에 걸쳐 분포하였다. 〈광개토대왕릉비〉에 나오는 '신래한예(新來韓濊) 사수성(沙水城)', '사조성한예(舍蔦城韓濊)' 등은 광개토왕이 정복한 백제지역 성으로 한강·임진강 일대에서 한족(韓族)과 공존하던 예족의 존재를 보여준다.

『삼국사기』에 나오는 백제 동북지방과 신라 북변을 자주 침범하고 있는 말갈 역시 한반도 중부 및 동해안지역에 거주하던 예족들이다. 『삼국사기』남해차차웅 16년 조에도 북명인(北溟人)이 밭을 갈다 예왕인(濊王印)을 발견하여 바쳤다는 기록이 있다. 북명은 강릉 또는 안변지방으로 비정되고 있어 강원도 동해안 일대가 예족 분포지임을 뒷받침해주고 있다. 그리고 경북 영일군 신광면 흥곡리(마조리)에서 '진솔선예백장(晋率善穢伯長)'이 새겨진 동인(銅印)이 발견되어 예족의 분포지역이 의외로 넓었음을 알 수 있다.

이들이 형질학적으로 동일한 종족인지의 여부는 별개로 하고 일단 문헌 자료상에 나타나는 예족만 해도 활동시기와 분포지역이 이처럼 광범위하다. 이들은 지역에 따라 맥족·부여족·한족 등과 섞여 정치·문화적으로 다양한 정치집단들을 구성하였다. 예족과 가장 광범위하게 동화한 것은 맥족으로 한대에 이미 예족과 맥족의 구분이 불분명해지고 맥족인 고구려를 예맥으로 통칭하는 경우가 많아졌다. 더욱이 『삼국지』·『후한서』에 이르러서는 동예도 예맥으로 칭해지는 등 예와 예맥을 혼동하는 오류가 빚어지기도 했다.[2]

이처럼 예족들은 오랜 기간 넓은 지역에 걸쳐 다양하게 성장 발전해왔다. 동해안지역 예족의 뿌리는 동북지역 무문토기문화의 주인공들이다. 공렬토기(孔列土器)로 대표되는 동북지방의 무문토기문화는 서북한의 팽이형토기, 압록강 중하류유역의 미송리식(美松里式)토기, 서남부지역의 송국리(松菊里)형토기와는 다른 갈래를 형성하면서 동해안을 따라 남하하여 한반도 중부 및 동남부지역으로 확산되었다. 이들 동북지역의 무문토기인들은 기원전 3세기 이후에는 고조선의 세형동검문화와도 활발하게 접촉하였다. 함흥과 영흥 일대를 중심으로 동해안 각지에서 출토되는 세형동검·동과(銅戈)·동모(銅鉾)·동경(銅鏡) 등의 청동기유물들은 고조선지역에서 제작된 것들로 두 지역의 교섭관계를 나타낸다. 이러한 청동기들은 대동강유역의 고조선과 황해도의 진번, 서남부지역의 진국(辰國) 등 기원전 3~2세기경 한반도의 유력한 정치집단의 중심지에서 공통적으로 출토되는 유물로 각 지역에 형성되어 있었던 정치집단과 지배자의 존재를 반영하는 유물들이다. 그러므로 이러한 고고학 자료를 통해 늦어도 기원전 2세기경에는 동해안 예족 사회에도 크고 작은 정치집단이 형성되어 있었으며 이들의 집합체가 문헌에 나오는 임둔이라 하겠다.

임둔은 기원전 2세기 초 위만조선에 복속되었다가 기원전 108년 위만조선의 멸망과 함께 한의 임둔군으로 편제되었다. 그러나 군현 경영의 어려움으로 기원전 82년 임둔군의 15개 현 가운데서 일부는 현도군에 이속되고 나머지는 폐지되었다. 뒤이어 고구려지역에서의 토착세력의 저항으로 현도군마저 위협을 받자 기원전 75년 한은 현도군을 흥경(興京) 노성(老城)방면으로 옮기고(제2현도군) 현도군에 이속되었던 현 중에서 단단대령(單單大嶺)의 동쪽 7현은 낙랑군 동부도위(東部都尉)를 두어 관할토록 하였다. 동이현(東暆縣)·불이현(不而縣)·잠대현(蠶臺縣)·화려현(華麗縣)·사두매현(邪頭昧縣)·전막현(前莫縣)·부조현(夫租縣) 등 동부도위 소속 7현 중 부조현을 제외한 6현이 동예의 중심세력이 되었다. 임둔군의 치소는 동이현에 있었으나 동부도위 관할로 바뀌면서 치소도 불내현으로 옮겨졌다. 동부도위에 속했던 7현의 위치에 대해 동이현은 덕원, 불이(내)현은 안변, 화려현은 영흥, 부조현은 함흥 등지에 비정되기도 한다. 또는 불이현을 소사리(素羅里)토성이 발견된 영흥으로 비정하는 견해도 있으나 부조현을 제외한 나머지 현의 위치는 대부분 불확실하다. 다만 동예는 북으로 함경남도 정평에서 옥저와 경계를 이루었고 남계는 평강·회양·강릉 등 강원도 북단 어느 지점이었을 것으로 추정되고 있다.

30년 동부도위가 폐지됨에 따라 7현은 한의 후국(侯國)으로 봉해져 각각 독립된 정치집단으로 존속하였다. 이후 동예는 다시 고구려에 복속되었으나 그 시기에 대해서는 기록이 일치하지 않는다. 『삼국지』에서는 동부도위

7현이 한의 후국으로 봉해졌다가 후한 말에 다시 고구려에 복속되었다고 하였다. 그러나『후한서』동이전 고구려조에는 원초(元初) 5년(118) 고구려가 화려성(華麗城)을 공격하였다는 기사가 있고,[3]『삼국사기』고구려본기에는 태조왕 4년(56) 동옥저를 빼앗아 성읍으로 삼고 강역을 개척하여 동으로 창해에 이르렀다는 기록이 있다. 고구려 태조왕대는 요동군(105년), 현도군을 공격하여(118년) 한 군현에 자주 위협을 가하던 시기이므로 동예의 공략시기도 이보다 앞서거나 이와 비슷한 시기였을 것이다. 3세기에 들어와서 위의 정시(正始) 3년(242)에 고구려 동천왕이 요동군 서안평(西安平)을 공격하자 이에 대한 보복으로 2년 후 위나라 장군 관구검(毌丘儉)이 출병하여 고구려와 고구려에 복속된 옥저와 동예를 공략하였다. 1차 공격 시(224년) 관구검의 명으로 현도태수 왕기(王頎)는 옥저로 도망간 동천왕을 추격하면서 옥저의 읍락들을 파괴하였고, 2차 공격 시(245년)에는 명을 받은 낙랑태수 유무(劉茂)와 대방태수 궁준(弓遵)이 휘하 병력을 이끌고 동예를 쳐서 항복시켰다.

이 사건 이후 동예의 각 현들은 책봉과 조공형식을 통해 위에 복속되었다. 이 때 동예에서 가장 유력한 집단이었던 불내현의 지배자는 '불내예왕 (不耐濊王)'으로 봉해져 정기적으로 군현에 조공하였다. 그리고 낙랑군과 대방군에서 군대를 동원하여 전쟁을 할 때면 동예의 주민들에게도 세금을 부과하고 역역(力役)을 징발하여 군현소속 주민을 다루는 듯했다고한다. 이후 고구려에 의해 다시 복속될 때까지 동예의 각 세력들은 중국 군현과 우호적인 관계를 유지하였다.

한편『삼국지』동이전에 동예의 인구는 2만 호라 하였는데 이 숫자는 동부도위에 속했던 6현의 호수를 합한 것으로 생각된다. 이를 평균하면 각 현당 약 3,000여 호가 되어 인구 면에서는 삼한 각 소국의 규모와 비슷하다. 대군장(大君長)이 없었다는 기록을 통해 알 수 있듯이 동예지역에는 여러 현을 통합한 보다 확대된 통치조직이 형성되지 못하였으며 각 현들은 시종 독립된 정치집단으로 존속하였다. 그러므로 군현이 폐지된 이후의 동예의 각 현들은 삼한의 각 소국처럼 불내국·화려국 등으로 불려도 좋을 것이다.

한 군현 설치 이후 동예의 각 현에도 현령(縣令) 또는 현장(縣長)이 파견되었음이 문헌과 고고학 자료를 통해 확인된다.『한서(漢書)』예문지(藝文志) 시부조(詩賦條)에는 동이현의 현령 연년(延年)이 부(賦) 7편을 남긴 것으로 기록되어 있고, 평양에서는 '부조장인(夫租長印)'이라는 은제 인장을 부장한 부조현의 현장 고상현(高常賢)의 무덤이 발견되었다. 현장이 파견된 곳보다 현령이 파견된 곳이 규모가 크거나 행정상 더 중요한 곳이었다면 연년은 동이현이 임둔군 군치(郡治)였던 시기에 파견된 한(漢)의 관리였을 가능성이 높다. 그러나 한의 군현 통제방식은 각 지역 사정과 정치적 사정에 따라 가변적이었다. 군현 설치 초기의 사정은 잘 알 수 없으나 부조현의 예를 보면 동부도위 설치 이후 토착 군장을 읍군(邑君)으로 봉하여 통치한 적도 있었고, 기원전 1세기 말경에는 고상현과 같은 위만조선 지배자 출신을 낙랑군 지배구조로 편입하여 부조현장으로 임명하기도 하였다. 이러한 사정은 동예 각 현도 크게 다르지 않았을 것이다.

그리고 한의 군현은 속리(屬吏)를 두어 태수·현령·현장을 보좌하여 군현의 실질적인 행정을 담당케 하였다. 동예지역에서 실시된 속리제는 공조(功曹)·주부(主簿)·제조(諸曹)로 구성되어 있었다. 공조는 제조를 통할하며 제사·고과(考果)·예악(禮樂) 등의 일을 하며 연사(椽史) 임용 등 지방통치의 실권을 위임받는 경우가 많았고, 주부는 문서와 장부를 관리하면서 지방관의 비서 겸 재정관계를 담당하였다. 군현 설치 초기에는 속리를 요동에서 데리고 왔으나 이후에는 토착인을 속리로 임명하였다. 이는 토착 지배세력을 한의 지배구조 속에 끌어 들여 토착민의 반발을 무마하고 군현통치를 효율적으로 수행하기 위한 것이다. 지방관과 속리들은 각 현의 중심읍락에 거주하면서 각 현을 구성한 여러 읍락들을 전체적으로 통괄하였다. 이러한 공식적인 지배구조 이외에 한 군현은 각 읍락의 우두머리를 삼로(三老)로 임명하여 협조를 구하는 동시에 읍락민에 대한 전통적인 지배권을 인정해줌으로써 토착사회와의 갈등을 완화시켰다.

동부도위 폐지 이후 동예의 각 현은 후국(侯國)으로 봉해져, 현치(縣治)가 있었던 중심 읍락의 거수는 후(侯)로 봉해지고 일반 읍락의 거수들은 삼로를 자칭하면서 읍락민에 대한 실질적인 통치권을 행사하였다. 그러나 후국들 사이에 세력 경쟁이 다시 전개되면서 불내·화려 등 동예의 유력한 국(國)들은 내부적으로 읍락들을 통합하고 통치조직을 갖추어 나갔다. 3세기 중엽의 불내국이 공조·주부·제조를 두어 동부도위 치소 때의 속리제를 자체적으로 운용하고 있었다는 것은 후국 내부에서 진행된 정치 발전의 중요 단면을 보여주는 것이다. 그리고 3세기 중엽 경 불내후(不耐侯)에서 불내예후[不耐濊王]로 작호가 바뀐 것도 이와 무관하지 않다. 화려와 불내 2현이 공모하여 신라의 북경을 침략하였다는 『삼국사기』 유리이사금 17년 조의 기사는 동예 각국 사이에 간헐적으로 연맹관계가 형성된 적이 있었음을 비치기도 한다. 그러나 전반적으로 동예지역에서는 각 국들을 전체적으로 통솔하는 확대된 정치권력의 성장을 보지 못하였다.

함남 금야군(영흥군) 소라리에서 조사된 평지토성은 불내국의 중심지로 비정되기도 한다. 소라리토성은 영흥평야 가운데를 흐르는 용흥강 하류 강변 언덕위에 위치하고 있다. 토성 안에서 세형동검 관계 유물과 중국 전국(戰國)계 주조 철제도끼, 청동제 수레부속, 철제무기, 승석문토기 등 여러 시기의 유물이 혼재된 상태로 출토되었다. 이 밖에도 소라리토성 내부와 주변 일대에서 청동단지, 귀 달린 쇠 단지 등이 발견되었고, 토성에서 1km 떨어진 곳에서는 2기의 귀틀무덤이 확인되었다. 이러한 유적들은 불내예국 등 동예의 유력한 국들의 행정 치소와 지배계급의 생활상을 이해하는 데 유용한 자료들이다. 그런데 3세기경의 불내예왕이 여전히 일반민과 섞여 살았다는 기사가 있다. 이것은 토성 내부가 지배계급의 전용 거주구역이 아니라 일반민들도 함께 거주하던 상황을 나타내는 것으로 지배계급의 거주구역이 일반인과 분리될 정도로 정치권력의 성장이 이루어지지 않았다는 뜻이다.

동예의 언어와 법속은 대개 고구려와 같았으나 의복은 달라 남녀 모두 목둘레를 둥글게 만든 옷인 곡령(曲領)을 입었다고 한다. 의복의 재료로는 마포(麻布)가 있었고 누에를 길러 명주를 생산하였다. 남자들은 넓이가 수촌(數寸)이 되는 은화(銀花)를 옷에 장식으로 달고 다녔으며 옥과 구슬을 보배로 여기지 않았다고 한다. 이는 삼한의 주민들이 금은 비단은 진기하게 여기지 않았으나 구슬을 귀하게 여겨 목이나 귀에 장식으로 달고 다녔다는 것과 대조를 이루는 관습이다.

철(凸)자형 집터(강원 강릉 병산동)   여(呂)자형 집터(강원 횡성 둔내)

근래 강원도 동해안과 한강 상류지역에서 1~3세기 단계의 집자리 유적들이 다수 조사되어 동해안 예족 사회의 주거형태를 이해하는데 도움을 주고 있다. 집의 기본구조는 움집으로 주거면이 땅 밑으로 20~50cm 정도 들어가 있다. 평면 형태는 무문토기시대 이래의 전통을 이은 장방형 집자리와 함께 새로이 여(呂)자형, 철(凸)자형 집자리가 있다. 강원도 강릉시 안인리 주거지유적을 보면 여자형 집자리는 네모진 두 개의 실내공간으로 구성되어 있는데 한쪽은 주거 전용공간으로 바닥면이 지하에 있고 다른 하나는 작업공간으로 바닥면이 지상에 있어 비스듬히 경사진 통로에 의해 양쪽이 연결되어 있다. 여자형 집자리는 실내공간의 기능적 구분이라는 측면뿐 아니라 면적상으로도 이전 시기 주거지보다 크게 확대된 것으로 이를 예족의 특징적인 가옥형태로 간주하려는 견해도 있다.

동해안의 예족들은 청동기시대 이래 농업을 주된 생산기반으로 하였다. 각 시대의 집자리 유적에서 일반적으로 출토되는 반달모양돌칼과 목제농기구를 제작하는 데 쓰는 청동제 도끼와 돌 도구들이 이를 뒷받침해준다. 그리고 강원도 강릉시 안인리 집자리 유적에서는 쌀·콩과 같은 탄화된 곡물이 발견되어 잡곡농사와 함께 벼농사도 행해지고 있음을 알 수 있다.

그리고 10월에는 무천(舞天)이라 불리는 제천(祭天)행사를 거행하였는데 농경사회의 추수감사제의 전통을 이은 것이다. 이는 농작물의 파종을 끝낸 5월과 추수를 끝낸 10월 두 차례에 걸쳐 하늘에 제사지냈다고 하는 삼한의 농경의례와 유사한 것으로 생산 활동에서 차지하는 농경의 중요성을 시사하는 풍속이다. 그리고 새벽에 별자리를 관찰하여 그 해의 풍흉을 미리 안다는 기록도 동예의 생산기반이 농업에 토대를 두고 있음을 말하는 것이다. 그러나 집자리에서 발견되는 돌로 만든 생활도구 중 돌화살촉의 양도 적지 않은 것으로 보아 단백질 공급원으로서 사냥과 고기잡이도 생산 활동의 중요 부분을 차지하고 있었을 것이다.

책화라는 풍습에서도 이러한 생산 활동의 한 면모가 반영되어 있다. 즉 동예 사람들은 산천(山川)을 중요시하여 산과 내마다 각기 구분이 있어서 함부로 들어가지 않는다고 한다. 산과 내는 목재의 공급, 야생동물의 사냥, 야생열매 채집, 어로활동 등 경제활동의 중요 자원이었다. 그러므로 각 읍락마다 활동구역을 정하여 서로 침범하지 않았으며 만약 이를 어길 경우에는 그 벌로 노비·소·말로써 물어주었으며 이러한 풍습을 책화라고 하였다.

중국 군현이 선호한 동예의 특산물은 낙랑 단궁(檀弓)·반어피(班魚皮)·문표(文豹)·과하마(果下馬) 등이었다. 낙랑 단궁은 고구려 맥궁(貊弓)과 함께 중국에까지 널리 알려진 활로 동예에서 만든 것을 낙랑군을 통해 본국에 보낸 데서 그 이름이 붙여졌다. 반어피는 한 대에는 옹피(鰅皮)라 하였고 낙랑 동이현에서 생산되는 것이며 신작(神爵) 4년(기원전 58)에 이를 잡아한의 기구제작소인 고공부(考工部)에 보냈다는 기록이 있다. 과하마는 높이 3척의 키가 작은 조랑말로 과수나무 아래에서도 타고 지나갈 수 있다고 해서 붙여진 이름이다.

이처럼 조공을 통한 중국 군현과의 교역 이외에 예는 주변의 다른 세력들과도 물자교역을 하였다. 마한·예·왜가 모두 진변한으로부터 철을 교역해갔다는 기록이 그것으로, 철을 얻기 위해 동해안을 따라 동예인들이 경상도지역까지 내려온 것을 알 수 있다. 동예의 창은 길이가 3장(仗)이나 되어 때로는 여러 사람이 함께 잡고서 사용한다고 하였는데 이처럼 긴 철제창이 김해와 울산 등지의 목곽분에서 자주 출토되고 있다. 대동강유역의 태성리에서도 길이가 128cm인 장창이 1점 출토된 적이 있으나 양적으로 경남지역에서 출토된 것이 훨씬 많아 동예에서 사용하던 장창은 진변한 지역에서 교역해간 것일 가능성이 높다.[4]

동예에서는 호랑이를 신으로 여겨 제사지낸다고 하였는데 이는 호랑이를 산신으로 섬기던 원시시대의 풍습이 잔존한 것으로 여겨진다. 단군신화에 나오는 곰과 호랑이의 이야기를 토템사상의 반영으로 본다면 동예의 호랑이 숭배는 고조선의 곰 숭배와 대비되는 것으로 이는 팽이형토기문화 중심권과 공열토기문화 중심권의 문화적 전통을 반영하는 것으로 해석될 여지가 있다. 그리고 동예에서는 같은 씨족내에서는 혼인을 하지 않는 족외혼(族外婚) 풍속이 있었다. 사람을 죽인 자는 죽음으로 벌을 받게 하였으며 도둑질하는 자가 적었다고 한다. 이는 고조선의 8조 법금과 유사한 원시사회의 관습법이 일부 잔존한 결과이다.

지금까지 한국문화의 기원에 관한 한 아직까지 초보단계에 불과하지만 이제까지의 고고학적 증거를 보면 생각보다 여러 계통의 문화가 시기적으로 지역적으로 달리 유입되는 현상을 볼 수 있다. 이는 한국 신석기시대의 기원이 제주도 한경면 고산리 유적의 경우에서와 같이 아무르강의 오시 뽀프카 문화와 연결될 가능성이 한층 높아졌으며 그 연대도 종래 생각했던 기원전 6000년이 아니라 기원전 8000년으로 올라갈 수 있게 되었다. 그리고 또 아무르강 하류의 수추섬에서 보는 말르이쉐보 문화기에서 한국의 웅기 굴포리 서포항 2~3기의 신석기 문화와 같은 유물이 출토되는 점은 아무르강의 수추섬-연해주의 보이스만-함경북도 서포항·나진 등을 연결할 수 있는 공동의 문화권 설정도 가능하다. 또 서해안 지구의 전형적인 즐문토기 토기는 핀란드-아무르강의 쉴카-바이칼호-한반도로 이어지는 문화 계통보다 요녕성의 신락(新樂)과 소주산(小珠山) 지구의 신석기 문화와의 관련성도 생각해야 한다. 따라서 종래 한국 신석기시대의 문화의 기원만을 국한해 이야기 할 때에도 단순히 북방계로 언급할 것이 아니라 신석기 자체 편년에 따른 다각도의 문화 기원설이 제기되어야 할 것이다.

시베리아의 청동기시대 및 초기 철기시대는 각 지역마다 다양하게 분포하지만, 특히 한국과 관련하여 주목되는 지역은 예니세이강 상류의 미누신스크 분지를 비롯하여 서시베리아와 우코크지역을 중심으로 한 알타이 전역이다.

서·남부시베리아의 초기 철기시대를 대표하는 스키타이문화와 한국과의 관련성은 쿠르간, 즉 봉분이 있는 적석목곽분으로 대표된다. 이것은 스키타이문화의 대표적인 무덤으로 파지리크, 베렐, 울란드릭, 우스티드, 시베, 투에크타, 바다샤르, 카란다를 비롯해 우코크분지에서 모두 수천 기 이상 발견되었다. 그러나 스키타이문화는 기원전 9~7세기에 발생한 것으로 신라의 적석목곽분과는 적어도 수백 년 이상의 차이가 난다. 따라서 스키타이와 한국의 지리적, 시간적인 차이를 메워 줄 수 있는 유물이 없는 한, 섣불리 문화의 전파를 논하기는 어렵다.

극동지역 중 아무르지역에서 청동유물은 안로강 하구, 스떼파니하 골짜기, 꼰돈, 사르골지역 등에서 발견되었다. 이들 지역에서는 청동기와 함께 원저토기와 청동기를 모방한 마제석기가 공반된다. 아무르강 하류의 에보론 호수를 비롯한 그 주변에서 청동기를 포함한 일련의 유적들이 발견되었는데 특히 꼰돈유적의 신석기 유적 주변에서 청동기들이 처음 발견되었다. 오끌라디니꼬프와 데레비얀꼬는 이 유적들을 묶어 에보론문화기로 부르고 있다. 그리고 초기철기시대는 우릴기(기원전 20세기 후반~기원전 10세기 초반)와 뽈체기(기원전 5세기: 읍루)로 대표된다. 연해주지역의 초기철기시대의 문화기로는 얀곱스끼기(중국에서는 錫桀米, Sidemi 문화라고도 함, 기원전 8~1세기), 끄로우노프까기(기원전 5~2세기, 북옥저, 團結문화), 뽈체기(기원전 7~4세기, 읍루) 등이 대표한다.

극동지역을 중심으로 전 시대에 걸쳐 교류가 있었을 것으로 보이지만 구석기·신석기·철기시대·역사시대에 보다 활발한 교류가 있었을 가능성이 높다. 그러나 문화적인 교류를 확인하는데 있어서 그동안 양측이 제시한 시대구분과 연대에 현격한 차이가 있다는 문제가 있다.

지금까지의 자료를 통하여 대체적으로 문화적 교류경로를 정리하여 본다면 1)바이칼-중국 동북지방(혹은 동부 몽골-중국동북지방)-한반도 서북지방-중부지방, 바이칼과 2)아무르지역-연해주-한반도 동북지방-동해-제주도-일본 규슈 등으로 나누어 볼 수 있을 것이다. 이 교류경로는 단선적으로 위에서 아래로 온 것이 아니라 각 지역별로 끊임없는 문화적 교류 속에서 만들어진 것이다. 따라서 각 지역별로 나타나는 성격들은 대단히 복합적이며 혼합적인 특징이 나타나게 되었던 것이다. 문화의 기원에 관한 한 지역과 시기에 따라 단일·단선적인 것이 아니라 다원·복합적인 것이다.[5]

그리고 마지막으로 지적하고 싶은 것은 토우(土偶)에 대한 최근의 견해이다. 이에 따르면 동아시아의 선사시대 토우는 지역에 따라서 황하상류와 위수 유역, 황하하류역과 장강 하류역, 장강 중류역, 하북성 중부 이북의 동북아시아와 일본열도로 구분된다고 한다. 특히 하북성 중부 이북으로 분류된 동북아시아 문화권 내에서 아무르 하류·연해주·한반도 두만강 하류에서는 특징적인 토우가 출토된다. 이 지역에서는 성별을 구별할 수 없고, 가느다란 몸통에 머리가 각을 이루며 부착되어 머리가 젖혀진 형태를 한 인물상 토우가 출토되는데 이러한 토우를 '극동 전신상 토우'로 명명하였다. 이 토우는 동아시아의 요서, 요동지역과 대비해서 재질, 자세, 성별, 출토위치 등의 차이가 있다.

극동 전신상 토우가 가장 먼저 발행한 아무르 하류의 신석기 전기부터 신석기 후기까지 확인되며 얼굴과 몸의 형태 등에서 변화가 보인다. 연해주~두만강 하류에서 토우는 청동기시대에 나타나며 아무르 지역에 비해서 얼굴표현이 없어지고, 단독으로 세울 수 있도록 하반신 부분이 변한 점 등이 관찰된다. 미시적으로 토우는 고아시아족의 토우와 출토위치 등을 고려해 볼 때 집을 지키는 역할을 하는 것으로 보인다. 더불어 토우가 고고학적 유물로써 이데올로기를 포함한다는 점을 고려해 본다면, 동 토우의 통시적·거시적 역할은 설정된 환동해문화권의 고고학적 표식이 되는 것으로 볼 수 있다고 한다.[6]

결국 환동해권 교류의 시작은 문헌이나 고고학적 측면에서 늦어도 청동기시대 이르면 신석기 중기 까지 소급할 수 있고, 그 대표적인 사례로 토우를 들 수 있지 않을까 한다.

Ⅱ. 초기국가의 환동해 교류의 양상

1. 문헌으로 본 옥저의 사회와 문화

옥저지역에는 구석기시대부터 주민들이 거주해 왔으며 신석기시대와 청동기시대 이래 동북지역 선사문화의 중심지로 발달하였다. 특히 무문토기시대의 옥저지역은 공렬토기로 대표되는 동북지방 무문토기문화의 중요한 분포지였다. 그러나 기원전 4~3세기경 고조선이 요동지역으로부터 대동강유역으로 중심지를 옮김에 따라 남옥저지역은 고조선의 세형동검 문화와 본격적으로 접촉하였다. 그리고 이 시기에는 이미 각 지역별로 대소 규모의 정치체들이 형성되어 있었으며 이들이 지속적으로 성장 발전하여 옥저의 읍락들을 구성하였다.

『삼국지』 동이전에 동옥저는 인구가 5천 호라고 하였다. 이는 남옥저의 규모를 말하는 것으로 남북옥저 전체의 인구를 합한 것은 아닐 것이다. 이 정도의 인구 규모는 삼한 각 소국의 평균 호수인 2~3천 호보다 크며, 낙랑군 또는 동예 각 현의 평균치인 3천여 호보다도 큰 편이다. 5천여 호의 주민들은 여러 개의 읍락으로 나뉘어져 있었다. 삼한지역을 참고로 읍락의 평균 호수를 5백여 호로 잡으면 적어도 옥저에는 10여 개의 읍락이 있었던 것으로 추정된다. 그러나 현재 함흥지역에는 1~3세기대 옥저의 읍락 상태를 직접적으로 반영하는 유물들은 거의 알려져 있지 않다.

다만 옥저의 읍락들은 기원전 3~2세기 이래 형성되어온 각 지역별 정치집단이 성장 발전한 것이므로 당시의 지배자가 소유하였던 무기와 의기(儀器) 자료를 통해 읍락의 대략적인 분포상태를 추론할 수는 있다. 청동기, 철기유물의 출토양이 많고 분포가 밀집된 곳은 함흥만으로 흘러드는 성천강 하류의 함흥시와 함주군 일대이다. 이 지역에 분포한 유적들은 모두 남옥저를 구성한 중요 읍락으로 특히 유물의 양과 질적인 면에서 가장 두드러진 곳은 이화동유적이다. 이화동유적으로부터 500~800m 거리에 치마동과 지장동 유적이 있어 이화동을 포함한 이 일대에 부조현의 치소가 있었을 가능성이 높다. 그리고 함흥시 서쪽 8km 지점의 함주군 대성리, 서북쪽 8km 지점의 함주군 조양리 등 성천강 서쪽에도 읍락이 분포하였을 것이다. 그리고 함흥지역에서 해안을 따라 동북쪽으로 20여 km 떨어진 락원군(퇴조) 송해리, 그리고 이곳에서 다시 30여 km 이상 떨어진 북청군(신창)

하세동리 등지에도 읍락들이 분포되어 있었을 것이다.

옥저는 위만조선에 복속된 이래 한군현과 고구려 등 주변 강대세력의 지배를 받아 왔으므로 내부적으로 강력한 정치권력이 성장하지 못하였다. 그리하여 3세기 중반 경에도 여러 읍락들을 통합하여 다스리는 대군왕(大君王)은 없었고 각 읍락마다 대대로 독자적인 통치자가 있었다. 각 읍락의 우두머리들은 스스로 삼로(三老)라고 불렀는데 이는 군현 통치시대의 유제를 이은 것이다. 군현 설치 초기의 사정은 잘 알 수 없으나 기원전 1세기 후반경 부조현에는 낙랑군으로부터 현장(縣長)이 임명·파견되었던 것이 확인된다. 평양시 낙랑토성 근처에서 발견된 정백동(貞柏洞) 2호 무덤이 그것으로 이 무덤의 주인공은 부조현장(夫租縣長)을 지냈던 고상현(高常賢)의 무덤으로 밝혀졌다. 고상현묘에서는 영시(永始) 3년(기원전 14)에 만들었다는 글씨가 쓰인 일산대와 '부조장인(夫租長印)'이라 은상감한 백동도장 1개와 '고상현인(高常賢印)'이라고 새겨진 은인(銀印)이 들어 있어 무덤 주인공의 직위와 성명 및 활동시기를 나타내고 있다. 이 무덤은 한(漢)의 목곽분(木槨墳)계통의 무덤양식을 따르고 한식 유물이 많이 부장되어 있는 등 한문화의 영향을 강하게 반영한다. 그러나 함께 부장된 세형동검과 동검 자루장식 그리고 토기의 조합상(화분형 토기와 배부른 단지)은 위만조선 지배계급의 문화 특징을 고스란히 간직하고 있다. 낙랑군지역에 남아 있는 목곽분 주인공의 출신에 대해서는 토착 조선인설, 토착 한인설(漢人說) 등 견해가 다양하다. 이와 달리 한 정부는 무제 사후 토착세력을 지배기구 속으로 편입하여 군현지배체제를 유지한다는 방침아래 평양지역 내에 있던 토착 지배세력을 선발하여 부조현의 장(長)으로 파견함으로써 '이이제이(以夷制夷)'의 효과를 거두고 있었다는 견해도 있다. 이처럼 고상현을 평양지방의 위만조선 지배계급 출신으로 본다면 부조현장이 세형동검과 화분형 토기 세트를 부장하고 그의 무덤이 평양에 만들어진 배경이 합리적으로 설명될 수 있다.

한의 부조현 통치와 관련하여 주목되어 온 다른 하나의 자료는 고상현
묘에서 불과 100m 떨어진 곳에서 발견된 부조예군묘(夫租薉君墓, 정백동 1
호 무덤)이다. 이 무덤에서도 '부조예군'이라 새겨진 은제 도장과 한의 철기,
그리고 위만조선 지배계급의 무덤에서 흔히 나오는 세형동검·동모·청동
제 수레부속과 화분형 토기 세트 등이 출토되었다. 이 무덤은 기원전 1세
기 후반경의 무덤이며, '부조예군' 인장은 한 정부가 무덤 주인공을 부조읍
군(夫租邑君)으로 봉하면서 함께 준 것이다. 그런데『삼국지』동옥저조와 예
조 기록에 의하면 한이 예족사회의 지배자들을 후(侯)로 봉한 것은 동부도
위 폐지(기원후 30) 이후 각 현을 후국으로 봉하면서 행한 조처였다. 그러므
로 도위 폐지 이전의 읍군의 위상 즉 부조현의 통치책임자인 부조현장(夫
租縣長)과 부조읍군과의 관계에 대해서는 의문이 있다.

이에 대해 후와 읍군은 군(郡)의 안팎을 막론하고 이민족의 수장에게 부
여된 것이므로 군현체제와 상호 모순되는 것이 아니라는 견해가 있다. 만
약 지방관인 부조현장이 파견된 상태에서 토착 수장을 읍군으로 봉하였다
면 읍군의 기능과 통치범위가 문제이다. 이 경우 두 가지 가능성을 설정할
수 있다. 하나는 일반 읍락의 수장은 삼로로 임명하고 일반 읍락보다 규모
가 큰 읍락의 수장은 읍군으로 봉하였으며 현치(縣治)가 있던 대읍락에는
현장이 파견되었을 가능성이다. 다른 하나의 가능성은 현치가 있는 중심
읍락의 거수를 읍군으로 봉하고 여기에 현장이 함께 파견된 경우이다. 이
때 현장은 현내의 전체 읍락들을 통괄하고 현치가 있는 중심 읍락은 읍군
이 다스리는 구조가 되거나 아니면 읍군은 현정에 직접 관여하지 않는 존
재여야 한다.

그러나 양자가 공존하지 않았을 가능성도 있다. 일반적으로 현장(縣長)
의 파견은 토착민에 대한 직접적인 통치를 의미하는 것이고 읍군은 책봉
과 조공을 통한 간접적인 통제 방식으로 지방관 파견보다 강도가 훨씬 약
하다. 그러므로 기본 성격상 현장과 읍군이 같은 지역을 대상으로 함께 통

치에 참여한 것으로 보기는 어렵다. 무덤양식과 부장유물의 형식상으로도 부조예군묘가 고상현묘보다 시기적으로 앞선다. 그러나 유물의 질량면에서는 양자가 거의 비슷하여 우열을 가리기 어렵다. 그러므로 부조읍군은 부조현장 못지않은 사회경제적 지위를 누리던 인물로 보아야 한다. 따라서 도위 폐지 이전 시기에 현장 대신 읍군을 봉한 적이 있었다고 가정한다면 이는 군현의 대토착민 통치가 이완된 시기의 조처일 것이다. 예컨대 한이 현도군을 만주쪽으로 옮기고 낙랑군 동부도위를 설치한 후 동해안 예족사회에 대해 다시 안정된 통치기반을 확립해나가는 과도기에 현장 파견 대신 읍군을 책봉한 일정 시기를 상정할 수 있다. 이런 관점에서 인장의 인문(印文)상의 특징을 근거로 부조예군을 조공을 매개로 하는 일반 외신(外臣)과는 다른 외신과 내신(內臣)의 중간적인 존재로 파악하는 견해가 있어 주목된다. 실제 동부도위 설치 초기의 낙랑군은 조선현(朝鮮縣)내의 토착세력의 반발을 억압·회유하는 데 고심하고 있었으므로 동부도위 소속현에 대해서는 적극적인 통제를 가하기 어려웠을 것이다. 그러므로 부조예군묘의 주인공은 이 같은 정치적 배경아래 이해될 수 있는 인물이다. 이 밖에도 부조예군묘에 대해서는 부조예군의 관작을 받은 인물이 함흥지역이 아니라 평양에 매장되어 있다는 사실이 또 하나의 의문이다. 이에 대해 부조지역 주민들의 저항으로 평양에 쫓겨 왔다는 해석[7]과 한의 군현통치 강화과정에서 부조지역 토착세력의 우두머리를 평양으로 이주시킨 것이라는 상반된 견해[8]가 있다. 이러한 의문 역시 군현의 대토착민정책의 변화와 관련하여 설명되어야 할 부분이다.

고상현묘를 통해 알 수 있듯이 기원전 1세기 후반경 한의 군현 통제방식은 토착 지배계급을 군현지배체계의 일부로 끌어들여 현장(縣長)으로 파견하는 등 적극적인 토착화의 방향으로 전환되었다. 한식(漢式) 유물의 출토량과 빈도에서 나타나듯이 군현 설치 이외의 지역인 진변한(辰弁韓)지역에서도 기원전 1세기 후반대에 이르면서 한의 대토착민 접촉이 활발해지고 있다.

그러나 이러한 한의 정책은 오래 지속되지 못하였다. 기원후 30년 동부도위의 폐지로 부조현은 후국(侯國)이 되었고 토착지배자들은 후(侯)·읍군(邑君) 등으로 봉해지면서 자치권을 회복하였다. 이후 20여 년이 경과한 후고구려에 복속되면서 부조현의 지배자들은 고구려 관직인 사자(使者)에 임명되어 고구려 대가(大加)의 지시를 받았다. 대가는 조세 수납과 포(布)·물고기·소금 이외에도 각종 해산물들을 바치도록 요구하고 미인을 징발하여 노비나 첩으로 삼았다. 『삼국지』에서는 고구려인들이 옥저인들을 노복(奴僕)처럼 대한다고 기록하고 있어 옥저인들이 고구려의 집단예속민으로 전락된 상태를 보여준다.

옥저의 주된 생산기반은 농업이었다. 지형이 산을 등지고 바다를 향하고 있었으므로 해안지역에서는 해산물이 풍부하였고 토지가 비옥하여 오곡이 잘 자란다고 하였다. 북옥저지역에서도 일찍부터 잡곡농사가 행해졌던 흔적이 있다. 함경북도 무산 호곡동의 청동기시대 유적에서는 탄화된 기장과 수수가 발견되었고, 북옥저의 주거지로 비정되는 흑룡강성 동녕현(東寧縣) 단결(團結)주거지 유적에서도 탄화된 속(粟)이 발견되었다. 『삼국지』 변진조에 오곡과 벼가 잘 자란다는 표현에 나타나 있듯이 오곡 중에벼는 포함되지 않는다. 그러나 옥저의 장례 풍속에 나오는 쌀의 기록을 통해 잡곡농사 이외에 벼도 일부 재배되었음을 알 수 있다. 소와 말이 적고창을 가지고 보전(步戰)을 잘 하며 음식과 주거·의복·예절이 고구려와 비슷하였다고 한다. 청동기문화 단계에서는 동북지방과 압록강 중류유역은각각 공렬토기와 공귀리(公貴里) 토기문화의 중심지로서 개성 있는 지역문화를 형성하고 있었고, 초기 철기시대에 들어 와서도 함남지방은 압록강유역과 달리 대동강유역의 고조선문화와 밀접한 관계를 가져왔다. 그러므로 3세기경 중국인에 의해 관찰된 의식주 생활상의 이 같은 유사성은 고구려 복속아래 진행된 동화현상의 결과로 생각된다.

두 지역의 전통적인 문화기반이 서로 다르다는 것은 장례 풍속과 혼인 풍속을 통해서도 입증된다. 옥저에서는 길이가 10여 장(仗)이나 되는 큰 나무 곽을 만들어 한 쪽에 문을 만들어 두었다가 사람이 죽으면 가매장을 하여 살이 다 썩으면 뼈만 가려 곽 속에 안치한다고 하였다. 곽은 가족 공용이며 죽은 사람의 숫자대로 나무로 사람의 모습을 새겨두고, 질그릇 솥에 쌀을 담아 곽의 문에 매달아 놓았다고 한다. 이는 압록강 중류 및 혼강·독노강유역에 분포된 강돌을 쌓아 만든 돌무지무덤과는 대조를 이룬다. 옥저의 혼인 풍속은 신랑의 집에서 혼인을 약속한 여자를 데려다 장성하도록 기른 후 며느리로 삼는 민며느리제였다. 여자가 성인이 되면 본가에 다시 돌아와 신부의 가족들이 신랑 집에 돈을 요구하고 돈이 지불된 후 신랑 집으로 다시 돌아갔다고 한다. 이러한 혼인 풍속은 신랑이 혼인 후 첫 아이가 태어날 때까지 여자의 집에 와서 함께 지내면서 각종 대가를 치르도록 하는 고구려 데릴사위제도와는 다르다.

2. 옥저와 읍루 문화권의 확산과 발전

여기서는 환동해 지역을 대표했던 옥저와 읍루의 고고학 관련성과[09]에 대해 살펴보겠다. A. P. 데레반코는 바이칼에서 퉁구스가 발생한 이후 아무르 지역으로 이동했다는 오클라디니코프의 견해를 반박하고 바이칼, 아무르강 유역, 연해주 지역 등에 존재했던 문화는 '고아시아족'계통의 문화라고 보았다. 또한 우릴, 얀콥스키문화 등도 퉁구스족이 아닌 고아시아족 계통에 속한다고 보았으며, 이들 문화와 명백한 계승관계인 폴체인들의 민족구성은 선퉁구스가 아닌 고아시아족에 속한다고 보았다.

그의 견해는 크게 두 가지 점에 근거하는데, 첫째, 퉁구스족의 기원지는 바이칼보다는 기원전 2~1천년기의 중국 동북지방이며 아무르 유역은 같은 시기에 독자적인 문화를 형성하고 있었다는 점과 둘째, 폴체문화가 기원후 4세기부터 문화상에서 완전히 다른 말갈유적으로 대체된다는 점에 근거한다.

또 다른 견해를 제시하는 E. I. 데레반코는 폴체문화를 포함한 초기 철기시대 문화의 주체를 바로 퉁구스 계통의 주민으로 보았다. 즉 신석기시대에 바이칼 지역에서 형성된 선퉁구스인들은 동쪽으로 이동하여 초기 철기시대의 전반기 문화에 해당하는 우릴문화와 얀콥스키문화의 퉁구스인이 주체라고 보았다. 그녀의 견해는 우릴문화와 얀콥스키문화의 문화상이 많이 유사하기 때문에 다른 계통의 민족적 구성이 아니며, 같은 계통의 주민이 서로 다른 지역에서 다른 환경에 적응하는 가운데 자연스럽게 형성된 것으로 보았다. 그녀가 제시한 우릴문화와 얀콥스키문화의 유사성은 크게 토기의 기형조합, 석부, 주거지 등이 있다.

고고학적 유물만으로 본다면 E. I. 데레반코가 우릴·얀콥스키문화 단계(기원전 11~7세기)의 문화를 기반으로 폴체문화 때에 거대한 민족공동체를 형성했다는 주장은 오클라드니코프나 A. P. 데레반코의 견해보다 타당성이 있다고 생각된다.

기존 옥저-읍루에 대한 연구의 문제점으로는 첫째, 퉁구스-만어민족과 고아시아족의 관계이다. 오클라드니코프를 비롯한 여러 학자들은 읍루-숙신을 고아시아족에 비정하거나 퉁구스족에 비정하는데, 이 설에서 결정적인 허점은 고아시아족과 퉁구스의 구분은 18세기 이후 서양 민족학자들이 만든 것으로 과연 고대에 있어서 그러한 구분이 가능했는가 하는 점이다. 둘째, 역사기록을 지나치게 특정한 문화에만 부회하려 한다는 점이다. 아무르강 유역의 전공자는 아무르강 유역으로, 연해주 지역 전공자는 연해주에 읍루와 숙신을 비정한다. 자신이 연구하는 지역의 고고학 문화에 부회하려는 경향이 강하다. 대부분의 역사기록은 여러 기간의 사실이 같이 등재되어 있으며, 편찬된 사서에 따라 조금씩 다르게 기술되기 때문에 단편적인 사실에 근거한다면 결국 이현령비현령식의 해석으로 이어질 수밖에 없다. 셋째, 사서에 기록된 옥저나 읍루의 존속기간에 고고학적 문화는 교체가 일어났는데, 이러한 시기적인 변천이 명확하게 반영되지 않았다는 점이다.

먼저 옥저 문화권[10]에 속하는 고고학적 문화에 대해 살펴보겠다. 첫 번째로 들 수 있는 것은 크로우노프카문화이다. 크로우노프카문화는 홍개호와 수분하(綏分河, 라즈돌나야강)를 중심으로 분포하는 연해주의 초기 철기시대 문화로 그 연대는 일부 얀콥스키의 하한연대와 겹치며 대체로 기원전 5세기~기원후 2세기 정도이다. 주요 분포지역은 홍개호, 수분하, 홍개호의 평원지역, 우수리강 상류, 아르테모프카강 상류, 시코토프카 강안 등이다. 피터대제만을 예외로 한다면 함경북도-중국 연변-연해주 남부의 광범위한 지역에 분포한다. 주요생계경제로는 주거지 내부에서 발견된 밀·보리·기장·조 등으로 볼 때 농경에 종사했으며, 출토유물 및 동물 뼈의 발견으로 볼 때 어업 및 목축에도 종사했던 것으로 보인다.

옥저 문화에 해당하는 고고학적 문화의 두 번째 사례는 단결문화(團結文化)를 들 수 있다. 단결문화는 홍개호 유역에서 연변 일대에 분포하는 기원전 4~1세기의 초기 철기시대 문화이다. 크로우노프카문화와 같은 문화로 알려져 있어서 단결-크로우노프카문화라는 명칭으로도 불린다. 따라서 단결문화는 크로우노프카문화와 동일하나, 단지 중국 경내의 유적·유물에 한정하는 것이 보통이다. 중국내의 단결문화는 옥저, 북옥저에 비정한 연구 이래로 이 문화를 옥저계로 정의하는 것이 일반적이다. 유적으로는 표지유적인 동녕단결(東寧團結) 이외에도 일송정(一松亭), 신안려(新安閭) 하층 등이 대표적이며, 연변 지역의 각 문물지에도 수많은 유적이 소개되어 있다.

옥저문화에 해당하는 세 번째 고고학적 문화로는 한반도 동북지방의 호곡 5기 유형을 들 수 있다. 오동 6기→호곡 6기→초도5기의 순으로 상대편년 서열이 상정된다. 철기시대의 마지막 단계로는 폴체문화의 영향이 보이는 오동 7기가 상정된다. 한편 크로우노프카의 남쪽 경계 역시 옥저-동예와의 관계와 관련하여 주목된다. 현재까지 나진 초도, 회령 오동, 온성 강안리 등 함경북도 일대에서만 분포하며 함흥-원산 일대에서는 확인된 바가 없다.

한편 읍루 문화에 해당하는 고고학적 문화로는 폴체문화를 들 수 있다. 지역적으로 약간의 차이를 보이는데 우선 아무르 지역의 폴체문화를 들 수 있다. 대표적인 유적인 폴체유적에서는 11개의 주거지가 발굴되었는데, 모두 불에 피해를 입은 흔적이 있다. 주거지의 형태는 크게 두 가지로 나누어진다. 첫 번째로는 극동 지역에서 신석기시대 말기부터 쓰인 아주 오래된 것으로 연기배출구를 출구로 이용한 형태이다. 두 번째로는 출입구가 좁고 길게 나 있는 것이다. 폴체토기는 크게 8개의 형식으로 분류되는데, 모두 평저(平底) · 수제(手製)이며 태토는 짙은 갈색에 비교적 거친 편이다.

폴체의 주요 생업경제는 어업과 농업이다. 그것은 다량의 어골과 어로도구 및 주거지 내부와 토기 안에서 발견된 탄화된 서류(黍類)의 곡물로 증명된다. 농경도구로는 곡괭이 · 갈돌 · 연석 등이 있으며, 어로도구로는 어망추와 낚시 바늘, 목재가공도구로는 단인석부와 합인석부가 발견되었다.

폴체문화 주거지의 위치를 살펴보면, 그들은 각 지역마다 따로따로 군락을 지어서 살았음을 알 수 있다. 각 부락들은 큰 호수의 연안, 아무르강의 본류나 지류 유역 등에서 서로 떨어져서 존재한다. 즉 각 부락은 서로 생계자원을 놓고 충돌하는 일 없이 독자적으로 사냥 · 어로 · 농경 · 목축 등에 종사한 것이다.

폴체문화는 크게 세 단계로 나뉜다. 첫째, 철기시대 초기인 젤토야로프는 우릴문화에서의 전환기로 폴체문화가 형성되는 시기이다. 이 시기의 유적으로는 코치코바트카 Ⅱ, 리브노예오제로 Ⅱ, 졸토이 야르, 폴체 Ⅱ 등이 있다. 이 시기의 연대는 기원전 7~6세기이다. 이 시기의 특징은 일반적인 토기 및 그들의 문양기법이 가장 많다는 점이다. 중기인 폴체기는 이 문화의 전형적인 문화로 폴체 I 과 아무르스카야 사나토리야가 대표적인 유적이다. 시기는 기원전 6세기~기원전 2세기까지 존속되었다. 현재로서는 말갈문화로 대체되었다고 보는 것이 가장 신뢰가 간다. 후기인 쿠켈레보기는 아직도 애매한 부분이 많다. 쿠켈레보 마을 근처와 코치코바트카유적 등이 대표적이다. 이 유적들에서는 일부 이후에 등장하는 말갈문화의 요소와 함께 연해주 지역 폴체문화의 요소가 나타난다.

폴체문화의 지역적 양상 두 번째는 연해주 지역을 들 수 있다. 폴체문화는 폴체기에 확산되기 시작하는데, 기원 전후한 시기에 연해주 쪽으로 내려와서 연해주의 폴체문화인 올가문화를 형성한다. 이 시기의 가장 큰 특징은 방어적 성격이 강하다는 점과 기원 전후한 시기에 돌연히 남쪽(연해주)으로 이동하면서 연해주에 거주하던 기존의 초기 철기시대문화인 크로우노프카문화가 점차로 소멸했다는 점이다. 연해주의 문화를 폴체문화로 보는 가장 큰 근거는 토기의 유사성이다. 연해주 폴체문화에서 출토되는 토기의 형식, 문양구성, 제작기법 등에서 이들 연해주 철기시대 토기와 가장 가까운 것은 쿠켈레보 형식의 폴체토기이다. 이러한 유물의 유사성은 토기뿐만 아니라 석기와 철기에서도 보인다. 폴체문화에서 전쟁이 차지하는 비중은 연해주의 폴체문화에서 더욱 더 극명하게 나타난다. 연해주 폴체문화의 주거지는 한 면이 가파른 경사면에, 다른 쪽은 비교적 완만한 경사를 이루는 산의 정상에 위치하며, 그 주변으로 토루를 설치해서 방어적인 성격을 극대화시켰다.

폴체문화의 지역적 양상 세 번째는 흑룡강성 서북부의 완연하 유형을 들 수 있다. 본 유적은 하바로프스크 시의 맞은편에 위치한 수빈현의 완연하에 위치한 유적으로 1974년에 발굴되었는데, 토기형태면에서 태토는 협사홍갈도가 주를 이루며 모두 수제이다. 주거지는 평면 사각형의 반수혈로 2호 주거지의 경우 5×5m의 크기로 한가운데에는 대형의 주혈이 있어

기둥을 세운 것으로 추정된다.

폴체문화의 지역적 양상 네 번째는 곤토령문화와 칠성하 유역의 성지군이다. 곤토령문화는 1984년에 발굴된 곤토령유적을 근거로 설정되었다. 곤토령문화는 소팔랑(小八浪), 풍림성지, 보안성지(保安城址), 포태산성지(炮台山城址) 등 흑룡강성 동북부인 삼강평원에 분포한 폴체문화-단결문화와 동시기의 유적이다. 이 문화의 가장 큰 특징은 고지에 성지를 축조했다는 점이다. 삼강평원 지역의 곤토령문화는 대부분 타원형이나 원형의 토성을 쌓고 내부에 수십 기의 주거지를 축조한 것이 확인된다.

이상에서 살펴 본 옥저의 경우 크로우노프카 문화권과 고구려의 관련성 및 무덤을 제외하면 대부분 부합된다. 여기에서 문제가 되는 목곽묘 부분과 고구려의 문제는 옥저의 시간 폭에서 오는 불일치일 수 있다. 즉 크로우노프카문화는 대략 기원 전후한 시기에 소멸하게 된다. 이후 관구검의 침략과 조공관계 등 고구려와 본격적으로 상호교류를 시작하는 기원후 1~3세기대에 이 지역의 문화상이 거의 알려진 것이 없다. 읍루기록을 보면 큰 바다에 접한다는 기록, 해양활동, 석기의 사용 등에서는 불일치하지만 나머지 기록들은 잘 들어맞는다.

〈표 1〉『삼국지』 동옥저전과 고고학 자료의 비교[11]

	사서의 기록	크로우노프카문화	부합유무
위치	濱大海而居	흥개호~두만강 유역	부합
주거 규모	戶五千	8ha이상의 주거유적도 분포	부합
지도자	無大君王各有長帥	대형 고분은 부재하며 주거지에서도 계층 차이는 거의 없음	부합
고구려와의 관계	其言語與句麗大同	고구려와 관련성의 유물은 전혀 없으나 동흥문화에서 일부 확인됨	확인 불가능
낙랑과 관계	沃沮還屬樂浪	크로우노프카문화에는 낙랑 관련 유물부재, 함흥 지역의 토성유적에서는 한계 유물 존재함	일부 부합

특산물	責其租稅 貊布魚鹽 海中食物	크로우노프카문화는 해양성 경제가 부재하나 해안 지역으로 확산된 증거가 보임	일부 부합
지세	其土地肥美 背山向海	뒤에 산이 있는 넓은 강가충적대지에 분포함	부합
곡물	宜五穀	주거지 내부에서 대량의 조, 수수 등이 발견됨	부합
무덤	其葬作大木槨	무덤의 예는 적으나 석곽묘이며 단인장임	불일치

극동지역은 크게 평지성취락, 경질무문토기, 집약적 농경으로 대표되는 함경북도~연해주 남부의 크로우노프카 문화권과 고지성취락, 무기 위주의 철기, 압인문토기로 대표되는 폴체 문화권이 각각 옥저와 읍루라는 2개의 민족 집단과 잘 부합함을 알 수 있다.

〈표 2〉『삼국지』위지 동이전 읍루조와 폴체 문화권의 비교[12]

	읍루	폴체문화	부합유무
위치	濱大海	해안가에는 늦은 단계에 등장, 대해를 흑룡강이나 우수리 강으로 볼 경우 적용 가능	불일치
위치	未知其北所極	폴체는 아무르 강 하류까지 매우 넓은 지역에 분포함	부합
생계경제	其五穀牛馬麻布	폴체 1 유적의 발굴 시에 탄화된 수수가 대형 토기안에서 발견됨. 또한 주거지내에 염소, 가축화된 돼지와 말뼈 등이 확인됨	부합
습속	人多勇力	크로우노프카문화와 비교해서 다량의 무기 출토	부합
위치	處山林之間	평지 위주의 크로우노프카문화와 비교해서 고지성취락 영위	부합
사회구조	無君長	명백한 계층화의 증거는 없으나 폴체유적의 24호와 7호 주거지에서는 장신구류, 철제품, 완형토기가 집중 출토됨	부합

주거	常穴居大 家深九梯	폴체유적의 경우 깊이 1~1.5m의 수혈이나 출입구가 없어서 지붕으로 출입했을 것으로 추정됨	부합
기후	土氣寒	한랭한 기후인 아무르 강 유역에 위치	부합
주거	作溷在中 央人圍其 表居	온돌시설이 부재함(단결문화와 접촉한 이후 2~3세기의 동흥문화에서는 나타남)	부합
무기	青石爲鏃	석촉은 소멸되고 철촉이 대체함	불일치
산물	出玉好貂	분포상 모피의 산지와 인접함	일부 부합
무기	隣國人畏 其弓矢	크로우노프카문화 쪽으로 남하하며 철기에서 무기가 다수를 차지함	일부 부합
토기	皆用俎豆 有捉婁不	정확히 부합함. 폴체문화에서만 두형토기가 없음	부합
해양활동	便乘船寇盜	해양활동에 대한 증거는 없음	불일치

연해주를 비롯한 중국 길림성 동남부, 한반도 북부지방은 무문계의 심발형토기가 주류를 이루는 유정동 유형, 동강 유형, 범의구석, 오동유적이 존재하는 반면에 폴체문화는 압인문·지두문·심선문·파랑문 등 다양한 문양이 토기의 상반부에 시문되는 양상을 보여준다. 토기의 비교로 볼 때 폴체문화권의 '다문양 호형토기 문화권'과 연해주 남부 크로우노프카 문화권의 '심발형토기를 중심으로 하는 경질무문토기 문화권'으로 대별됨을 알 수 있다.

기원후 3~4세기는 폴체문화가 말갈문화로 전환되는 시기라는 점을 감안할 때 읍루와 숙신은 바로 폴체문화와 말갈초기 문화를 의미할 가능성이 크다. 한편 기원전 3세기~기원후 1세기의 전반적인 기후 한랭화에 성공적으로 적응한 단결-크로우노프카문화는 그 세력을 주변으로 확장하고 나아가서 한반도 강원도 지역까지 진출한다. 과연 이들 중에서 누가 옥저이고 북옥저인가 하는 문제는 현재로서는 풀기 어렵다.

옥저문화권은 기원전 2~1세기를 중심으로 급격하게 남하해서 한반도

중부지방에 경질무문토기 문화권으로 확산된다. 이후 기원 전후가 되면서 각 지역은 복합사회로 발전하여 서북지방의 낙랑, 흑룡강 유역의 퐅체말기~말갈 초기문화, 영남지방의 변진한, 서남 지역의 마한, 한강 하류의 초기 백제 등이 형성된다. 이때 옥저문화권은 두만강 유역~동해안 지역에 분포하며 사회발전과 주변 지역과의 교역이 활발해지면서 해안 지역으로도 진출하게 된다. 이러한 일련의 사회발전 과정을 겪으면서 중국과의 교류가 있었으며, 환동해 지역을 대표하는 집단으로 역사서에 등재되었던 것으로 생각된다.

3. 한반도 동남부 동해안 지역의 양상

한반도 동해안 지역은 태백산맥이 남북으로 길게 뻗어 있고 이 산맥과 해안선 사이의 공간이 좁아 농경에 제약을 받아왔다. 이 때문인지 선사시대에서 역사시대로 전환되면서 이루어진 이 지역 정치체의 형성과정이 고고학 자료를 통하여 뚜렷하게 드러나지 않는다. 동해안 지역에서 발굴되는 초기철기시대의 고고자료는 강릉 일원에 집중되어 있다. 즉 강릉과 그 주변에서 중도유형문화 또는 중도문화(中島文化)의 특징을 보여주는 마을이 다수 발굴되었고 출토유물 가운데 서북한 지역에서 전해진 토기와 철기, 오수전(五銖錢)이 포함되어 있다. 이러한 문화를 남긴 정치체는 예(濊), 혹은 동예(東濊)이다.

동해안 지역 가운데 넓은 범위를 차지하는 영남 동해안의 경우 강릉 일원과는 달리 경주와 유사한 문화적 특징을 지녔을 것으로 추정된다. 하지만 이 역시 발굴 사례가 매우 적다. 울진·영덕의 경우 초기철기시대 유적이 전무하며, 상대적으로 들이 넓고 경주의 외항 역할을 수행하였을 것으로 보이는 포항과 울산 지역에만 유례가 있을 뿐이다. 발굴 조사의 사례가 가장 풍부한 것은 삼국시대 신라 고분이다. 조사 결과 5세기 이후 북으로

는 양양·강릉, 남으로는 부산에 이르는 지역의 고분에 신라 토기가 부장되는 게 확인되었다.[13]

영남 동해안 지역에 군장사회가 형성된 것은 2세기 무렵이었다. 『삼국지』나 『삼국사기』에 등장하는 여러 정치체 가운데 우유국(優由國), 음즙벌국(音汁伐國), 우시산국(于尸山國)이 영남 동해안 지역에 위치하였다. 음즙벌국과 우시산국의 경우 지배층의 고분군이 발굴된 바 있는데 바로 포항 옥성리고분군과 울산의 하대고분군이 그것이다. 두 고분군의 상한 연대는 2세기 중엽쯤이다. 이 두 고분군은 같은 시기의 여타 고분군에 비하여 탁월한 규모의 고분을 포함하고 있으며 주요 고분에는 다량의 철기가 많이 부장되어 있다.

이러한 정치체가 형성될 수 있었던 배경으로 동해바다를 빼놓고 생각할 수는 없다. 당시 바다는 풍부한 수산자원의 보고였을 뿐만 아니라 원격지의 사람들이 소통하고 서로의 특산물을 교환하고자 할 때 중요한 교통로가 되었다. 이 시기의 군장사회는 자신들의 강역을 확보한 채 독립적인 세력을 유지하였다. 인접한 강원 동해안 지역의 경우 강릉 강문동 유적에서 야요이 토기가, 초당동 유적에서는 오수전이, 안인리 유적이나 송정동 유적에서는 낙랑계 토기가 각각 출토되었다. 이는 이 무렵 동해안 군장사회들이 폭넓은 대외교류활동을 전개하였음을 잘 보여준다.

신라는 이른 시기부터 동해안에 대한 관심이 높았다. 다음 기사는 신라가 동해안세력과 첫 본격적 관계를 맺게 된 과정을 포함하고 있다.

> 파사이사금(婆娑尼師今) 23년(102) 음즙벌국(音汁伐國)이 실직곡국(悉直谷國)과 쟁강(爭疆)하여 왕에게 와서 중재를 청하므로, 왕이 이를 난처히 여기고 금관국 수로왕이 연로하고 지식이 많다 하여 그를 불러 물었더니 수로가 입의(立議)하여 소쟁지지(所爭之地)를 음즙벌국에 속하게 하였다. 이에 왕은 6부에 명하여 수로에게 향연을 베풀게 하였는데, 5부는 이찬으로 접빈주(接賓主)

를 삼았으나 오직 한기부주[韓祇部]만이 지위가 낮은 자를 보내었다. 수로가 노하여 노(奴)인 탐하리(耽下里)란 자에게 명하여 한기부주인 보제(保齊)를 죽이고 돌아갔다. 그 노는 도망하여 음즙벌주 타추간(陁鄒干)의 집에 머물게 되었다. 왕이 사람을 보내어 그 노를 수색하니 타추가 보내지 않자 왕이 노하여 군사를 일으켜 음즙벌국을 치니 그 주(主)가 무리와 함께 스스로 항복하고 실직(悉直)과 압독(押督)의 두 나라 왕도 와서 항복하였다.

(『삼국사기』 권1, 파사이사금 23년조)

위의 기사는 '소쟁지지(所爭之地)'를 둘러싸고 음즙벌국(안강)과 실직곡국(삼척)이 쟁강을 벌인 것에서 시작하여 신라와 금관국이 연루되고 급기야 제3의 압독국(대구)에까지 파장이 미치는 일대 사건으로 비화된 복잡한 과정을 담고 있다. 여기에서 가장 궁금한 점은, 분쟁 당사국인 음즙벌국과 실직곡국 뿐만 아니라 신라, 금관국, 그리고 압독국에까지 큰 파장을 미치게 한 '소쟁지지'의 실체는 과연 무엇일까 하는 것이다. '소쟁지지'가 주위 세력과 무관한 일반적 토지에 불과하다고 한다면 실직곡국과 음즙벌국이 무력을 동원해서라도 스스로 해결할 수 있었을 터인데, 이를 굳이 신라에 중재를 요청하고, 또 신라도 이를 난처히 여겨 금관국에 재차 의뢰를 하게 된데에서 '소쟁지지'가 주위세력과 긴밀한 연관이 있을 수 있겠다는 심증을 갖게 한다.

이와 관련하여 음즙벌국과 실직곡국의 쟁강에 대하여 영토를 둘러싼 것이라기보다는 해상교역권을 둘러싼 것이었을 가능성을 제기하면서, 좀 더 구체적으로 경상도 동해안 지역의 소규모 항구를 자국의 세력권에 포함시켜 교역체계를 구축하려는 과정에서 촉발된 충돌로 규정한 바 있다.[14] 최근에는 여기서 나아가 '소쟁지지'를 국제교역의 주도권 다툼 건으로 이해하기도 한다.[15] 후자에 의하면 음즙벌국은 신라에서 영일만에 이르는 형산강 변의 요로(오늘날 안강)에 위치하고, 실직곡국은 오늘날 동해안의 삼척에 해당된다. 따라서 이들이 국제교역의 거점을 가지고 다툰 문제의 '소쟁지지'는 안강과 삼척에서 쉽게 이를 수 있는 곳으로, 영일만에서 멀지 않은 곳인『삼국사기』에 나오는 사도(沙道, 지금의 영덕)로 비정한다.

음즙벌국은 오늘날 안강에 비정되는 곳으로 신라에서 영일만에 이르는 형산강 변의 요로에 위치해 있어서, 음즙벌국이 국제교역에서 중차대한 위치에 있는 '소쟁지지'의 주도권을 장악하게 된다면 신라로서는 상당한 부담을 느끼지 않을 수 없었을 것이다. 그렇다면 금관국이 음즙벌국의 손을 들어준 것은 신라를 견제하려는 의도가 있었을 것으로 판단할 수 있다. 신라는 이미 울산만을 통해서 동래지역으로 진출을 감행한 바 있어, 이에 위기감을 느꼈을 금관국이 신라를 견제하려 했다는 것은 충분히 추정 가능한 일이다. 그리하여 신라는 한기부세력이 중심이 되어 금관국의 견제에 반격을 가했던 것이고, 급기야 음즙벌국을 복속시키고 '소쟁지지'를 장악함으로써 국제교역을 주도하는 위치에 이르렀던 것이다.

그런데 실직국은 스스로 투항한 지 2년 만에 신라에 반기를 들었고, 신라는 즉각 군사를 발동해서 이를 토평하고 실직국 사람들을 남쪽으로 사민시키는 조치를 취했다. 실직국의 반발은 아마도 신라가 '소쟁지지'를 독점적으로 운영함으로써 실직국이 국제교역에서 소외되는 것에 대한 불만에서 나온 것으로 여겨지는데, 이에 대한 신라의 조치는 신속하고 단호했던 것이다. 실직국의 반란을 제압한 이후에 신라는 동해안세력의 일단인 말갈의 침략이 빈발하는 것을 효과적으로 차단하는 한편, 동해안 진출과 동해안세력 복속 과정을 속도감 있게 추진하였다.

한편 영남 동해안 지역은 산맥과 해안 사이의 공간이 비좁지만 서쪽의 산악지대에서 내려오는 조그만 하천을 이용하여 농경에 종사하였다. 들판의 앞에는 드넓은 바다가 펼쳐져 있어 어로에 적합한 조건도 갖추고 있었다. 또한 산맥과 해안 사이의 좁은 공간을 따라 육지와 해로를 통하여 남북으로 이동하기가 편리한 교통의 요충지이기도 했다. 이 지역의 주요 고분에서는 무기류+농구류+어구류가 함께 부장되고 있다. 이러한 특성은 내륙 지방의 고분군에 무기류+농구류가 집중적으로 분포하는 것과 차이를 느끼게 한다. 영남 동해안 지역의 고분에 묻힌 어구는 매장의례와 관련이 있으나 기본적으로 이 지역의 생업과 관련이 있을 것이다.

『삼국사기』나 『삼국유사』에는 신라시대 동해안에 있던 포구나 마을에 대한 기록이 있다. 즉 신라 4대왕 탈해가 상륙한 포구인 아진포(阿珍浦: 지금의 감포), 내해이사금의 아들인 석우로 설화에 나오는 우유촌(지금의 울진), 헌강대왕이 처용랑을 만난 개운포(開雲浦: 지금의 울산) 등이 그곳이다.

이러한 주요 포구와 그 주변에는 무기, 농기구, 어구를 부장한 고분이 조성되었다. 대표적인 고분은 울진의 덕신리 61호, 영덕의 괴시리 16호, 포항의 옥성리 90호 목곽묘, 학성리 20호 목곽묘, 경주 봉길리 12호 등이다. 이들은 주요 포구나 그 인근에 위치하여 항구와 관계를 가지고 있다. 현재도 울진, 영덕, 포항, 경주, 울산의 해안가에는 포구가 발달해 있다. 이 지역의 고분들은 내륙 지역의 고분과는 달리 어구를 부장하는 특성을 가지고 있다.

이처럼 해안가의 중요한 곳에 포구가 있었고 수장(해척)들이 포구를 장악하였다. 예컨대 탈해를 키운 바닷가 노파의 아들이 혁거세왕의 아래에서 벼슬을 지낸 해척(海尺)이라는 것이다. 해척은 파진찬을 달리 부르는 제3위의 관등이지만, 원초적인 모습을 보여주고 있다. 아마 신라에 편제되기 이전에 해안의 수장을 해척이라 불렀고, 이것이 신라의 관등으로 전환된 것으로 보인다. 즉 당시 해안가에서 바다를 장악하던 수장들을 해척으로 편제하였고 이것이 나중에 신라 관등인 파진찬으로 바뀐 것으로 추정된다.[16]

그런데 강원 동해안 지역뿐만 아니라 영남 동해안 지역의 군장사회 역시 국가로 발전하지는 못했다. 이는 아마도 인접해 있던 고구려와 신라 등 상대적으로 우월한 국가들이 고대국가로 성장하는 과정에서 동해안 지역을 우선적으로 복속했기 때문일 것이다. 아울러 고구려와 신라가 이 지역을 장악함으로써 풍부한 해산물을 수취하고 제해권(制海權)을 확보하고자 했기 때문이다. 아울러 영역국가로 발돋움하려면 철광산을 개발하여 안정적으로 철기를 생산하고 상비군을 편제하여 운영하며 국가체제를 유지하는 데 소요되는 막대한 수취원을 확보해야 하지만, 동해안 군장사회의 경우 그렇지 못했던 것이다.

이처럼 영남 동해안 지역의 경우 철기문화를 기반으로 곳곳에서 군장사회가 현성되었으나 곧 신라에 복속되었고, 초기에는 자율성을 지녔지만 차츰 신라에 의하여 자율성이 규제되어 나가다가 끝내 직접적인 지배를 받게 되었다. 신라의 입장에서 보면 영남 동해안 지역은 국가 경영에 매우 중요한 수취원이자 국경지대이고, 또 대외로 진출하려 할 때 주요한 교통로였다. 때문에 신라는 영남 내륙지역에 비하여 상대적으로 강고한 지배를 실시하려 노력한 것으로 보인다.

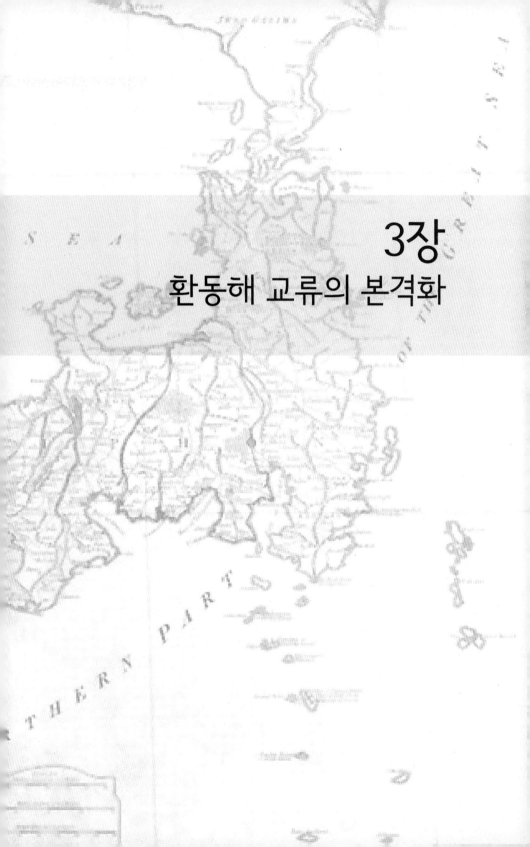

3장
환동해 교류의 본격화

이 장에서는 우선 신라의 동해안 진출과 우산국 정복의 역사적 의의에 대해 살펴보고, 다음으로 고구려의 대왜교섭에 대해 서술하고자 한다. 『일본서기』에 보이는 고구려사절의 대왜파견은 570년 이후 25회에 이른다. 이 횟수에서 고구려가 멸망한 해인 668년 이후의 사절은 모두 7회로 안승(安勝)을 수반으로 하는 보덕국(報德國)에서 파견된 것으로 보인다. 그리고 승려의 파견 등 문물을 전한 사례 5회를 제외하면 양국의 공적 외교의 횟수는 18회이다. 그것도 대체로 7세기 이후의 한정된 시기여서 양국 관계 교류의 시대적 특징을 보여주고 있다. 이것은 오랜 분열시대를 끝내고 통일왕조를 이룩한 중국대륙의 정세변화, 신라세력의 고구려 영역으로의 침투, 신라와 당의 결합에 의해 위기의식을 느낀 고구려가 이를 타개하기 위한 하나의 방편으로서 대왜외교를 추진한 것으로 보인다. 고구려가 570~668년의 약 100년 동안에 18회의 공식 사절단을 일본에 보냈다는 것은 훗날 발해가 727~919년 약 200년에 걸쳐 34회의 사절단을 일본에 파견된 것과 비교하면, 거의 비슷한 횟수라고 할 수 있다.

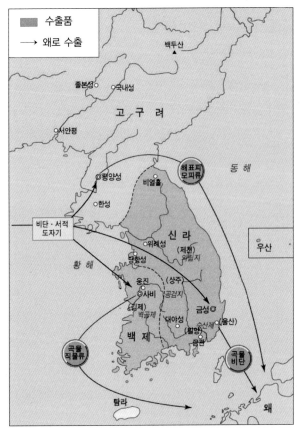

삼국시대의 대외교류

Ⅰ. 동해를 건넌 사람들

1. 비운의 사절단

570년에 고시국(越國: 현재의 이시카와현 가나자와시)에 도착한 고구려 사절단
은 먼저 이곳의 호족인 미치노키미[道君]를 만났다. 그러나 이 만남이 고구

려 사절단에게 비극을 초래했다. 미치노키미가 자신을 천황이라 속이고, 공물을 가로챈 것이다. 그런데 고시국 사람인 에누노오미모시로[江淳臣裾代]가 도성에 가서 미치노키미가 고구려 사절의 도착을 숨기고 있다고 보고하고, 5월에 고구려 사절단의 영접을 위해 도성에서 가시와데노오미카타부코[膳臣傾子]를 고시국으로 파견함으로써 미치노키미의 음모가 발각되었다. 속은 것을 안 고구려 사절단은 공물의 반환을 요구하였다. 이에 가시와데노오미카타부코는 공물을 찾아 사절단에게 전한 뒤에 사절단을 영빈관인 상락관으로 안내하였다. 그 후 572년 5월에 '까마귀 깃털의 국서'와 '공물'이 상락관에서 검수되고 도성으로 보내졌다.

573년 6월에 고구려 대사는 미치노키미에게 속아 천황에게 헌상할 공물을 그에게 주었던 것은 부사들의 책임이라고 질책하고, 귀국하여 고구려왕에게 이 사실을 알릴 것이라고 했다. 문책을 당할 것을 두려워한 부사들은 자신들의 죄를 숨기기 위해 대사를 살해하기로 결의하고, 자객을 보내 대사를 살해했다.

다음날 아침에 고구려 사절단의 안전을 담당하고 있던 야마토노아야노사카노우에노아타이코마로[東漢坂上直子麻呂] 등이 고구려 대사 살인사건에 대해 취조하자, 부사들은 거짓으로 "천황이 대사에게 부인을 하사하려했지만 대사는 그것을 거절했다. 이것은 예의에 어긋나기에 신들이 천황을 위해 대사를 살해한 것이다"라고 대답하였다. 왜국은 예를 갖춰 대사의 장례를 치러 주었다.

고구려 사절단의 대사는 풍랑에 시달리고 표류한 끝에 겨우 왜국에 도착하였지만, 왜국 땅에서 비참한 최후를 맞이하였다. 그리고 그 해 7월에 고구려 사절 일행은 본국을 향해 출발하였다.[1]

2. 고구려 승려 혜자

혜자(惠慈)는 고구려와 일본의 불교 교류에서 매우 중요한 역할을 한 고구려 승려이다. 혜자는 일본에서 쇼토쿠[聖德]태자의 스승이 되어 불법을 전수했으며, 일본 최초의 사찰인 아스카사[飛鳥寺]에 주석하기도 했다. 그리고 입적한 후에는 일본인들에게 쇼토쿠태자와 함께 성인으로 추앙받을 정도로 일본 불교 발전에 크게 기여하였다.

아스카사 입구

『일본서기』에 의하면 혜자는 595년 일본으로 건너가 귀화했으며, 쇼토쿠태자의 스승이 된다. 그리고 같은 해 일본으로 건너간 백제승려 혜총과 함께 불법을 홍포했으며, 불·법·승인 삼보의 동량이 되었다고 한다. 사료에는 '귀화'했다고 하지만, 혜자가 승려 신분이었기 때문에 일반적 의미의 귀화라기보다는 전법승의 신분으로 입국했을 것이라 생각된다. 이듬해 두

승려는 호코사[法興寺]에 주석하게 된다. 호코사가 있던 자리에는 현재 아스카사가 들어서 있다.

혜자는 스이코 천황의 섭정이었던 쇼토쿠 태자의 교육을 담당했다고 한다. 태자는 교육은 혜자에게, 유학은 박사인 각가(覺哿)에게 받았다고 한다. 이러한 사실은 혜자가 615년에 고구려로 돌아가기까지 20년 동안 태자의 교육을 담당하였을 뿐만 아니라 정치고문으로서의 역할까지 한 것을 보면 알 수 있다. 따라서 혜자는 쇼토쿠태자가 사상과 정치이념을 확립하는데 가장 큰 영향을 끼친 인물이라고 할 수 있다.[2]

3. 고구려 유민

일본측 기록에 의하면 고구려 유민들은 무사시국[武藏國: 현재의 도쿄]·히타치국[常陸國: 현재의 이바라키현]·스루가국[駿河: 현재의 시즈오카현] 등에 이주되었다고 한다. 그 가운데 도코쿠로 이주한 고구려인들은 무사시국으로 옮겨져 고마군[高麗郡]이 설치되었다고 한다.

고구려 유민 가운데 일찍부터 사료에 이름이 등장하고 있어 활동상을 엿볼 수 있는 것이 기후미노무라지[黃文(黃書)連]일족이다. 기후미노미야쯔코혼지쯔[黃書造本實]는 다카마쓰총[高松塚] 고분벽화의 제작자 중 한명으로 생각된다. 이 외에 기후미노무라지쿠로도[黃文連黑人]·기후미노무라지오토마로[黃文連乙麻呂] 등의 화가도 배출했다.[3]

II. 신라의 동해안 제해권 장악과 그 의미

신라의 질적 변화는 4세기부터 이루어진다고 할 수 있다. 그러나 이와 같은 질적 변화가 정치체제에 반영되어 왕을 중심으로 하는 고대국가의 체제가 완성된 것은 중고기(中古期)라고 할 수 있다. 중고기란『삼국유사』에서 법흥왕대부터 진덕여왕대에 이르는 약 140년간을 지칭한 용어인데, 이 시기는 흔히 고대국가의 성립기라 부르고 있다. 이 중에 고대국가의 체제의 근간이 완성된 시기가 지증왕대와 법흥왕대이다. 물론 이후 진흥왕·진평왕·선덕여왕·진덕여왕에 이르기까지 끊임없이 정치제도는 보완·정비되고 무열왕과 문무왕대에는 또다시 커다란 변화를 겪게 되지만, 중고기 정치체제의 근간은 법흥왕대의 율령으로 일단락된다고 할 수 있다.

법흥왕대에는 지증왕대의 업적을 토대로 병부의 설치, 율령의 반포, 불교의 공인, 상대등의 설치, 금관가야의 병합, 연호의 사용 등 국가체제의 정비와 왕실의 권위를 높이는 일련의 정책을 실시하였다. 이들 정책의 의의를 한마디로 요약하자면 신라가 대내적으로는 왕권이 확립되고, 대외적으로는 중국과 대등한 국가임을 내세우면서도 또 삼국을 통일할 수 있는 사상적 기반을 마련해 주었다는 점이다. 이후 이를 기반으로 진흥왕대(540~576)에는 정복국가로 발전하고 있다. 이는 고구려가 소수림왕대의 대내적인 정비단계를 거쳐 광개토왕·장수왕대에 이르러 광범위한 영역을 확보하여 동아시아의 강자로 등장하는 것과 비슷하다.[4]

신라는 지리적 위치 때문에 삼국 가운데 대중국 교섭이 가장 늦었으며, 고구려의 안내로 대중국 교섭이 시작될 수밖에 없었다. 신라가 처음으로 전진(前秦)과 교섭한 시기인 내물왕(356~402) 때는 고구려의 광개토왕(391~413) 때여서 그 정치적 간섭을 받고 있어, 고구려 사신을 따라 당시 서역 문물의 집합소인 장안에 갈 수 있었다. 신라는 전진과의 교섭 이후 법흥왕 8년(521)의 양나라와의 교섭까지 140여 년간 중국과 교섭이 없었으며, 그 후 진흥왕 25년(564) 이후 진나라와의 계속된 교섭까지 중국과의 관계가 없었다.

이상에서 5~6세기 신라의 정치적인 상황에 대해서 간단히 살펴보았고,

다음으로 무역에 관련된 중요한 사건을 검토해 보겠다. 신라의 영토 확장 또는 대외교섭의 루트 확보는 크게 세 가지로 나누어 볼 수 있다. 즉 동해 안지역으로의 진출을 통한 동해해상권의 장악, 한강유역의 점령을 통한 황해해상권의 장악, 가야지역으로의 진출을 통한 대왜(對倭) 교섭루트의 확보 등이다.

먼저 들 수 있는 것이 동해안 지역의 점령과 울릉도의 복속을 통한 동해 해상권의 장악이다. 고구려에 예속되어 어염(魚鹽)을 바쳤던 동예(東濊)가 신라에 의해 위협을 받자 고구려는 어염 등의 해산물의 확보라는 측면의 문제 못지않게 동해 제해권의 안정적 확보의 필요성을 느끼게 되었다. 신라 눌지왕대 이후 고구려 장수왕과 문자왕의 통치 시기가 되면서 고구려의 동해안 진출이 본격화되고, 울진·영해·영덕 지역까지 그 세력을 확장하고 있었던 것은 바로 여기에 연유하는 것이다. 이를 통해 동해안 지역은 5세기 내내 고구려의 영향력 아래 놓여 있었던 것으로 파악할 수 있다.

이러한 상황은 6세기 대에 접어들어 신라가 급속하게 성장하면서 다시 커다란 변화를 겪게 된다. 신라는 경주의 지역적 위치가 동해 바닷가에 가까이 있었기 때문에 왜구의 침입에 대한 적절한 대응, 나아가 동해안 제해권의 확보를 위한 노력을 기울이지 않을 수 없었다. 그렇기 때문에 암각화에 나타나는 해양문화의 기반을 갖고 있었던 집단이 활동할 공간이 마련되었고, 이를 바탕으로 하여 석탈해의 등장이 가능하였다. 이러한 해양 및 어로문화의 기반을 수용한 신라는 동해안 지역으로의 진출에 일찍이 관심을 기울여 지증왕 대에 오면 삼척에 실직주(悉直州), 강릉에 아슬라주(阿瑟羅州) 설치, 아시촌(阿尸村)에 소경을 설치하고 이사부로 하여금 우산국을 정벌함으로써 동해의 제해권과 동해안 지역을 확보하였다.

524년(법흥왕 11)에 건립된 울진봉평신라비에 실지군주이부지나마(悉支軍主尒夫智奈麻)와 더불어 실지도사오루차소사제지(悉支道使烏婁次小舍帝智)가 보인다. 당시 신라가 실직(悉直·悉支)지역에 군주와 도사를 동시에 파견하였던 것이다. 501년(지증왕 2)과 503년(지증왕 4)에 건립된 포항중성리신라비와 영일냉수리신라비에 '나소독지도사(奈蘇毒只道使)'와 '탐수도사(耽須道使)' 등이 보인다. 일반적으로 도사를 행정촌에 파견된 지방관으로 이해하고 있다. 전자는 501년 이전에 동해안지역을 행정촌으로 편제하고 도사 등의 지방관을 파견하였음을 알려주는 자료로서 주목된다.

『삼국사기』 신라본기에 지증왕 6년(505) 2월에 '왕이 몸소 나라 안의 주(州)와 군(郡), 현(縣)을 정하였다'고 전한다. 진평왕 대부터 군사적 긴장도가 높은 접경지역에 현을 설치하기 시작하여 9주 5소경을 완비한 685년(신문왕 5)에 전국의 행정촌을 현으로 재편하는 작업이 마무리되었다고 이해한다. 더구나 울진봉평신라비에 주와 군에 관한 언급이 전혀 없다. 505년 2월에 주와 군, 현의 영역을 획정하였다는 언급을 사실 그대로 신뢰하기 어려움을 반증하는 증거들이다. 이와 같은 이유를 들어 종래에 이 기록을 도사 파견지인 행정촌이 점차 늘어나 전국화하면서 그들 사이에 생겨난 관할 영역을 분정(分定)한 사실을 반영한 자료로 이해하였다.[5]

따라서 적어도 505년에 신라가 실직지역을 행정촌으로 편제하고, 거기에 도사라는 지방관을 파견하였다고 이해할 수 있다. 그러면 505년 실직주를 설치하고, 거기에 이사부를 그 군주(軍主)로 임명하였다고 전하는 것은 어떻게 이해할 수 있을까? 진흥왕순수비 창녕비에 상주(上州)와 하주(下州)가 보인다. 이밖에 『삼국사기』 신라본기에서 553년(진흥왕 14)에 한강 유역에 신주(新州)를 설치하였다고 하였다. 이에 의거하여 561년 무렵에 신라는 전국을 상주와 하주, 신주로 구분하여 통치하였음을 추론할 수 있다. 따라서 505년 2월에 실직주(悉直州)를 설치하였다는 위의 기록 역시 그대로 믿기 어려울 것이다. 다만 이때에 군주라는 직명(職名)을 지닌 이사부(異斯夫)를 실직지역에 파견한 것은 부정할 수 없는데, 당시 이사부의 구체적인 직책은 실직주군주(悉直州軍主)가 아니라 실직군주(悉直軍主)였을 것이다.

505년 무렵에 실직지역에 실직군주뿐만 아니라 실직도사도 파견되었음이 분명한 바, 당시 실직지역의 행정은 후자가 책임졌다고 볼 때, 실직군 주인 이사부는 어떠한 임무를 수행하였을까? 이와 관련하여 진흥왕순수비 창녕비에 비자벌군주(比子伐軍主)와 더불어 비자벌정조인(比子伐停助人)이 나오는 점을 주목할 필요가 있다. 신라인들은 영(營)을 정(停)이라고 불렀다. 여기서 영은 진영(陣營)을 말하며, 사전적으로 진영은 '군대가 진을 치고 주둔하고 있는 일정한 구역'을 가리킨다. 따라서 비자벌정은 비자벌 지역(경남 창녕)에 주둔한 군대의 진영으로 이해할 수 있다. 정에 주둔한 군사의 성격에 대하여 논란이 많으나 6부인, 즉 왕경인으로 이해하는 견해가 널리 지지를 받고 있다.[6] 505년에 실직군주로 임명된 이사부 역시 6부인으로 구성된 정군단(停軍團), 즉 실직정(悉直停)의 군대를 지휘하는 사령관의 성격을 지녔음은 물론이다.

540년대 후반에 건립된 단양적성신라비에 고두림성(高頭林城)에 군주로서 비차부지아간지(比次夫智阿干支)와 무력지아간지(武力智阿干支)가 있었다고 전한다. 이 비는 신라가 적성을 공격하여 빼앗고, 이때 전공(戰功)을 세운 사람들에게 포상하는 내용이 핵심이다. 당시 적성공략에 군주 비차부지와 무력지가 거느린 군단 및 추문촌(鄒文村, 지금의 의성군 의성읍) 당주(幢主)와 물사벌성(勿思伐城, 지금의 예천군 예천읍) 당주가 거느린 군단이 참여하였음을 비문을 통하여 확인할 수 있다. 2명의 군주가 고두림성에 있다는 표현은 그들이 정군단을 거느리고 거기에 주둔한 사실을 의미하는 것이다. 540년대 후반에 군주가 정군단을 지휘하고 군사적 필요에서 여러 전투에 참여한 정황을 이를 통하여 유추할 수 있다. 이와 같은 정황을 통하여 540년대 후반까지도 군주는 그들이 파견된 지역의 행정을 총괄하는 지방관의 성격을 지니지 않았음을 추론할 수 있다. 이러한 측면에서 505년에 실직군주인 이사부 역시 실직지역에 주둔한 정군단의 지휘를 맡았을 뿐이고, 그 지역의 행정은 실직도사가 책임졌다고 봄이 합리적일 것이다.

이처럼 505년 2월에 이사부를 실직지역에 주둔한 정군단의 사령관 즉

군주로 임명하였다고 한다면, 이사부를 실직군주로 임명한 조치는 바로 신라가 실직지역에 6부인으로 구성된 정군단을 상시 주둔시켜 고구려의 남진에 대응한 것으로 이해할 수 있다. 이사부가 하슬라주 군주에 임명되었다고 전하는데, 지증왕 13년(512)에 하슬라주를 설치하였다고 보기 어렵기 때문에 당시 이사부의 공식적인 직책은 하슬라군주였을 것이다. 아마도 지증왕 6년(505)과 지증왕 13년 사이에 정군단의 주둔지를 하슬라로 옮김에 따라 이사부 역시 하슬라군주로 직명이 바뀐 것으로 이해된다.[7]

신라의 동해안 제해권의 확보에 있어서 중요한 사건은 지증왕대의 이사부에 의한 우산국정복 사건이다. 이에 관련된 자료는 다음과 같다.

> 우산국이 귀부하여 해마다 토산물을 바치기로 했다. 우산국은 명주(溟州)의 바로 동쪽 바다 가운데 있는 섬으로 혹은 울릉도라고도 한다. 면적은 사방 100리인데 지세가 험한 것을 믿고 항복하지 않다가 이찬(伊飡) 이사부(異斯夫)가 하슬라주(何瑟羅州)의 군주(軍主)가 된 뒤 우산인들이 어리석고 사나우므로 위력으로써 복속시키기는 어려울 것으로 생각하고 계략으로 복종시키기로 했다. 곧 나무로 사자를 만들어서 전선에 나누어 싣고 그 나라 해안에 이르러 거짓말로 "너희들이 항복하지 않는다면 이 맹수를 풀어 모두 밟아 죽일 것이다"고 하였다. 그 나라 사람들이 무서워서 곧 항복하였다.
>
> (『삼국사기』 권4, 지증왕 13년 6월)

위 사료에 의하면 우산국은 면적이 사방 100리에 불과하지만 지세가 험난하였고 사람들은 용맹하여 신라의 최전방을 지키고 있던 하슬라주 군주의 위력으로도 복종시키기가 어려웠기 때문에 결국 계략으로 복종시켰다고 했다. 신라의 동해안지역 장악은 삼국통일의 역량확보에 기반이 되었으며, 당시 하슬라주의 군주는 최전방의 군사집단이요 최정예부대의 지휘자였을 것이다. 신라의 최전방 군사력으로써 우산국을 정벌하기에 용이하지 않았다는 것은 우산국의 군사력과 문화가 상당히 높은 수준이었음을 알 수 있다.

우산국이 가장 왕성했던 시절은 우해왕이 다스릴 때였으며, 왕은 기운이 장사요, 신체도 건장하여 바다를 마치 육지처럼 주름잡고 다녔다. 우산국은 작은 나라지만 근처의 어느 나라보다 바다에서는 힘이 세었다. 당시 왜구는 우산국을 가끔 노략질하였는데 그 본거지는 주로 쓰시마였다. 우해왕은 군사를 거느리고 쓰시마로 가서 쓰시마의 수장을 만나 담판을 하였고, 그 수장은 앞으로 우산국을 침범하지 않겠다는 항서를 바쳤다. 우해왕이 쓰시마를 떠나올 때 그 수장의 셋째 딸인 풍미녀를 데려와서 왕비로 삼았다. 우해왕은 풍미녀를 왕후로 책봉한 뒤 선정을 베풀지 않았을 뿐 아니라 사치를 좋아했다. 풍미녀가 하는 말이면 무엇이든 들어주려 했다. 우산국에서 구하지 못할 보물을 풍미녀가 가지고 싶어 하면, 우해왕은 신라에까지 신하를 보내어 노략질을 해 오도록 하였다. 신하 중에 부당한 일이라고 항의하는 자가 있으면 당장에 목을 베거나 바다에 처넣었으므로, 백성들은 우해왕을 매우 겁내게 되었고 풍미녀는 더욱 사치에 빠졌다. "망하겠구나" "풍미 왕후는 마녀야" "우해왕이 달라졌어" 이런 소문이 온 우산국에 퍼졌다. 신라가 쳐들어오리라는 소문이 있다고 신하가 보고를 하였더니, 우해왕은 도리어 그 신하를 바다에 처넣었다. 왕의 마음을 불안하게 하는 자는 죽였다. 이를 본 신하는 되도록 왕을 가까이하지 않으려 했다. 풍미녀가 왕후가 된 지 몇 해 뒤에 우산국은 망하고 말았다.

(울릉문화원, 『울릉문화』 2)

위 사료는 우해왕과 왕비인 풍미녀에 관한 설화이다. 이 설화가 오늘날까지 전해져 온 과정도 불분명하고 또 그 내용도 많이 윤색된 것 같은 느낌이 든다. 그러나 여기에서 주목되는 것은 첫째 우산국에 관한 설화가 울릉도에서 오늘날까지 전하고 있는 점이고, 둘째 우산국과 왜구의 본거지인 쓰시마의 관계 설정-혼인동맹에 대한 점이다. 전자는 우산국의 존재에 대해서 울릉도민의 자긍의식 발로의 소산으로 간주할 수 있으며, 후자는 해상세력 국가인 우산국과 쓰시마-왜국의 혼인동맹을 상징하고 있는 우해왕과 풍미녀의 혼인과정을 밝혀주고 있다는 점이다.[8]

이 설화에서 엿볼 수 있는 것은 당시의 우산국이 쓰시마를 정벌하는 등 동해안 지역의 해상권을 장악하고 있었다는 것이다. 이런 점에서 삼척, 강릉 등 동해안에 면한 지역을 확보한 신라의 지증왕으로서는 동해안 제해권을 확보하지 않는 한 동해안 지역을 안정적으로 유지할 수 없다고 판단하였을 것이며, 이로 인해 결국 우산국의 정벌에 나서게 되었을 것이다.

신라는 우산국정벌을 통해 동해의 제해권을 장악함으로써 이후 법흥왕대의 사벌주(沙伐州) 군주 파견, 금관국 복속, 진흥왕대의 한강유역·낙동강유역의 확보·안변에 비열홀주(比列忽州) 설치·가야 정벌·북한산비·함흥지역의 황초령비·마운령비 등 진흥왕 순수비의 설치와 같은 비약적인 발전을 이룩할 수 있었다.[9]

신라무역사에서 또 들 수 있는 중요한 사건은 한강유역 점령이다. 신라가 한강유역을 점령한 진흥왕(540~576)이 등장할 무렵 고구려는 왕위계승 문제로 왕실의 내분이 일어나 국내정세가 불안한 시기였다. 한편 이 무렵 백제는 성왕(聖王)이 수도를 웅진(熊津)에서 사비로 천도하고, 밖으로 양(梁)에서 새로운 문물을 흡수하였으며, 왜(倭)와도 친선을 두터이 하였다. 그리고 신라와는 가야지역의 주도권을 둘러싸고 미묘한 신경전을 벌이기도 하였으나 전반적으로 고구려의 남하에 공동으로 대응하는 관계를 유지하고 있었다. 이러한 대내정비와 신라와의 친선을 바탕으로 고구려에게 빼앗긴 한강 유역의 땅을 회복하려는 계획을 추진하였다.

먼저 신라는 백제와 고구려 사이의 군사 충돌을 틈타 백제와 고구려 영역을 잠식하였던 것으로 보인다. 진흥왕 11년(550) 백제와 고구려가 도살성(道薩城: 천안 또는 증평 근처)과 금현성(金峴城: 전의)에서 공방전을 벌이고 있는 틈을 타서 이사부가 두 성을 빼앗았다. 550년 1월 백제의 고구려 도살성 공격 및 3월 고구려의 백제 금현성 공격과 관련된 『삼국사기』 기사에 신라의 움직임은 언급되어 있지 않다. 그러나 백제와 고구려 사이의 도살성·금현성 전투에서 두 나라 군세가 쇠진한 틈을 타서 이 두 성을 차지했다는 것은 백제와 고구려 사이에 벌어진 일련의 충돌에 신라도 개입되어 있었음을 의미하는 것이다.[10] 이는 모두 한강유역으로 진출하는 요충지가 되는 곳으로 이 지역의 확보를 위해 고구려와 백제가 공방을 벌이는 동안 신라가 이를 모두 차지했던 것으로 보인다.

그러나 신라의 이러한 행동에 대해 고구려·백제는 별다른 조처를 취하지 않은 것으로 나타나 있는데, 백제의 입장으로는 곧 벌어질 한강유역에 대한 신라와의 합동 공격을 위해 이를 묵인한 것이 아닌가 생각되며, 고구려는 당시 왕위계승을 둘러싼 내분과 대외적으로 돌궐의 흥기로 인한 상황 때문에 적절한 조치를 취하지 않은 것으로 여겨진다.

어쨌든 진흥왕 12년(551) 신라와 백제는 한강유역의 공격에 나서게 된다. 신라는 거칠부 등 여덟 장수를 보내 죽령(竹嶺) 이북 고현(高峴) 이내의 10개 군현을 탈취하였고, 백제는 평양을 격파하였다. 이번 군사행동에서도 역시 백제가 고구려의 평양을 먼저 공파하자, 신라는 그 승세를 타고 죽령 이북의 10개 군현을 공략한 것이다.

6세기 전반 고구려의 군사적 압박을 극복한 신라 세력의 팽창을 상징적으로 보여 주는 것이 551년 이전에 세워진 것으로 파악되는 단양신라적성비(丹陽新羅赤城碑)이다. 이 비가 있는 적성산성은 남한강의 상류·하류 방면 및 죽령·벌령 등을 공제할 수 있는 수륙 교통의 요충에 자리 잡고 있다. 또 산성의 동단은 산의 정상부로부터 완만하게 뻗어 내려가는 능선에 해당되며, 성 외부에서 가장 쉽게 성벽으로 접근할 수 있는 곳으로 죽령 방면의 교통로와 연결된다.

이 비는 신라가 6세기 전반의 어느 시기엔가 죽령을 넘어 고구려가 차지하고 있던 단양 지역을 공취하고 적성산성을 경영했음을 알려준다. 이는 곧 신라가 영월-단양-충주로 이어지는 고구려의 작전선을 차단하며 중원지방을 위협할 수 있게 되었다는 것을 보여준다.[11]

그리고 백제가 공취한 지역에 대해 『일본서기』 흠명천황 12년조에 한성(漢城)·평양(平壤) 등의 6개군을 취하였다고 했으니 이는 한강 하류지역으로 현재의 서울을 포함한 지역일 것이다. 이로써 백제는 고구려에게 빼앗겼던 한강유역의 옛 땅을 되찾게 된 것이다.

나제 동맹군이 한강 유역에 진출함으로써 고구려의 대나제(對羅濟) 전선은 중원 고구려비의 건립 이후 최대로 북상되었다. 고구려의 입장에서는 더 이상 나제동맹군의 고구려에 대한 군사적 압력을 방치할 수 없는 상황이 도래한 것이다. 더욱이 양원왕(陽原王) 8년(552)부터 벌어진 서부 및 북부 국경선 방면에서의 거란·돌궐과의 압력과 분쟁으로 고구려는 더욱 여력이 없었다.

『삼국유사』권1 진흥왕조에 "이전에 백제가 신라와 더불어 군사를 합쳐 고려를 정벌하려고 도모하였다. 이에 대해 진흥왕이 말하기를 나라의 흥망은 하늘에 달렸는데 만약 하늘이 아직 고구려를 싫어하지 않는다면 내가 어찌 바랄 수 있겠는가! 이에 이런 말을 고구려에 통보하니 고구려가 그 말에 감격하여 신라와 통호하였다. 그런 까닭에 (백제군이) 침공해 왔다."라고 나온다. 그런데 위의 『삼국유사』 기사는 신라와 백제와의 전쟁의 원인으로 신라가 고구려와 통호하였기 때문이라 하였다. 고구려는 신라와 밀약 혹은 묵시적 동의에 힘입어 나제동맹 파기 행위와 함께 한강 유역 장악 의도를 현실화하려 하였다.

『삼국사기』에 따르면 551년 신라와 백제의 동맹군이 고구려를 공격하여 한수 유역을 분할 점령하였으며, 2년 뒤인 553년 신라는 백제가 차지한 한강 하류 지역을 점령하였다. 그에 대한 보복으로 554년 백제는 대가야군 및 왜와 합세하여 신라에 대한 전면적인 공격에 나섰다. 결국 554년 나·제 간의 관산성(지금의 옥천) 회전은 나제동맹 와해의 결정적 계기가 되었던 것이며, 이후 신라의 한강 유역 영유는 부동의 기정사실이 되었다.

새로이 확보한 한강유역을 통치하기 위해 신라는 이 지역에 신주(新州)를 설치하고, 진흥왕 16년(555)에는 왕이 친히 북한산에 순행하여 강역을 확정지었는데, 현재 서울에 있는 진흥왕의 북한산비는 이 때에 세운 것이다. 동왕 18년에는 신주를 폐하고 북한산주(北漢山州)를 두었으며, 동왕 29년에는 북한산주(北漢山州)를 폐하고, 남천주(南川州: 오늘날의 이천)를 설치하였다가 진평왕(眞平王) 16년(594)에는 남천주를 폐하고 다시 북한산주를 두었다. 이렇게 자주 주(州)를 폐하고 설치한 것은 주의 주치(州治)를 옮긴 데 지나지 않는데, 이는 신라가 이 지역을 통치하기 위해 매우 고심하고 있었다는 증거로 생각된다. 신라로서는 한강유역을 실질적인 중심지로 육성하고자 했던 것이며, 이는 고구려가 이 지역을 남진 정책의 기지로 삼았던 것과 마찬가지로 신라도 북진정책의 기지로 삼으려 했던 것으로 보인다.

한편 백제는 신라에게 빼앗긴 한강 유역을 회복하기 위해 끊임없이 신라를 공격하였고, 고구려도 잃어버린 한강 유역을 다시 찾기 위해 여러 차례 신라의 북변을 침입하였다. 그 중에서도 가장 유명한 것이 영양왕때 온달 장군의 출정이다. 온달은 자청하여 군대를 이끌고 오면서 맹세하기를 "계립현(鷄立峴)과 죽령(竹嶺)이서의 땅을 우리에게 귀속시키지 않으면 돌아오지 않겠다."며 비장한 각오로 출발하였으나, 아단성(阿旦城: 단양의 영춘면) 싸움에서 적의 화살에 맞아 전사하였다.

신라의 한강 유역 점령은 경제적·군사적 팽창의 계기가 되어 대가야 정벌로 결실을 맺었다. 더구나 한강 유역은 신라의 삼국통일과정에 있어서 최후로 당군을 축출시킨 곳으로 신라는 한강유역 경영에 큰 비중을 두었다.

무역과 관련한 한강유역의 점령의미는 바다를 통한 대중국(對中國) 통로의 확보라는 점이다. 그러므로 고구려나 백제는 이 지역을 상실한 후 당항성을 통해 신라의 대중통로의 차단을 시도했던 것이다.

> 8월에 백제가 고구려와 공모하여 당항성을 막고 신라의 대당통로를 끊으려 하여, 왕이 당 태종에 위급함을 알렸다.
>
> (『삼국사기』 권5, 선덕왕 11년)

위의 기사에서 당항성의 중요성을 살필 수 있으며, 이와 비슷한 내용이 『구당서(舊唐書)』에도 나타나 있다. 이와 같은 대중통로의 확보는 고립에 빠진 신라로 하여금 외교적 활동을 통해 국가를 수호할 수 있게 하였다. 그러므로 백제는 항상 서해안 일대를 봉쇄하여 신라인의 대중교섭을 저지하려 했던 것이다.

결국 진흥왕 14년(553)의 한강유역 확보는 신라의 중국관계 나아가 무역에 있어서 획기적인 전환점이 되었다. 진흥왕 재위 25년에 북제에 조공하여 책봉을 받은 이후 26년부터는 진(陳)나라에 매년 입조(入朝)함으로써 조공관계가 성립되었다. 그리하여 진흥왕 때만도 북제에 3회, 진에 6회 사절을 파견하였으며, 진평왕 때에도 2회의 조공사절단이 진에 파견되었다.

한편 국인(國人)의 추대로 왕이 된 진평왕은 수나라와의 외교관계를 맺기 전인 재위 15년까지 위화부(位和府)·선부(船府)·조부(調府)·승부(乘府)·영객부(領客府) 등 5개의 중앙부처를 신설하여 왕권강화를 적극적으로 추진하였다.[12] 무엇보다도 진평왕은 상대등 노리부와 병부령 김후직 등 친위세력을 중심으로 진지계(眞智系)를 견제하면서 자신의 세력을 강화시켰으며, 재위 16년 이후 적극적인 친수(親隋)정책을 추진하였다. 이 가운데 선부는 배에 관한 일을 관장하는 부서로 한강유역의 확보를 기반으로 한 신라의 해외진출의 적극적인 의지를 보여주는 것이라고 생각된다. 이러한 진평왕때의 활발한 해외교류의 일단을 보여주는 에피소드가 다음 사료에 보인다.

9년 7월에 대세(大世)와 구칠(仇柒)이라는 두 사람이 해외로 갔다. 대세는 내물왕의 7세손으로 이찬 동대(冬臺)의 아들인데, 자질이 준수하여 어렸을 때부터 큰 뜻을 가지고 교류를 하던 담수(淡水)스님과 말하기를, "신라의 산골 속에서 일생을 보낸다면, 저 바다의 넓음과 숲의 큼을 알지 못하는 연못 속의 물고기·새장 안의 새와 무엇이 다르겠는가! 내 장차 배를 타고 바다로 가서 오·월(중국 남부지방)로 들어가 스승을 찾고 명산에서 도(道)를 구하려 한다. 만일 보통사람을 면하여 신선을 배울 수 있다면 바람을 타고 상공 밖으로 날아갈 터이니, 이야말로 천하의 장관일 것이다. 그대는 나의 뜻을 따르겠는가?"라 하였다. 담수는 그 말에 동의하지 않았다. 마침 구칠이라는 사람을 만나니 (사람됨이) 절도가 있었다. 드디어 그와 더불어 남산에 있는 절에 놀러갔다. 갑자기 비바람이 몰아쳐 낙엽이 마당의 고인 물 가운데 떴다. 대세가 구칠에게 말하였다. "내 그대와 함께 서쪽으로 갈 뜻이 있으니 지금 각기 잎사귀 하나씩을 취하여 이를 배라고 하여, 누가 먼저 가고 뒤에 갈 것인지를 해보자" 조금 있다가 대세의 잎이 먼저 앞에 왔다. 대세가 웃으며 "내가 먼저 갈 것이다."라 하였다. 구칠이 화를 내면서 "나 또한 남자인데 못할 것이 무엇이냐"고 하였다. 대세가 (비로소) 그와 더불어 갈 수 있음을 알고, 가만히 자기의 뜻을 말하였다. 구칠이 이에 "이야말로 나의 소원이다."고 하고, 드디어 서로 벗을 삼아 남해에서 배를 타고 떠나간 후 간 곳을 알지 못하였다.

(『삼국사기』 권4, 진평왕 9년)

위의 사료에 따르면 진평왕대에 대세와 구칠이라는 사람이 큰 뜻을 가지고 중국남부지방인 오·월로 갔다고 한다. 이 기록은 한강유역의 점령을 통해 대중국 교섭의 루트 확보를 바탕으로 한 신라인의 해외진출 의지를 보여주는 사건이라 생각된다.

이후 신라가 대중국교섭에서 고구려·백제에 비해 우위를 점하였음은 당으로 파견한 사절단의 회수를 통해서도 알 수 있다. 즉 진평왕 43년(621)에 당에 처음으로 사절단을 파견한 이래 진평왕 54년(632)까지 12년간 8회에 걸쳐 사절이 파견되었으며, 선덕왕 16년간(632~647)에 10회, 진덕왕 8년간(647~654)에도 9회, 그리고 무열왕 8년간(654~661)에도 6회, 문무왕 8년간(고구려 정벌까지)에도 3회의 사절단이 파견되었다. 당의 건국에서 고구려정벌이전까지 신라의 사절파견회수는 총 37회로, 같은 기간 고구려의 25회(영류왕 재위기간 15회, 보장왕 재위기간 10회), 백제의 22회(무왕 재위기간 15회, 의자왕 재위기간 7회)를 크게 상회한다.

5~6세기 신라 무역사에서 마지막으로 살펴볼 사건은 가야지역으로의 진출이다. 6세기에 들어오면 가야를 둘러싼 국제관계가 크게 변하였다. 한강유역을 잃은 백제는 그 보상을 낙동강유역의 가야 땅에서 찾으려 하여 이 지방에 대한 적극적인 진출을 꾀하게 된다. 그리고 이와 같은 백제의 움직임은 신라를 자극하게 되었다. 더욱이 백제가 신라를 견제할 목적으로 가야에 대한 강한 야욕을 품고 있던 왜를 끌어들이게 되자 가야 여러 나라는 또 다시 격렬한 국제관계의 소용돌이 속에 빠지지 않을 수 없게 되었다.

백제의 적극적인 가야진출에 대해 가야 여러 나라의 맹주인 대가야가 반발한 것은 당연한 일이었다. 법흥왕 9년(522) 대가야왕이 신라에 사신을 보내 혼인을 요청한 것은 바로 백제를 견제하려는 목적으로 신라에 접근하기 위함이라 생각된다. 신라는 이 제의를 받아들여 이찬 비조부(比助夫)의 누이동생을 대가야에 보냈다.

그 이후 이찬 비조부의 누이와 함께 가야지역으로 파견된 신라인 종자(從者) 100명의 공복(公服)이 문제가 되어 대가야와 신라 사이의 관계가 악화되자, 신라는 한 때 동맹을 파기하고 왕녀를 돌려보낼 것을 요구하는 지경에 이르렀다.[13] 이러한 요구는 대가야에 의해 거부되지만 신라는 이를 빌미로 8개의 성을 함락시켰다. 이렇게 가야의 동남부지역에 대한 압력을 가중시킨 신라는 법흥왕 19년(532)에 드디어 김해의 금관가야를 병합하게 된다.[14]

신라의 금관가야 정복 당시 주목되는 점은, 투항한 금관국의 지배계층을 상당히 우대하는 조처를 취했다는 것이다. 『삼국사기』에서는 금관국의 왕인 구해(仇亥)에게 본국의 땅을 식읍으로 하사하여 그 지배권을 허용한 것처럼 기록하였으나, 실상은 『삼국유사』에 나오는 대로[15] 구해의 형제인 탈지(脫知)에게 금관국의 지배를 맡기고 구해를 비롯한 그의 가족들은 경주로 이주시킨 것이 사실일 것이다. 신라가 이러한 선택을 한 것은 복속 지배층의 최고지배자를 본래의 지배기반으로부터 유리시켜 더 이상 위협세력으로 존재하는 것을 허용하지 않으려는 의도에서라고 볼 수도 있다.

하지만 더 중요한 것은 낙동강과 남해안의 교통상의 요충지이자 대왜(對倭) 무역창구인 김해 금관가야의 지배층을 포섭하려는 의미가 더 컸을 것으로 생각된다. 과거 신라에 복속된 여러 군장들에게 저택과 전장을 하사하여 경주에 머무르게 한 경우는 있었다. 하지만 금관가야의 마지막 왕이었던 구해의 아들 무력(武力)과 그의 아들인 서현(舒玄), 그리고 그 아들 김유신 등처럼 신라의 지배층인 진골에 편입된 경우는 없었다.

무역루트로서의 가야의 위치에 대해서는 한반도-일본으로 이어지는 루트 뿐만 아니라 요동지방-한강유역-낙동강지역-일본으로 이어지는 동북아시아 무역 루트의 중심지 가운데 하나라는 가설이 제기된 바 있다. 즉 소백산맥을 분수령으로 하여 북서쪽으로 흐르는 남한강과, 남쪽으로 흐르는 낙동강이 있는데, 이 두 하천은 영남과 한강유역을 연결하는 원거리무역로의 발달에 매우 좋은 조건이라는 것이다. 그리고 이 두 하천은 조령(鳥嶺)을 경계로 40km 떨어져있지만, 이것을 연결하면 대략 500km의 종관수송로(縱貫輸送路)가 한반도에 형성되어 있었다는 것을 중요시하였다. 그것을 전제로 낙랑군과 변진·진한지역 및 왜국과의 사이에 원거리 무역로가 존

재하였다고 한다.[16]

가야의 지정학적 위치를 검토할 때, 이 같은 가설은 시사하는 점이 크다고 할 수 있다. 가야의 입지는 낙동강 하류에서, 바다를 사이에 두고 왜에 접하는 워크포인트(work-point)에 위치하여 대안의 왜에 대한 물자유통의 집산지로서, 왜에게는 선진문물을 얻기 위한 가장 중요한 창구로서 기대되는 곳이었다.[17] 나아가 동북아시아 무역로의 중요 거점 가운데 하나였다.

이후 신라는 관산성 전투에서 대승을 거둔 여세를 몰아, 가야지방에까지 손을 뻗쳐 다음해인 진흥왕 16년(555)에는 비사벌(오늘날의 창령)에 하주(下州)를 설치하였다. 신라는 북방에 대한 조처를 어느 정도 강화한 다음에, 진흥왕 22년(561)에 이르러 창녕지역에 진흥왕 및 사방군주가 모여 무력시위를 하고, 다음해에 이사부가 이끄는 군대가 가야연맹의 근거지인 대가야를 기습적으로 공격하여 함락시켰다.

결국 신라는 중고기 때 국가체제의 정비와 왕실의 권위를 높이는 일련의 정책을 통해 영토 확장을 하였다. 활발한 영토 확장을 통해 한강유역, 울릉도를 포함한 동해안지역, 낙동강 하류의 가야지역을 석권한 신라는, 대중국·대왜 무역의 루트를 장악하여 삼국통일의 기반을 다졌다. 나아가 동북아시아의 물류·무역의 중심국가로 발돋움 할 수 있었다.

Ⅲ. 고구려의 대왜교섭

1. 동해란 명칭

먼저 동해의 명칭에 대해 살펴보면, 역사적으로 동해에 대한 호칭은 한두 가지가 아니었다. 당대(唐代) 이전의 중국 고지도나 문헌에서 한반도 동부 해역은 별다른 호칭 없이 단순히 '해(海)' 또는 '대해(大海)'로 표기되어 있다. 『당회요(唐會要)』 등에는 '소해(少海)' 혹은 '소해(小海)'로 기록되어 있다. 원대(元代)에 일시적으로 '경해(鯨海)' 혹은 경천해로 불리다가 명청(明淸) 시대에 들어서 '동해(東海)'라 불리게 된다. 중국문헌에서 '동해'란 호칭은, 송(宋)·요(遼) 시대 이후부터 청대에 이르기까지 기본적으로 사용되고 있었다. 유명한 웨이위원(魏源)의 『해국도지(海國圖志)』에도 '동해'라는 명칭이 등장한다. 본래 중국 문화에는 바다에 고유 명사를 붙이는 전통이 없었기 때문에 일반적으로 '대해', '소해' 혹은 방위에 따라 '동해', '남해' 등으로 불렀다. 현재의 황해와 동중국해 등을 합친 바다를 '동해'라 불렀음을 알 수 있다.[18]

한국은 '동해'란 호칭을 중국보다 먼저 사용하고 있었다. 최초로 '동해'란 이름이 나타난 역사 문헌은 『삼국사기』이다. 고구려 본기의 시조 동명성왕의 기록 가운데 '동해'란 이름이 나온다. 서력으로 기원전 59년에 해당한다. 즉 '동해'는 삼국 건국 이전부터 사용하던 호칭이 되는 셈이다. 광개토왕비에도 이 호칭이 나온다.

2. 동해를 통한 교류의 시작

동해역권에는 다양한 해양민족집단이 할거하고 있었다. 한반도 동북해안, 오늘의 강원도에서 함경도에 이르는 광범위한 지역에는 예(穢)라고 불리는 사람들이 거주하고 있었다. 예족(穢族)은 2세기이래 고구려에 종속되었지만, 그 민족성에 관해서는 후한 허신(許愼)의 『설문(說文)』제 11편하(下)에는 "분은 물고기다. 예의 사두국에서 난다(鱝魚也 出薉邪頭國)"라 나온다. 여기서의 '사두(邪頭)'는 오늘의 강원도 강릉 부근으로, 그 지역에 거주하고 있던 예족이 어로를 주로 한 생활을 하고 있었던 것을 엿볼 수 있다.[19] 또 『삼국지(三國志)』 위서(魏書) 권30의 예조(薉條)에 "낙랑(樂浪)의 단궁(檀弓)이 그 지역에서 산출된다. 바다에서는 반어(班魚: 바다표범) 가죽이 나며, 땅은 기름지고 무늬 있는 표범이 많다. 또 과하마(果下馬)가 나는데 후한의 환제(桓帝) 때 헌상(獻上) 하였다.(樂浪檀弓 出其地 海出斑漁皮 土地饒文豹 又出果下馬 漢桓時獻之)"라 하여 예의 바다에서 표범이 잡혀, 그 가죽이 중국 황제에게 헌상되어졌던 것이다. 게다가 예는 「광개토왕비(廣開土王碑)」에서는 '동해고(東海賈)'라고 불려 4~5세기에 걸쳐서는 고구려를 경유하여 중국으로까지 해산물을 운반하는 상인으로써 활약을 하고 있었다.[20]

더욱이 『통전(通典)』권168, 동옥저(東沃沮)에 의하면 "그 나라는 고구려의 개마고원 동쪽에 있는데, 동쪽은 큰 바다에 이르고 북쪽은 읍루·부여와 남쪽은 예·맥과 접한다.(其國在高句麗蓋馬大山東 東濱大海 北與挹婁夫余 南與濊·貊接)"라 하여 예·맥(貊)의 북쪽에는 다른 민족성을 갖고 있는 옥저(沃沮)와 읍루(挹婁)가 거주하고 있었다. 동옥저에는 바다신에게 산 폐백을 바치는 전설과 다른 모습의 사람들이 표착(漂着)하는 전승, 나아가서는 바다속의 여인도(女人島) 이야기 등 해양민에 어울리는 많은 전설이 있었던 것으로 보아, 동옥저도 역시 해양민이었던 것으로 추측된다. 그들의 생업은 수렵과 어로 외에 멧돼지의 사육과 영세한 농업을 행하였지만 『삼국지』 읍루전(挹婁傳)에 의하면 "그 나라는 배를 타고 다니면서 노략질을 잘 하였다.(其國便乘船寇盜)"라고 하여, 배를 조종하여 인근지역을 약탈했던 사람들이기도 했다. 앞에 제시한, 『통전(通典)』 동옥저전(東沃沮傳)에도 "읍루는 배를 타고 노략질하는 것을 좋아하여 북옥저가 두려워하였다. 여름에는 깊은 산속 동굴에서 수비를 하며, 겨울에 얼음이 얼어 배를 움직일 수 없으면 내려와 촌락에 거주하였다.(挹婁喜乘船寇抄 北沃沮畏之 夏月常在山巖深穴中爲守備 冬月氷凍 船道不通 乃下居村落)"라고 하였던 것과 같이 그들은 항해에 뛰어나서 연해지방을 남하해서 북옥저(北沃沮)를 공격하였던 것이다.

이와 같이 한반도 북부부터 연해지방에 분포하는 민족 집단은 우수한 해양인이긴 하였으나, 주로는 연해지역을 남북으로 왕래하였다고 생각되어진다. 그렇지만, "그 나라 사람은 항상 배를 타고 물고기를 잡았다.

바람을 타고 수십 일을 가서 한 섬에 이르렀다. 그 사람들과는 말이 통하지 않았는데, 그 풍속에는 7월에 소녀를 바다에 바치는 것이 있었다.(國人常乘船捕魚 遭風吹數十日 東到一島上 有人言語不相曉 其俗嘗以七月取童女沈海)"등의 전승과 같이 그들은 동해를 표류하여 다른 문화를 접하는 일도 있었던 것이다.[21]

요컨대 예, 옥저, 읍루 등은 동해안 연안이나 동해 건너 일본에 까지 해상활동을 하였으나, 그 횟수나 내용 등으로 보아 정례적·지속적 이라고 보기는 어려울 듯하다. 따라서 이 시기는 동해교류의 개척시기라고 할 수 있을 것이다.

3. 고대 한일 간의 교류 루트

자 그러면 고대 한일간의 교류 루트에 대해 살펴보자. 고대 한일간의 교류 루트 즉 항로는 크게 여섯 가지로 나누어 볼 수가 있다.[22]

첫째는, 남해항로-쓰시마경유-규슈 북부항로이다. 규슈의 북부 지역에는 가야와 관련된 유적, 유물과 함께 유사한 지명이 많다. 일본신화에서도 가야와 깊은 관련성이 나타난다. 해양환경을 고려할 경우에 가야인의 진출이 가장 활발했으며, 이들은 규슈 북부 지역에 거점을 확보한 후에 본국 내지 모국과의 정치적 결합 혹은 경제적 결합을 추진했을 가능성이 크다.

둘째는, 남해 서부 - 규슈 서북부 항로이다. 백제계 세력은 4세기 이후에 규슈를 통하여 본격적으로 일본열도에 진출하였다. 즉 전라도 해안, 한반도의 서남 해안이나 남해 서안에서 출발하여 연안 항해 내지 근해 항해를 하다 먼 바다로 나갔을 것이다. 그러나 초기에는 아직 가야의 구 해상세력들이 잔존해 있으므로 근해 항로를 택했을 가능성이 크다.

이들은 쓰시마를 경유하여 규슈 북부로 상륙하거나, 또는 제주도를 오른쪽으로 바라보면서 규슈 서부인 고토[五島]열도에 도착한 다음에 다시 육지로 상륙하는 모습을 보인다. 현재 나가사키, 구마모토, 사가현의 서부 지역 등은 백제인들의 진출지였다.

셋째는, 동해 남부-혼슈 중부 이남 항로로, 경상남도 울산이나 포항지방에서 출항한 세력들은 동해와 마주하고 있는 혼슈 남단의 이즈모[出雲]와 중부의 쓰루가[敦賀]지역 등에 닿았다.

이 지역들은 해양조건상 신라계와 관계가 깊다. 연오랑과 세오녀의 설화는 신라 세력이 일본열도에 진출하여 소국가의 왕이 되는 양 지역의 정치적인 상황을 의미한다. 또한 바위로 상징되는 항해수단을 이용했으며, 신라 세력의 진출 거점이 동해가의 영일만 부근이었음을 알려준다. 그 외에도 신라 왕자 아메노히보코[天日槍, 天日矛]의 이야기가 있다. 일본서기의 수인기(垂仁紀) 2년에는 임나국의 소나가시치가 돌아가는 과정에서 신라인이 길을 막고 임나왕에게 주는 보물을 가로챘다고 기술되어 있다. 그 외에 박제상과 관련된 기록들은 영일만이나 울산만 등이 일본열도로 진출하는 중요한 항구였음을 알려준다.

넷째는, 동해중부-혼슈 중부 이북 항로이다. 광개토대왕 이후 남진한 고구려는 동해 남부 해안이나 남해 동부 해안을 통해서 일본열도로 진출했을 가능성이 있다. 그 외에도 동쪽 해안에서 출발하여 일본열도로 가는 동해 중부 항로가 있다. 이때 사용한 고구려의 출발 항구는 원산 혹은 그 이북의 함흥만 근처의 항구였을 가능성이 높다. 이들이 도착한 지역은 위로는 니가타, 노토반도, 쓰루가를 거쳐 남으로는 이즈모 까지였다. 후대에는 발해의 사무역선 들, 신라의 사무역선들도 이 지역에 도착하였다.

다섯째는, 동해 북부-혼슈 북부 항로이다. 이 항로는 청진·나진 등 두만강 하구와 원산 이북 등에서 출항하여 동해 북부의 해양을 횡단한 다음에 일본열도의 혼슈 북쪽 지방인 아키다와 니가타, 이시카와, 후쿠이 등에 도착하는 항로이다. 발해 사신들이 주로 초기에 사용한 항로이나 고구려도 사용했을 것이다.

여섯째는, 연해주-홋카이도 항로이다. 이 항로는 북으로는 하바로브스크와 비교적 가까운 항구인 그로세비치로부터 남으로는 블라디보스토크 등에 이르는 연해주 지역에서 출발하여 사할린과 홋카이도 등의 장소로 도착하는 항로이다.

이상의 여섯 가지 고대 한일 교류 루트가운데, 동해를 통한 루트는 세 가지이다. 절을 바꾸어서 동해를 통한 교류가 활발해진 고구려시기의 동해 항로에 대해 살펴보겠다.

4. 고구려와 일본의 교류 루트

고구려의 공적인 대왜외교의 출발은 양국관계의 추이로 보아 6세기 중엽 이후로 보아도 무리가 없을 것이다. 그 이전의 『일본서기』에 보이는 양국의 교섭 내용은 왜국으로 건너간 도래인들의 조상관련 전승 형태로 혹은 왜국내 호족의 전승 속에 부가되어 나타난 것으로 생각된다.

6세기후반의 한반도는, 백제·신라·고구려 3국이 분쟁상태에 있었고 고구려가 일본과 접촉을 개시한 배경에는 신라와의 긴장관계가 고려된다. 그러나 한편으로는 흠명(欽明) 5년(544)에 숙신(肅愼)이 바다를 건너 사도(佐渡: 오늘날의 니가타현 일부)에 도착했다는 기사가 『일본서기』에 있듯이, 미치노키미(道君)을 필두로 하는 동해측 제지역의 호족이 독자적으로 대안(對岸)의 고구려나 숙신 등 북방민족과 교섭을 가져 어느 시점에서는 규슈의 이와이처럼 야마토[大和]의 대왕과 대치하는 국면도 있었을 것으로 추측된다.

흠명 31년(570)부터 고구려가 신라에 멸망당한 668년까지 118년 사이에, 고구려에서 18회의 공식사절이 일본에 갔다. 츠쿠시[筑紫]에 도착한 경우도 있지만, 『일본서기』에는 월국(越國)으로의 도착이 570년·573년·574년·668년의 4회가 보여 월[오늘날의 일본 北陸(현재 일본 중부 지방에 있는 후쿠이·이시카와·도야마·니가타 등 4현의 총칭)지역]의 해안에 도착하는 항로가 있었음을 시사하고 있다.

〈표 3〉 고구려의 왜에 대한 사신 파견

연도	고구려	왜	도착지	주요내용
570	평원왕 12	긴메이(欽明) 31	월(越)	
573	평원왕 15	비다쓰(敏達) 2	월	
574	평원왕 16	비다쓰 3	월	
605	영양왕 16	스이코(推古) 13	?	고구려대왕(高句麗大王) 황금 300냥을 헌상
618	영류왕 1	스이코 26	?	고구려사 방물(方物)을 공(貢)하다
630	영류왕 13	조메이(舒明) 2	?	대사(大使) 안자발(晏子拔), 소사(小使) 약덕(若德)을 보내 조공
642	보장왕 1	고교쿠(皇極) 1	?	사신을 보내 금은(金銀) 등 물건을 바치고 고려의 정변을 알림
643	보장왕 2	고교쿠 2	?	사신을 보내 조공
645	보장왕 4	다이카(大化) 1	?	견사진조(遣使進調)
646	보장왕 5	다이카 2	?	견사진조
647	보장왕 6	다이카 3	?	사신을 보내 조부(調賦)를 바침
654	보장왕 13	하쿠치(白雉) 5	?	사신을 보내 조문함
655	보장왕 14	사이메이(齋明) 1	?	견사진조
656	보장왕 15	사이메이 2	?	대사(大使) 달사(達沙), 부사(副使) 이리지(伊利之) 등 81명을 보내 조(調)를 바침
659	보장왕 18	사이메이 5	?	고구려 사신이 웅피(羆皮) 1장을 비싸게 팔려함
660	보장왕 19	사이메이 6	츠쿠시(筑紫)	을상(乙相) 하취문(賀取文) 등 100명을 보냄
666	보장왕 25	덴지(天智) 5	?	전부(前部) 능루(能婁) 등을 보내 조를 바침
668	보장왕 27	덴지 7	월	견사진조

※ 668년 이후 사절단은 제외. 승려의 파견 등 문물을 전한 사례 5회 제외

『일본서기』에 보이는 고구려사절의 대왜파견은 570년 이후 25회에 이른다. 이 횟수에서 고구려가 멸망한 해인 668년 이후의 사절은 모두 7회로 안승(安勝)을 수반으로 하는 보덕국(報德國)에서 파견된 것으로 보인다. 그리고 승려의 파견 등 문물을 전한 사례 5회를 제외하면 양국의 공적 외교의 횟수는 18회이다. 그것도 대체로 7세기 이후의 한정된 시기여서 양국 교류관계의 시대적 특징을 보여주고 있다. 이것은 오랜 분열시대를 끝내고 통일왕조를 이룩한 중국대륙의 정세변화, 신라세력의 고구려 영역으로의 침투, 신라와 당의 결합에 의해 위기의식을 느낀 고구려가 이를 타개하기 위한 하나의 방편으로서 대왜외교를 추진한 것으로 보인다.

고구려에서 왜에 파견된 사절 중에 인명이나 관위가 확인된 예는 대사(大使) 안자발(晏子拔), 소사(小使) 약덕(若德), 대사(大使) 달사(達沙), 부사(副使) 이리지(伊利之), 을상(乙相) 하취문(賀取文), 전부(前部) 능루(能婁) 등이다. 여기에 보이는 을상은 중국사서에 보이지 않는 관위이다. 『삼국사기』에 보이는 고구려 관위 중에는 대상(大相), 종대상(從大相), 소상(小相), 적상(狄相) 등의 상(相)계열의 관위에 대비되기도 하나 어디에 상당하는지는 알 수 없다.

고구려가 570~668년의 약 100년 동안에 18회의 공식 사절단을 일본에 보냈다는 것은 훗날 발해가 727~919년 약 200년에 걸쳐 34회의 사절단을 일본에 파견된 것과 비교하면, 거의 비슷한 횟수라고 할 수 있다. 다만, 월 지역에 도착한 횟수가 4회에 불과하여 실제로 동해를 통한 공식 교류는 4회에 불과하다고 할 수 있다. 그러나 고구려가 일본과 동해를 통해 공식적인 교류를 하였다는 것은 명백한 사실이므로, 그 의의는 낮게 평가할 수는 없을 것이다.

고구려의 대왜사절 파견의 원인은 1차적으로 신라의 성장에 따른 고구려의 위기의식을 들 수 있다. 여기에 고구려 왕권 내부의 불안정한 정황을 들 수 있다. 552년에 축조되기 시작하여 40여 년이 걸린 장안성의 조영은 바로 정국의 전환을 통한 왕권의 강화와 국력회복을 위한 대역사였다. 군사방어적 도성으로 설계된 장안성의 축성이 진행 중이던 평원왕 12년(570)에 대왜 사절을 파견했던 것은 왜국과의 협력을 얻어 신라를 견제하고 나아가 왜국과 우호관계에 있던 백제와도 손을 잡아 고구려-백제-왜를 잇는 군사협력체제를 구축하여 신라압박정책을 취하려는 의도라고 생각된다.

이후 601년에 왜가 고구려에 대반련끽[大伴連囓]을, 백제에 판본신당수(板本臣糖手)를 파견하였는데, 주목되는 것은 고구려에 파견된 대반련끽이 판본신당수와 함께 이듬해 6월 백제로부터 귀국한다는 것이다. 이것은 왜국의 대고구려 외교의 내용을 백제측에 알리기 위한 것이었고 왜 왕권의 특명에 의해 이루어졌다고 보인다. 즉 570년에 고구려가 의도한 고구려-백제-왜를 잇는 군사협력체제가 왜국의 협력에 의해 성립했음을 보여주는 것이다.

지금까지의 연구에서는 고구려의 대왜외교가 왜국의 대외관계에 미친 영향에 대해, 큰 관심을 보이지 않았다. 그것은 아마도 대왜외교가 개시된지 불과 4년 여만에 중단되었다고 이해하고, 다만 이 외교가 고구려의 대외전략 상에서 어떤 의미를 갖는 것인가 하는 점에만 주목해 왔기 때문이라고 여겨진다. 그러나 검토의 결과 고구려의 대왜외교가 전개되기 전까지, 왜국은 동북아시아 국제관계에서 바깥에 놓여있던 '고도(孤島)'와 같은 처지에 놓여 있었다. 그러던 왜국이 고립의 상황에서 벗어나게 된 계기는 고구려가 대왜외교를 개시하게 되면서부터였다. 고구려가 접근해 왔다는 사실을 내세워 왜국은 신라에게 관계 재개(再開)를 요구할 수 있었고, 원하던 바를 이룰 수 있었던 것이다. 백제가 대왜외교를 재개하게 된 까닭도 여기에 있었다. 고구려의 대왜외교로 인해 백제는 왜국의 대외관계에서 고구려와 경쟁적 위치에 놓이게 되었다. 왜와 고구려의 우호는 백제의 입장과는 무관하게 이루어진 왜의 단독 강화(講和)였고, 그 우호관계는 왜와 고구려의 관계에 한정된 것으로 고구려와 백제의 적대적 관계까지 변화시켰던 것은 아니었다.

기록에 따르면 고구려의 대왜외교는 574년의 사절 파견을 끝으로 약 20여 년 간 중단되었던 것으로 보인다. 이 점에서 기존의 이해는 수(隋)의 중국 통일로 대외적 위기감이 고조되면서, 고구려가 대왜외교를 재개하였다고 보아왔다. 그러나 595년 고구려 승려 혜자(慧慈)의 도왜(渡倭)는 고구려와 왜국 간의 긴밀한 관계를 토대로 성사된 것이어서, 기록에 보이지 않는 이 20여 년의 기간이야말로 양국이 우호하게 되는데 필요한 교류가 있었던 시기였다. 이와 관련하여 고구려의 접근에 대해 왜국 조정이 호응하게 된 배경은 고구려의 대왜외교를 이용하여 교섭 상대국을 압박하고 왜의 의지를 관철시킨다는 왜국 조정의 대외전략이 있었다.

수의 등장에 뒤이어, 동북아시아세계를 뒤흔든 사건은 수와 고구려의 대결이었다. 이러한 긴박한 국제정세와 관련하여 왜국이 대수외교를 전개하였음은 널리 알려진 사실이다. 특히 608년 왜가 수에 보낸 국서의 내용과 작성 배경은 왜국의 대수외교를 이해하는 잣대가 되어왔다. 종래의 이해에 따른다면 왜의 대수외교는 고구려 침공을 계획하고 있던 수의 주의를 왜로 돌리는 결과를 가져오는 것이었다. 이에 사안의 중요성으로 보아 수나라 측의 대응도 이어졌어야만 하였다. 그러나 수양제(隋煬帝)는 실상을 살피기 위해 사자를 보냈을 뿐, 후속의 조치를 취하지 않았다. 왜국이 고구려에 동조하였다면 희생양이 되었을 법한 왜국의 견수사(遣隋使)일행조차 무사히 임무를 마치고 귀국하였던 것이다. 이 점에서 왜국의 대수외교(對隋外交)를 고구려의 대외전략과 연관 지어 살핀 이해에는 동의할 수 없다. 즉 왜의 대수외교는 수와의 교류를 필요로 했던 왜국조정의 독자적 판단과 의도에 따른 것이라고 보아야 한다. 고구려의 대왜외교를 내세워 교섭 상대국을 압박하고 왜의 의지를 관철시킨다는 앞선 시기의 대외전략이 대수관계(對隋關係)에서도 적용되고 있었음을 여기에서 확인할 수 있는

것이다.[23]

　이와 관련하여 『일본서기』에 기록된 고구려인의 도착기록을 정리하면, 왕래 초기와 마지막에 월(越)이 등장하고 있다. 한반도에서는 551년에 신라가 대두하여 한강유역부터 함경남도 남부까지 세력을 확대하였다. 확대하는 신라에 대항하여 고구려는 백제에 접근함과 동시에, 570년에 사절을 왜에 파견했다고 생각된다. 581년에 수(隋)가 건국하자 한반도에서는 수에 접근한 백제·신라와 수에 대항한 고구려 사이 항쟁이 발생하였다. 607년에 백제가 수에 대하여 고구려공격을 요청하자, 618년 수가 붕괴할 때까지 고구려가 한반도 남부의 연안을 따라 배를 출발한 것은 불가능하였다고 생각된다. 그 후 618년에 당(唐)이 건국되어 당에 접근한 신라에 대항하여 백제가 고구려와 접근하는 상황이 발생하였다. 이런 와중에 고구려가 한반도서해안에서 츠쿠시[筑紫]에 이르는 항로를 취했다고 생각된다. 660년에 백제가 멸망한 뒤는 신라가 한반도남부전역을 지배하는 상황이 되어, 일본으로 향하는 고구려선은 다시 동해를 횡단하여 월에 이르는 항로를 취하게 되었다.

　7세기 전반기까지의 왜 왕권은 다면외교를 통한 국가적 실리를 추구하고 있었다. 640년대 동아시아 국제관계는 백제와 고구려가 동맹을 맺고 신라를 압박하였고, 신라는 적극적인 친당책을 추진하면서 양국을 견제하였다. 동시에 왜국에 대한 한반도 삼국의 군사외교도 치열하게 전개되어 간다. 바로 이 시기에 왜 왕권 내부에서는 그동안 권력을 독점, 전횡해 왔던 소아본종가(蘇俄本宗家)가 타도되는 을사의 정변이 일어났다.

　당의 고구려 원정은 왜 왕권의 위기감을 불러 일으켰다. 따라서 시시각각으로 변동하는 동아시아 정세에 대응하기 위한 강력한 집권체제의 수립을 절감하고 있었을 것이고 이러한 대외적 위기를 탈피하기 위해서는 다이카개신이라는 정치개혁을 추구하지 않을 수 없었던 것으로 생각된다. 개신정권 성립 이후의 외교는 스이코[推古]기 이래의 외교노선에 변화는 없으나 일방적인 친백제노선보다는 상대적으로 친신라·친당책이 활발히 추진되고 있다는 데에 특징이 있다.

신라의 한강유역 점령으로 인해 백제는 신라와 고구려에 비해 상대적으로 대중국무역에 열세를 면치 못하는 상황은 지속되었다. 이에 백제는 기존의 일본과의 관계를 계속 유지하면서, 고구려와도 정치·군사적인 동맹을 통해 신라를 견제하고자 했다. 고구려의 대일교섭은 이러한 와중에 추진되었으며, 백제는 고구려의 대일교섭에 적극적인 역할을 한다.

이상에서 고구려에서 일본으로 가는 항로가 서해-남해를 통해 일본으로 가는 길과, 동해를 횡단하는 항로가 있었고, 서해-남해루트의 개척에는 백제측의 협력이 큰 영향을 미쳤음을 살펴보았다.

Ⅳ. 교류의 자취

1. 유적과 유물

긴키[近畿]지방의 유적과 유물

현재의 나라·오사카·교토 지역을 포함하는 긴키 지방은 고대 당시 일본열도에서 문화가 가장 발달한 선진지역이었다. 4세기 이후 나라를 중심으로 하는 야마토(大和, 혹은 倭)정권이 들어서면서 한반도의 많은 이주민들이 이곳으로 건너가 정권의 핵심인물로 활약하였다. 고구려 이주민의 후손으로는 간토 지방 출신의 고려복신(高麗福信) 등이 그 대표적인 인물이다.

고구려를 일본에서는 주로 고마 혹은 구마·다카쿠·고라이·구레 등으로 읽으며, 한자로는 고려(高麗)·웅(熊)·구(駒)·박(狛)·거만(巨万)·허마(許麻)·거마(巨麻)·고래(高來)·고량(高良)·오(吳) 등 다양하게 쓰였다. 여기서의 고마[高麗]국은 통일 신라 이후에 등장한 고려를 의미하는 것이 아니라, 한반도가 고구려·백제·신라로 나뉘어져 있던 삼국시대의 고구려를 지칭한다. 또한 일본의 고마[駒], 고마게타[駒下駄], 고마가타케[駒ヶ岳], 고마이누[泊犬]라는 단어도 모두 이 '고마'로부터 파생한 것이다. 고마의 원류는 구마이지만 구마는 한국어의 곰에서 나온 말이다. 즉 곰이 구마로 다시 고마로 변한 것이다.

오사카의 가와치[河內], 그 중에서도 나카가와치[中河內]에는 고구려와 관련이 있는 유적지가 있다. 이곳에는 고구려계통의 장식고분으로 여겨지는 많은 고분이 남아 있으며, 고려사(高麗寺)터도 남아 있다.

다음으로 교토지역을 살펴보기로 하자. 교토의 남쪽에는 기즈강[木津川]이 흐르고 있는데, 이 강은 원래 와카라카와[輪韓川]였다. '와[輪]'는 접두어에 불과하므로 결국 가라[韓]강이란 의미이며, 한반도 이주민이 고국을 생각하며 명명한 이름이라 할 수 있을 것이다. 이 기즈강 부근이 지금은 야마시로쵸[山城町]로 불리고 있으나, 1956년 가미고마쵸[上狛町]와 고마[高麗]촌이 합병된 것이다. 아직까지 가미고마[上狛]나 시마고마[下狛]란 지명이 남아 있는 것으로 보아 고구려와 깊은 연관이 있음을 추측할 수 있다. 더구나 이 지역에 고려사 터가 있으며 큰 비석이 세워져 있다.

여기서 조금 더 북상하면 다시 고구려와 관계가 깊은 야사카[八坂]절과 야사카신사가 나타난다. 야사카절은 현재의 호칸지[法觀寺]로서, 서쪽의 고

고려사터 표지석

고려사터 전경

류지·동쪽의 호칸지로 불릴 정도로 유명하며, 서로 닮은 점이 있다. 야사카 절보다 더 유명한 곳은 야사카신사이다. 야사카신사는 교토의 동쪽지역인 야사카고에 거주하던 고구려계인 야사카씨 일족의 신사였다. 야사카고는 『신찬성씨록(新撰姓氏錄)』에 의하면 한반도에서 건너온 고구려 사람인 야사카노미야츠코 이리사가 개척하였다고 기록되어 있다.

교토에서 좀 더 북상하면 현재의 시가[滋賀]현이 나온다. 여기에도 역시 고구려와 관련이 깊은 곳이 많다. 간자키[神岐]군에는 고려사(高麗寺)라는 이름이 남아 있으며, 아이치[愛知]군에는 백제사, 오츠[大津]시에는 신라명신이 있다.

이즈모[出雲]지역의 유적과 유물

동해와 면해 있는 일본열도의 지역은 해류의 영향으로 일찍부터 신라나 가야의 이주민들이 자연스럽게 이주해 왔다. 이즈모 신화에는 이즈모 지방의 부족한 영토를 신라에서 끌어와서 미사키지방으로 하였다는, '나라 끌어오기'의 기사가 그것을 잘 말해주고 있다. 나라를 끌어당겨왔다는 신화의 내용은 국토와 토지를 끌어왔다기보다 그 신라에서 많은 이주민이 이곳에 건너왔다는 것을 의미할 것이다.

이즈모 지방도 긴키지방과 마찬가지로 고구려인과 신라인이 지역별로 각각 거주한 것으로 나타난다. 가령 이즈모의 서쪽 지역, 이즈모대사가 있는 이즈모시 부근은 신라인이, 반면에 이즈모의 동쪽 지역, 즉 현재의 마츠에[松江]시, 야스기[安來]시, 요도에초[淀江町]를 비롯한 미호(美保)만 지역 일대에는 고구려인이 이주하여 정착하였다. 이 지역이 고구려와 관계되는 지명이 많이 보인다. 가령 지금의 다이센쵸(대산정) 부근에 고마촌이 있으며, 그 뒤에는 751미터의 고레이산이 있다. 이 고레이산은 원래 고려산으로 불린 것이 한자만 바뀐 것이다. 전설에 의하면 한국인이 이 산을 가지고 일본에 건너와 다이센[大山]과 비교하였으나 상대가 안 되자 그냥 나두고 갔다고 한다. 한국인이라 하였지만 부근의 고구려 관련의 지명 등으로 보아 고구려인을 지칭한 것이라 할 수 있을 것이다. 이렇듯 많은 고구려인이 진출, 정착하였기 때문에 그들은 고국의 이름을 따서 고려촌(高麗村), 산이름을 고려산(高麗山)으로 이름 지었을 것이다. 고려산 앞에 펼쳐진 충적평야에는 300~400기 정도의 고분이 있으나 이들 고분이 바로 고구려와 밀접한 관련성이 있다고 주장한다.

이즈모 지방에는 방분이나 전방후원분이 많다. 그 중에서도 집중적으로 보이는 것은 독특한 '사각돌출형방분(四角突出型方墳)'이다. 이 분묘는 기본적으로 방형 마운드의 네 각을 돌출시켜 부풀게 하고, 분구의 사면에는 하천의 돌이나 깬 돌을 박은 형태이다. 기묘한 형태의 이 분묘는 이즈모지방의 수십 기를 비롯하여 호쿠리쿠[北陸] 지방에까지 퍼져 있다. 이 고분의 기원에 대한 정확한 해석은 없으나 고구려 고분의 기본이 방분이며, 그 초기는 적석총이란 점을 들어 고구려에서 기원을 찾는 학자도 있다. 왜냐하면 위의 고분의 원형으로 보이는 것이 고구려 발상의 지역이며, 졸본과 집안의 수도이기도 한 압록강 중류 지역을 중심으로 존재하고 있기 때문이다.

구체적으로 이즈모 동쪽지방인 요도에쵸에서 발굴된 유적을 중심으로 고구려와의 관련성을 살펴보기로 한다. 가미요도폐사[上淀廢寺]에서 발견된 벽화의 파편은 나라의 호류지와 같은 고구려계통의 고분벽화로 알려져 화제가 되었다. 이 절에서 발견된 벽화는 호류지의 금당벽화와 필적하는 것으로 평가를 받고 있다. 원래 이 가미요도 절은 7세기 말경에 건립되었으나 11세기에 화재로 소실되었다. 이 벽화 역시 고구려에서 건너온 화가나 그 자손이 그린 것으로 추정되고 있다. 왜냐하면 이 절터의 가람 배치가 금당과 탑이 동서로 늘어서 있는 고구려 형태이고, 절의 위치도 뒤에 산이 앞에 바다가 위치한 함경남도 북청군 오매리 폐사지와 유사하기 때문이다.

쵸자가나루고분은 고마산을 배경으로 미호만을 바라보는 충적평야의 그리 높지 않은 구릉에 위치해 있다. 길이 약 48m의 횡혈식 석실인 이 고분은 고구려 양식을 그대로 본뜨고 있으며 석실안에 돛을 단 배를 그린 것으로 보아 바다를 건너왔다는 것을 연상시키고 있다. 마츠에[松江]시에 있는 미사키[御崎]고분에서 출토된 관과 대도(大刀) 역시 고구려의 직접적인 영향으로 보여진다.

또한 근처의 이시우마다니고분도 고구려와의 관련성을 빼놓을 수 없을 것이다. 이 고분은 대개 6세기 중엽에 축조된 것으로 알려져 있으며, 여기서 돌로 만든 말이 출토되어 화제를 불러 일으켰다. 이 석마는 규슈에서 한 점이 발견되었으나, 혼슈에서는 유일한 것이다. 이 석마는 길이가 약 150cm, 높이가 약 91cm정도이며 앞 다리는 결손 되어 없는 형태이다. 이 석마의 특징은 다리가 매우 짧다는 것이다. 이 석마의 기원은 고구려의 말이 다리가 짧고 많은 짐을 지고 갔다는 기록 등을 참조한다면, 그리고 이 지역이 고구려인이 집단으로 거주하였다는 사실을 상기한다면 당연히 고구려에서 그 기원을 찾아야 할 것이다.

고구려적인 신화를 짙게 깔고 있는 것으로서 가모스[神魂]신사를 들 수 있다. 먼저 '가모스'라는 어휘에 대한 해석은 여러 가지이나 고구려 신화에 나오는 천제의 아들, 해모수(解慕漱)에서 왔다고 할 수 있을 것이다. '해(解)'란 글자를 고대 한국어에서는 '가'로도 발음하고 있으므로 같은 말이라 할 수 있다.

규슈 후쿠오카현 구라테[鞍手]군 다케하라[竹原]고분에는 주작, 현무 등의 장식벽화가 있으며, 6세기 말경의 축조이다. 이어 가호(嘉穂)군의 오쓰카[王塚] 고분에는 두 팔과 두 다리를 편 인물상이 있으며, 6세기 전기에 축조된 것이다. 다음으로 우키하[浮羽]군의 메즈라시즈카[珍敷塚] 고분에는 두 마리의 두꺼비 등의 장식벽화가 있으며, 6세기 후반의 축조이다. 이들 고분에서 알 수 있는 사실은 5~6세기경에 북부 규슈지방에서 이주해 온 정치집단이 존재했으며, 그들의 무덤이 위의 고분일 것으로 추정된다.

또한 이즈모와 인접한 내륙지방인 오카야마현의 오반폐사(五反廢寺)에서 고구려 문양의 기와가 출토된 것도 흥미롭다. 이즈모 지방에서 고구려 기와가 많이 출토되고 있는 점으로 보아 지리적으로 가까운 이 오카야마 지방까지 고구려인이 진출했다고 볼 수 있다.

이즈모 지방에서 동해를 따라 좀 더 북상하면 호쿠리쿠지방이 나온다. 이 지방에도 고구려와 해로를 통한 창구 역할을 하고 있다. 일본서기에 의하면 고구려에서 파견된 사절이 이곳에 도착했다고 전한다. 좀 더 북상하면, 노토반도에 있는 구마카부토[久麻加夫都]신사는 '구마'라는 지명에서 고구려와의 관련성을 말해주고 있다. 특히 이 지역을 고대에는 구마키고[熊木鄕]라 불렀다는 것을 상기한다면 고구려의 이주민이 세운 신사나 마을이라 하지 않을 수 없다. 아울러 노토반도 끝에 있는 스스신사를 비롯하여 고구려 적석총 계통의 고분 등이 산재해 있다.

간토[關東]지역의 유적과 유물

도쿄도의 고마에시[狛江市] 이즈미[和泉]의 다마강[多摩川] 유역에 위치한 고마에카메즈카[狛江龜塚]고분에서도 고구려의 유적들을 볼 수 있다. 분구는 전체 길이 48m, 후원부 높이 6.9m, 전방부 폭 15.7m, 주구 폭은 전방부 3.4m, 그 외에는 11.6m이다. 분구에는 원통형, 인물, 동물 등의 형상을 한 하니와가 수집되었다. 매장주체는 후원부의 정상부 상하에 교섭하는 2개의 목탄곽(木炭槨)과 그 부근에 조합식 석관이 존재한다.

상부의 목탄곽은 길이 4m, 폭 1.8m의 타원형으로 용, 기린(말), 인물을 새긴 3점의 금동제 판과 은제 소환이식, 철도, 철촉, 도자, 철제함이 출토되었다. 하부의 목탄곽은 길이 4.7m, 폭 1.25m의 타원형으로, 곽 내부에서 신인가무화상경(神人歌舞畵像鏡) 1면, 경옥제 관옥, 유리제 소옥, 방울 달린 팔찌, 철도가 출토되었고, 피혁과 같은 것이 깔려 있는 곽 외부에서 철지금동장 f자형경판부비, 철지금동장 검릉형행엽, 목심철판장 등자, 안금구, 운주, 빗, 철도, 철촉, 은장 도자 등이 출토되었다.

이외에 30여기의 고분군이 밀집해 있으며, 그 중에 구총(龜塚)과 석총(石塚)은 6세기 초기에 조성된 것으로 고구려의 적석총 계통이다. 여기서 출토된 거울도 평양에서 출토된 것과 유사한 것이 발견되었다. 그렇다면 적어도 5세기 중엽에는 고구려인이 여기에 거주했다는 사실을 입증하고 있는 것이다.

다음으로 무사시 지방 외의 고구려 이주민은 현재의 나가노현과 야마나시현에도 거주하였음을 알 수 있다. 지금의 나가노[長野]현은 관동지방의 내륙지방에 속해 있지만 여기에도 고구려와 관련된 유적이 상당수 발견된다. 즉 고구려의 적석총과 흡사한 고분이 1천여개나 존재하고 있다. 지쿠마[千曲川]강을 따라 형성된 현재의 나가노시, 이야마[飯山]시, 스자카[須坂]시, 나카노[中野]시, 고쇼쿠[更埴]시, 우에다[上田]시, 마츠모토[松本]시 등 나가노현의 중북부에 1천여기의 고구려계통의 적석총 고분이 존재한다는 것이다.

또한 나가노현과 인접한 가이[甲裵]국, 현재의 야마나시[山梨]현에도 북·중·남의 고마[巨麾]군의 지명으로 미루어 본다면, 이곳도 역시 고구려인들이 정착한 곳이라는 것을 곧 알 수 있다. 이들 고구려인들이 내륙지역인 이곳까지 들어온 루트는 정확히 알 수 없다. 그러나 두 가지 루트를 상정할 수 있을 것이다. 하나는 동해에 면한 쓰루가[敦賀]만, 혹은 노토반도를 거쳐 들어오는 길이며, 또 하나는 간토지방에 배치된 고구려인들이 야마나시현을 거쳐 나가노현으로 이주해온 루트이다. 전자는 주로 고분시대의 초기일 것이며, 후자는 고구려 멸망 후의 7세기 말에서 8세기에 해당될 것으로 추정된다.[24]

2. 해양신앙과 설화

연오랑 세오녀와 아메노히보코[天日槍, 天之日矛]

제8대 아달라왕(阿達羅王)이 즉위한 4년 정유(丁酉)년에 동해의 바닷가에 연오랑과 세오녀라는 부부가 살고 있었다. 어느 날 연오가 바닷가에 나가 해초를 따고 있었는데, 갑자기 바위 하나가 연오(延烏)를 태우고 일본으로 가버렸다. 일본국 사람들이 연오를 보고 "이는 범상한 인물이 아니다."하고 이에 옹립하여 왕으로 삼았다. 세오(細烏)는 남편이 돌아오지 않음을 괴이 여겨 가서 찾다가 남편이 벗어놓은 신이 있음을 보고 역시 그 바위에 올라가니 바위는 다시 그 전처럼 세오를 태우고 (일본으로) 갔다. 그 나라 사람들이 이를 보고 놀라면서 왕에게 나아가 아뢰니 부부가 다시 서로 만나고 (세오는) 귀비(貴妃)가 되었다.

이때 신라에서는 해와 달이 광채를 잃었다. 일관(日官)이 나아가 아뢰기를, "해와 달의 정기가 우리나라에 있었는데 지금 일본으로 가버렸기 때문에 이러한 괴변이 일어난 것입니다." 하였다. 왕이 일본에 사신을 보내어 두 사람을 찾으니 연오가 말하기를 "내가 이 나라에 온 것은 하늘이 시킨 일입니다. 지금 어찌 돌아갈 수 있겠소. 그러므로 나의 비(妃)가 짠 고운 명주가 있으니 이것을 가지고 하늘에 제사를 지내면 될 것입니다." 하면서 이에 그 비단을 주었다. 사신이 돌아와서 아뢰자, 그 말대로 제사를 지낸 이후에 해와 달이 그 전과 같이 되었다. 그 비단을 왕의 창고에 잘 간직하여 국보로 삼고 그 창고를 귀비고(貴妃庫)라 하였다. 또 하늘에 제사를 지낸 곳을 영일현(迎日縣) 또는 도기야(都祈野)라 하였다.

(『삼국유사』 권1, 제1 기이, 연오랑 세오녀)

우선 '연오랑 세오녀 이야기'는 환동해 교류의 일단을 보여주는 사례이다. 여기에는 신화적인 허구 요소가 많이 포함되어 있어 내용 모두를 사실로 인정하긴 힘들다. 하지만 이 이야기가 2세기 무렵 신라와 일본의 긴밀한 교류, 나아가 고대 한반도 문화의 일본 전래라고 하는 역사적 사실을 상징적으로 보여준다는 점에서 이견이 있을 수 없다. 한 견해에 따르면 한반도와 일본 교류를 4단계로 살펴보았다. 그 1단계가 야요이[彌生]문명의 성립시기이다. 기원전 3세기에서 서기 3세기에 이르는 시기 진(秦), 한(漢)의 통일과정에서 동북아시아에서 입지를 잃은 군장사회의 장들이 각지로 흩어졌는데, 그 와중에서 한반도 남부에도 자리를 잡지 못한 자들이 일본에 진출하여 야요이 문명의 초기 주역이 되었다는 것이다.[25] 결국 '연오랑 세오녀' 설화는 이 시기 한반도 문화의 일본 도래에 상징적인 사건이 되는 셈이다.

흥미로운 것은 일본의 고대 문헌에 등장하는 여러 신들의 고향이 신라나 가야 등 한반도로 설정되어 있다는 사실이다. 일본 신화에 대한 초기 연구에 따르면, 고대 일본 신화속의 한국은 문화적 동경과 침략의 대상이라는 모순된 이미지로 중첩되어 있는데, 그 이유는 가야와 백제, 고구려 유민

연오랑 세오녀 상

들이 일본 망명과 함께 건너간 이주 신들이 많기 때문이라고 한다.[26]

일본 신화에서 한국 관련 기사는 스나노오 이야기에 처음으로 등장한다. 태양 신 아마테라스와 달의 신 쯔쿠요미의 동생으로 하계에 추방된 스사노오는 신라국에 강림하여 소시모리[曾尸茂利]라는 곳에 있다가, 거기서 흙으로 만든 배를 타고 동쪽으로 건너가 이즈모의 하가와[斐川] 강 상류 토리카니노타케[鳥上峰]에 도착하였다. 이렇듯 이러한 신화들은 한반도에서 만들어진 다음 한국계 사람들에 의해 일본에 전해졌거나, 일본에 거주하던 한국어를 할 줄 아는 사람들 사이에서 전승되었다.

> 옛날 신라 왕자 아메노히보코가 일본으로 건너왔는데 그 이유는 다음과 같다. 신라의 아구누마[阿具奴摩]라는 늪 근처에서 신분이 천한 여인이 낮잠을 자고 있었는데 무지갯빛이 그녀의 음부를 비추었다. 신분이 천한 한 남자가 보고 이상히 여겨 항상 그녀의 동태를 살폈다. 여인은 낮잠을 자던 때부터 태기가 있어 출산을 했는데 붉은 구슬이었다. 이를 본 남자는 그 구슬을 달라고 애원한 끝에 받아낸 후 항상 싸 가지고 허리에 차고 다녔다. 이 남자는 산골짜기에서 밭을 일구며 살았다. 하루는 소에 일꾼들의 음식을 싣고 산골짜기로 들어가다가 그 나라 왕자인 아메노히보코를 만났다. 아메노히보코는 "어찌하여 너는 음식을 소에다 싣고 산골짜기로 들어가느냐? 필시 이 소를 잡아 먹으려고 그러는 것이지!"라며 그 남자를 잡아 옥에 가두려고 했다. 그 남자는 "저는 소를 죽이려는 것이 아닙니다. 다만 밭을 가는 사람들의 음식을 실어 나를 뿐입니다"라고 대답했다. 그러나 아메노히보코는 용서하지 않으려 했다. 그 남자는 허리에 차고 있던 구슬을 풀어 왕자에게 바쳤다. 아메노히보코는 그를 방면하고 구슬을 가지고 와서 마루 곁에 두었다. 그런데 그 구슬이 아름다운 여인으로 변하였다. 아메노히보코는 그녀를 아내로 맞아들였다. 그녀는 여러 맛난 음식을 만들어 남편을 대접했다. 그러나 왕자는 거만한 마음이 들어 아내를 박대했다. 여인은 "나는 당신의 여자가 아닙니다. 나의 조국

으로 가겠습니다."라는 말을 남기고 작은 배를 타고 도망쳐 건너와 나니와[難波]에 머물렀다. 그녀가 바로 히메코소[比賣碁曾] 신사에 모셔지고 있는 아카루히메신[阿加流比賣神]이다. 아메노히보코는 아내가 도망쳤다는 소식을 듣고 곧 그녀를 따라 건너와 나니와에 도착하려고 했는데 해협의 신이 이를 허락하지 않았다. 아메노히보코는 할 수 없이 방향을 바꿔 타지마[多遲摩]에 정박했다. 그곳에 머물면서 타지마노마타오[多遲摩之俣尾]의 딸 사키쯔미[前津見]와 혼인하여 타지마모로수쿠[多遲摩母呂須玖]를 낳았다.

(『일본서기』 수인기(垂仁期) 3년 3월)

아메노히보코 이야기는 고대 한국에서 일본으로 간 문명의 이동을 보여주는 사례의 하나로써, 한국과 일본 두 나라 학자들의 지속적인 관심을 받아왔다. 최근 연구에 따르면 아메노히보코는 지금의 경상북도 청도군에 위치했던 이서국(伊西國) 출신으로, 이들이 한반도에서 일본으로 이주한 시기는 1~2세기 즈음이라고 한다. 아메노히보코가 한반도의 어느 지점에서 출발했는지는 알려지지 않았지만, 그가 바다를 건너 도착한 곳은 규슈의 북단으로 밝혀졌다.[27]

연오랑 세오녀와 아메노히보코 전승은 유사점이 많다. 두 이야기는 비슷한 시기, 한반도에서, 고귀한 신분의 남녀가, 일본으로 건너가, 왕으로 추대되거나 신격(神格)으로 받들어졌다는 공통점을 지닌다. 아메노히보코

일월지 사적비 　　　　　　　　　　　일월지 전경

를 풀이하면 '아메'는 하늘이고, '히'는 해, '보코'는 창을 의미한다. 아메노히보코는 개인의 이름이 아니라 하늘(해)를 숭배하던 집단의 상징적 이름으로 본다. 이는 연오랑 세오녀 이야기에 내포되어 있는 일월(日月) 숭배 관념과도 통한다. 결국 두 이야기는 고대 한반도 문명의 이동과 전파과정을 상징적으로 보여준다는 점에서 흥미롭다. 지금도 포항시 영일면에는 연오랑 세오녀를 모시는 일월사(日月祠)가 남아있고, 신라 시대 하늘에 제사를 지내던 곳이라는 일월지(日月池)가 있다.

석탈해(昔脫解)

가락국의 바다에 어떤 배가 와서 닿았다. 가락국의 수로왕이 신하 및 백성들과 더불어 북을 치고 환호하며 맞이해 장차 가락국에 머무르게 하려 했으나 배가 급히 나는 듯이 달려 계림의 동쪽 하서지촌 아진포에 이르렀다. 당시 포구의 해변에 한 할멈이 있었으니 이름은 아진의선(阿珍義先)이라 하였는데, 이가 바로 혁거세왕 때의 고기잡이[海尺]의 모(母)였다. (아진의선이) 배를 바라보며 말하기를 "본시 이 바다 가운데에 바위가 없는데 어찌해서 까치가 모여서 울고 있는가?" 하고 배를 끌어당겨 살펴보니 까치가 배 위로 모여들고 배 안에 상자 하나가 있었다. 길이는 20자이고 넓이는 13자였다. 그 배를 끌어다가 나무 숲 밑에 매어두고 이것이 흉한 일인지 길한 일인지를 몰라 하늘을 향해 고하였다. 잠시 후 궤를 열어보니 단정히 생긴 사내아이가 있고, 또 일곱 가지 보물과 노비가 그 속에 가득하였다. 칠일 동안 잘 대접하였더니 이에 (사내아이가) 말하기를 "나는 본시 용성국 사람으로 우리나라에 일찍이 이십팔 용왕이 있는데, 모두 다 사람의 태(胎)에서 태어나 5~6세 때부터 왕위에 올라 만민을 가르치고 정성(正性)을 닦았습니다. 그리고 팔품(八品)의 성골(姓骨)이 있지만 선택하는 일이 없이 모두 왕위에 올랐습니다. 이때 우리 부왕 함달파(含達婆)가 적녀국(積女國)의 왕녀를 맞이하여 왕비로 삼았는데 오래도록 아들이 없으므로 자식 구하기를 기도하여 7년 만에 커다란 알 한 개를 낳았습니다. 이에 대왕이 군신들을 불러 모아 말하기를 '사람이 알을 낳는 것은 예로부터 지금까지 없었던 일이니 이것은 좋은 일이 아닐 것이다.'하고 궤를 만들어 나를 넣고 더불어 일곱 가지 보물과 노비들을 함께 배 안에 실은 후, 바다에 띄워놓고 축언하여 이르기를, '인연이 있는 곳에 닿는 대로 나라를 세우고 집을 이루라', 하였습니다. 그러자 붉은 용이 나타나 배를 호위하고 여기까지 오게 된 것입니다." 하였다.

(『삼국유사』권1, 제1 기이 1 탈해왕)

이 때 갑자기 완하국(琓夏國) 함달왕(含達王)의 부인(夫人)이 임신을 하여 달이 차서 알을 낳았고, 그 알이 변하여 사람이 되어 이름을 탈해(脫解)라고 하였다. 이 탈해가 바다를 따라 가락국에 왔다. 키가 3척이고 머리 둘레가 1척이었다. 기꺼이 대궐로 나가서 왕에게 말하기를, "나는 왕의 자리를 빼앗고자 왔다"라고 하니 왕이 대답하였다. "하늘이 나에게 명해서 왕위에 오르게 한 것은 장차 나라를 안정시키고 백성들을 편안하게 하려 함이니, 감히 하늘의 명을 어기고 왕위를 남에게 줄 수도 없고, 또한 우리나라와 백성을 너에게 맡길 수도 없다." 탈해가 말하기를 "그러면 술법(術法)으로 겨루어 보겠는가?"라고 하니 왕이 좋다고 하였다. 잠깐 사이에 탈해가 변해서 매가 되니 왕은 변해서 독수리가 되었고, 또 탈해가 변해서 참새가 되니 왕은 변해서 새매가 되었다. 이때에 조금도 시간이 걸리지 않았다. 탈해가 원래 모습으로 돌아오자 왕도 역시 전 모양이 되었다. 탈해가 이에 엎드려 항복하고 말하기를 "내가 술법을 겨루는 곳에서 매가 독수리에게, 참새가 새매에게 잡히기를 면하였는데, 이는 대개 성인(聖人)이 죽이기를 미워하는 어진 마음을 가져서 그러한 것입니다. 내가 왕과 더불어 왕위를 다툼은 진실로 어렵습니다." 곧 왕에게 절을 하고 하직하고 나가서 이웃 교외의 나루에 이르러 중국에서 온 배가 와서 정박하는 수로(水路)로 해서 갔다. 왕은 마음속으로 머물러 있으면서 난을 꾀할까 염려하여 급히 수군(水軍) 500척을 보내서 쫓게 하니 탈해가 계림 (鷄林)의 국경으로 달아나므로 수군은 모두 돌아왔다.

『삼국유사』 권2, 제2 기이2, 가락국기)

탈해는 김알지·박혁거세와 달리 배를 타고 바다를 통해 신라에 들어 왔다. 다만 그도 알에서 태어났다. 어머니의 임신 과정이 어떠했는지는 전해지지 않는다. 따라서 탈해는 난생신화의 요소만 갖고 있으며, 해양 세력을 상징하는 존재로 보인다. 그는 왜국 동북쪽 1천리에 있는 다파나국 출신이다. 왕비가 임신 7년 만에 큰 알을 낳자, 국왕은 그 알을 버리려고 하였다. 이에 왕비가 알을 비단으로 싸서 보물과 함께 배에 태워 바다로 떠나보냈다. 처음에 금관국에 도착하였으나 그곳 사람들이 받아들이지 않았다. 배는 다시 아진포에 이르렀다. 아진포는 지금의 경북 경주시 양남면(陽南面)의 하서리(下西里) 또는 나아리(羅兒里)로 비정된다. 까치가 울며 따라오는 배를 발견한 해변의 노모(老母)가 배를 정박시키고 그 안에 있는 함을 열자 탈해가 등장하였다. 이와는 조금 달리 『삼국유사』 가락국기에는 탈해가 금관국 수로왕과 둔갑술로 경쟁을 하다가 패하여 신라 방면으로 달아난 것으로 되어 있다. 이는 아마 가야 중심의 입장에서 탈해 신화를 서술한 때문으로 보인다.

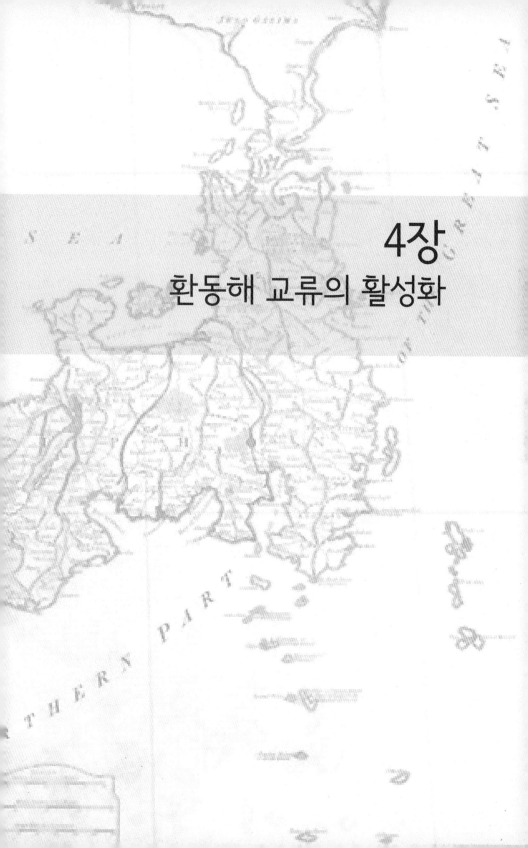

4장
환동해 교류의 활성화

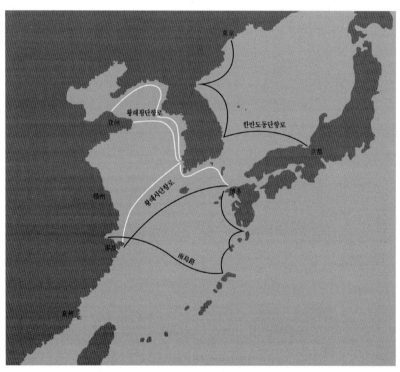

남북국시대의 항로

　이 장에서는 남북국시대 특히 발해의 환동해 교류에 대해 살펴보고자
한다. 발해가 일본과 외교관계 수립을 꾀했던 것은, 발해의 북쪽에 위치한
흑수말갈의 정복을 의도한 것에서 기인하여, 당·신라와 대립하여 국제적
으로 고립되었기 때문에 신라를 견제할 것을 일본에 기대하여 외교사절을
파견한 것이다. 신라정토계획의 실패를 계기로 일본과 발해의 관계도 정

치적·군사적인 관계에서 교역을 중심으로 한 경제적인 관계로 비중이 옮겨졌다. 이것은 755년부터 763년에 걸쳐 당에서 일어났던 안록산·사사명의 난에 의해, 당왕조의 동아시아제국에 대한 영향력의 저하와, 그것에 따른 긴장완화가 중국내부로부터 주변제국·제민족의 자립적인 활동을 조장하여 생산성의 향상과 광범한 교역활동이 가능하게 된 것에 의한다.

Ⅰ. 동해를 건넌 사람들

1. 사절단

발해는 당(唐)에만 120여 회, 일본에는 34회의 사절단을 파견하였다.[1] 남북국시대뿐만 아니라 한국 전근대 무역에서 가장 큰 비중을 차지하는 것은 대중국무역이었다. 그 중에서도 남북국시대의 대당무역(對唐貿易)은 그 주체에 따라 공무역과 사무역으로 나누어진다. 그리고 공무역은 다시 두 가지로 나누어지는데 조공(朝貢)과 책봉(冊封)이라는 형식을 통해 이루어지는 물자교역과, 호시(互市)를 통한 교역활동이 그것이다.

남북국시대 조공사절이 당에 입조(入朝)할 경우, 당에서 그들에 대한 대우를 총괄하는 것은 예부(禮部)이고, 주객낭중(主客郎中)이 그 중심이었다. 홍려시(鴻臚寺)·전객서(典客署)는 그 중에서 주로 장안(長安)에서 그들의 접대를 예부와 연락을 취하면서 관할하는 것이었다.

조공사절이 당에 도착하면, 그들은 변경주현(邊境州縣)에서의 취조→중앙으로부터 입경(入京) 허가자 리스트의 도착→입경자 상경→경사(京師) 도착→영빈관 입소→환영의식 출석→황제알현일의 전달→황제알현→당으로부터의 국서(國書)수여→임시 하사물 수령→귀국할 때의 의식→귀도(歸途, 대기자와의 합류)→귀국이라는 일련의 과정을 거쳤다.

당에서 외국사절에 답례품을 주는 경우는 연회를 할 때이다. 선물을 줄 때는 헌상품의 가치에 따랐기 때문에, 헌상품의 가치결정은 불가결한 것이었다. 만일 가치가 불명확한 경우는 홍려시(鴻臚寺)가 소부감(小府監)이나 시사(市司)와 협의하여 결정하고 중서성에 보고하였다. 이렇게 의식적 행위인 회사(回賜)로서 수여된 중국으로부터의 하사품은 화이질서를 유지하고 기능시키기 위한 중국 측의 비용 지불이라고 생각된다.

외국사절로부터 당에 건너온 물품은 『대당개원례(大唐開元禮)』 '황제수번사표급폐(皇帝受蕃使表及幣)'에 '폐(幣, 비단을 중심으로 하는 방물, 공헌품을 말함)와 '정실(庭實, 정원에 가득찬 공물)'이라고 기록되었듯이 두 종류의 헌상품이 존재하였다. 또한 당으로부터의 답례품도 연회장에서 주는 물품과는 별도로 사절의 귀국 환송장에서도 사물(賜物)의 수여가 있어서, 이것도 외국으로부터 두 종류의 헌상품에 대응하는 것이라 생각된다. 당왕조측의 조공무역관리는 조공관계를 맺은 국명(國名)은 예부(禮部) 주객랑중(主客郎中)과 홍려시(鴻臚寺)·전객서(典客署)에서 기록하였고, 무역품목·액수는 호부(戶部)가 기록하였다. 또 물품의 보관은 태부시(太府寺)가 관리하였다.[2]

위에서처럼 조공과 하사의 형식을 통해 상당량의 물자교역이 이루어지고 있었다면 조공과 관작(官爵), 인수(印綬)의 수여를 통한 중국 정부와 발해 사이의 물자교류형태를 조공무역이라 할 수 있다. 한편 중국정부와 신라·발해에서 파견된 견당사(遣唐使) 사이에 직접 물자가 거래된다는 점에서 조공무역은 공무역의 성격을 가지며, 개인과 개인 또는 개인과 집단 간의 사적인 교역과는 구분된다.

다음으로 대당무역에서 조공무역과 구별되는 것으로 호시를 통한 교역을 들 수 있다. 호시의 설치와 운영은 중국 황제의 허가에 의해 소재지 정부나 관인의 관리와 감독아래 행해졌다. 일반적으로 호시에서 교환하는 것은 말이나 소·낙타 등이었다. 이에 해당하는 사례로는 이정기(李正己) 일가가 지배하던 시기의 치청번진(淄靑藩鎭)과 발해사이의 교역을 들 수 있

다. 이 때 당나라 측이 주는 것은 발해 지배층이 필요한 견(絹)·백(帛) 등의
직물이어서, 소위 '견마무역(絹馬貿易)'이라고도 불렸다.[3]

공무역을 담당했던 사람들은 바로 빈번히 당·일본에 파견된 외교사절
단이었다. 이들은 본국의 왕을 대신하여 공헌품을 헌상하고, 그 과정에서
본국왕에게 주는 회사품과 사절단 개인에게도 관등의 고하에 따라 회사품
을 받았다. 따라서 공무역의 주체는 외교사절단으로 파견된 사람들이었다
고 할 수 있다.

발해와 중국·일본과의 관계에는 조공관계이외의 것이 있었다. 즉 양국
의 적대관계와 또 조공관계와 관련이 없는 사무역 내지는 사적 접촉이 있
었다. 교역의 형태면에서 조공무역이 공무역의 범주에 든다면 상인들의
활동에 의한 교역은 사무역으로 대비할 수 있다. 이외에도 조공사절단으
로 간 사람 중에 개인적으로 한 무역이나 해상세력에 의한 것도 사무역의
범주에 포함시킬 수 있다고 생각된다.[4]

조공에 의한 부대적 무역이 발달된 것은 조공 자체의 성질로 보아 당연
한 것이라 할 수 있다. 말하자면 공무역에서 무역범위가 확대된 데에 불과
한 것으로 볼 수가 있다. 즉 조공에 의한 부대적 무역은 공식적인 업무를
위해 파견된 외교사절단에 의해 공식적인 업무가 끝난 뒤에 행해지는 것
이다. 따라서 조공무역의 활성화는 곧 조공에 부수하는 사무역의 발달로
직결된다.

외교사절단을 통한 부대적 무역의 사례는, 다음의 사료가 참고가 된다.

쿠라료(內藏寮)와 발해객(渤海客)이 재화와 물건을 서로 주고받았다.

(『일본삼대실록(日本三代實錄)』 권21, 정관(貞觀) 14년 5월 20일)

서울 사람들과 발해의 사신들이 교관(交關)하는 것을 허락하였다.

(『일본삼대실록』 권21, 정관 14년 5월 21일)

여러 시전의 사람들과 사신의 무리들이 사사로이 물건을 거래하는 것을 허

락하였다. 이 날 관전(官錢) 40만을 발해국사 등에게 주고 시전의 사람들을 불러 모아 사신들과 토산물을 매매하도록 하였다.

『일본삼대실록』권21, 정관 14년 5월 22일)

대사(大使) 배정(裵頲)이 별도로 방물을 바쳤다. 이 날 내장두화기조신이범(內藏頭和氣朝臣彛範)이 부하를 이끌고 홍려관(鴻臚館)에 가서 교관(交關)하였다.

『일본삼대실록』권43, 원경(元慶) 7년 5월 7일)

쿠라료(內藏寮)의 교관(交關)이 어제와 같았다.

『일본삼대실록』권43, 원경 7년 5월 8일)

위의 사료는 발해사신들에 의한 사무역의 양상을 보여준다. 당시의 교역시스템을 보면 먼저 외국상인이 현지에 도착하면 교역을 담당하는 관리가 외국상인이 도착한 곳에 파견되어 가져온 물건들을 검사한 다음, 먼저 공무역을 행사한다. 그 뒤에 사무역이 행해지게 되는 것이다.

그러나 이러한 법이 지켜지지 않고 있으며, 왕신가(王臣家)를 비롯한 귀족층은 공무역이 이루어지기 전에 자신의 가신을 파견하여 사절단과 사적 무역을 행하고 있으며, 그것을 단속해야 할 지방관인 국사(國司)조차도 교역에 참가하고 있는 모습을 볼 수 있다. 이러다 보니 일반백성들(주로 지방의 유력 호족층)까지 교역에 참가하고 있는 것이다.

발해의 경우에는 공사(公使)자신이 실질적으로는 상인으로서 대일무역에 종사하였다. 신라인이 기타규슈[北九州]라는 일찍부터 상권이 형성된 지역을 교역의 무대로 한데에 비하여, 발해의 경우는 헤이안쿄[平安京]에서의 무역활동이 중심이었기 때문에 보다 공적인 신분으로 입경(入京)하는 것이 중요한 의미를 가지고 있었던 것이다.[5]

2. 수령

발해의 대외교류에서 특이한 존재가 바로 수령이다. 여기에 대해서는 발해의 지방 통치나 통치체제 등과 관련하여 많은 논의가 이루어졌다. 여기서는 대외 교류면에 국한하여 살펴보고자 한다. 먼저 대당외교에 참여한 수령의 활동을 열거하면 다음과 같다.

발해군말갈대수령(渤海郡靺鞨大首領) · 칠리대수령(鐵利大首領) · 불열대수령(拂涅大首領) · 거란번랑장(契丹蕃郎將)이 함께 내조(來朝)하여 절충(折衝)을 주어 돌려보냈다.

『책부원귀(册府元龜)』권971, 외신부(外臣部) 조공(朝貢)4 개원(開元) 9년)

발해는 대수령(大首領) 오차지몽(烏借芝蒙)을 보내고, 흑수말갈은 장수 오랑자(五郎子)를 보내고, 대식(大食)은 그 장수 소려(蘇黎) 등 13인을 보내 설날을 축하하고 방물을 바쳤다.

『책부원귀』권971, 외신부 조공4 개원 13년)

발해 수령 알덕(謁德) · 흑수말갈 낙개몽(諾簡蒙)이 내조(來朝)하여 과의(果毅)를 제수하여 돌려 보냈다.

『책부원귀』권975, 외신부 포이(褒異)2 개원 13년)

칙(勅)을 내리길, "발해 숙위왕자(宿衛王子) 대창발가(大昌勃價)와 수령 등은 오랫동안 숙위를 하였으니 마땅히 자신들의 나라로 돌아가라. 대창발가를 양평현(襄平縣) · 개국남(開國男)에 봉하고 비단 50필을 하사하고 수령 이하는 각기 차등이 있게 하라"고 하였다.

『책부원귀』권975, 외신부 포이2 개원 15년)

발해말갈 대수령이 지몽(知蒙)을 보내 내조(來朝)하고, 방물로 말 30필을 바쳤다.

『책부원귀』권971, 외신부 조공4 개원 18년)

말갈수령 율엽계(聿葉計)가 내조(來朝)하여 절충(折衝)을 제수하고 비단 500
필을 하사하고 본국으로 돌려보냈다.

(『책부원귀』 권975, 외신부 포이2 개원 24년)

발해말갈 대수령 목지몽(木智蒙)이 내조(來朝)하였다.

(『책부원귀』 권971, 외신부 조공4 개원 25년)

발해말갈 대수령 다몽고(多蒙固)가 내조(來朝)하여 좌무위장군(左武衛將軍)을
제수하고 자포금대(紫袍金帶)와 비단 100필을 하사하고 본국으로 돌려보
냈다.

(『책부원귀』 권975, 외신부 포이2 개원 25년)

위 사료는 713년 이후 발해가 당과 맺은 외교 가운데 수령이 참여한 예
에 한정한 것으로, 개원연간에 수령의 외교활동이 활발하였음을 알려준다.
고왕대의 경우는 대당외교의 주체가 대문예(大門藝)와 대술예(大述藝)와 같
은 왕족이었던 것에 반해, 무왕대에 수령이 당에 자주 진출하고 있는 것은
당시 발해의 말갈정책과 상호관련이 있는 듯하다. 이와 같이 무왕이 왕족
이외에 말갈수령을 대거 파견한 것은 그 당시 말갈과의 관계에 커다란 문
제를 느끼지 않았다는 것을 반증해 준다.

특히 대창발가(大昌勃價)의 숙위에 여러 명의 수령이 동행한 것은 말갈
세력이 발해의 왕족과 긴밀한 관계를 지닌 정치세력으로 성장하고 있다는
것을 시사해준다. 그런 의미에서 이 무렵 수령은 『유취국사(類聚國史)』에서
말하는 지방하급관리로서가 아니라, 중앙의 고급관리로서 이미 활약하였
음을 엿볼 수 있다. 이러한 해석은 무왕대에 당과의 외교가 가장 중대한 사
업이라는 점에서도 전혀 무리는 아니라고 생각된다. 이 때 발해는 말갈세
력 가운데 친발해세력에 대한 정치적 포섭을 도모하고, 동시에 말갈정책
의 안정성을 당에 과시하기 위한 목적으로 수령을 대표로 내세운 것이 아
니었을까 한다.[6]

발해의 견당사(遣唐使) 구성원은 단지 '사(使)'라고 되어 있는 경우가 많지만, 그 이외는 ① 왕자·세자(世子)·왕의 조카 등의 왕족, ② 수령·대수령, ③ 신하·관리로 나눌 수가 있다. 수령·대수령은 8세기 전반까지이고 그 이후는 보이지 않는다. 그 때까지 수령과 대수령을 구별하여 표기하고 있는 것은 지위·신분·계층의 차를 의미하는 것이겠지만 양자 합쳐서 수령층이라고 보아도 좋을 것이다.[7]

이러한 발해의 수령은 당나라 용어를 차용한 것이지만, 당나라처럼 대외적인 용어가 아니라 내부적인 용어로 사용하였으며, 그것도 관품이나 관직을 가지고 있지 않았던 계층을 지칭하였다. 당나라에서 사용된 수령이란 용어 가운데 협의의 의미를 지닌 『당육전(唐六典)』의 무관품자(無官品者)가 발해 수령의 개념에 원용된 것으로 볼 수 있다. 그리고 관품을 가지지 않은 자 가운데에서도 현실적인 세력의 대소에 따라 대수령과 (소)수령으로 구분하였던 것도 당나라와 유사하다. 그렇지만 수령의 대소 구별은 일정한 원칙에 따른 것은 아니었고, 어디까지나 상대적인 개념이었다.[8]

그런데 이와 같은 수령의 대외활동은 비단 대당외교에만 국한된 것은 아니었다. 발해의 대일본외교 가운데 이름이 확인되는 수령의 예를 정리하면 다음과 같다.

발해군왕(渤海郡王)이 수령 고제덕(高齊德) 등 8인을 보냈는데 데와(出羽)국에 도착하였다. 사절을 파견하여 안부를 묻고 계절 옷을 하사하였다.

『속일본기(續日本紀)』 권10, 신귀(神龜) 4년 9월 경인)

사절을 객관(客館)에 보내어 발해대사 충무장군(忠武將軍) 서요덕(胥要德)에게 종(從)2위·수령으로 위(位)가 없는 기알기몽(棄閼棄蒙)에게 종(從) 5위하(下)를 추증하고, 아울러 조포(調布) 150단(端)과 용포(庸布) 60단(段)을 부의로 주었다.

『속일본기』 권13, 천평(天平) 12년 정월 병진)

먼저 위의 사료는 727년 무왕이 처음 추진한 대일본외교에, 수령 고제덕이 참여한 사실을 알려준다. 고제덕이 발해를 대표하는 외교활동을 직접 행사한 일차적인 이유는 대사 고인의 이하 16명이 에조[蝦夷]에게 죽임을 당한 데에 있었다.

한편 아래의 사료에서 엿볼 수 있듯이, 수령의 외교적 활동은 문왕대에도 계속되었다. 739년 발해는 대사 서요덕을 비롯해서 수령 기알기몽이 파견되었는데 항해 도중에 사망하였다. 서요덕은 당시 홀한주도독(忽汗州都督)으로 대사에 임명되었는데, 이를 통하여 발해의 대일본외교가 중앙관리뿐만 아니라 지방 관인에 의해 추진된 사실을 새롭게 확인할 수가 있다. 그럴 경우 이 때 동행한 수령은 재검토할 여지가 더욱 커진다. 기알기몽은 그의 이름이 말해주듯이, 말갈인임을 쉽게 짐작할 수 있다. 그런데 수령 기알기몽은 앞의 고제덕이 중앙에서 파견되었던 예와는 달리 지방에서 활약한 수령이었던 듯하다. 이들이 사망한 이후 일본으로부터 받은 추증(追贈)이 각각 종2위와 종5위하로 큰 차이를 보이는 것은 이를 잘 말해주고 있다.

따라서 수령의 정치적 역할은 건국초기와 달리 재조정되었던 것은 아닐까 한다. 수령은 이제 지방에서 지방관인 도독과 자사와의 정치적 관계 속에서 활동해야 하는 정치적 제약을 받을 수밖에 없는 처지가 되었을 것이기 때문이다.

그러나 해동성국이란 호칭을 받던 9세기 이후에는 이런 수령의 역할이나 지위도 변화를 겪게 되었다. 841년에 이루어진 발해의 대일본외교 자료인 『중대성첩(中臺省牒)』에 의하면, 수령은 천문생(天文生) 이하의 지위에 놓여있었다. 그런데 여기에서 한 가지 유의해 둘 사실은 중대성첩이 정당성(政堂省) 춘부(春部) 장관인 하수겸(賀守謙)과 중대성(中臺省) 장관인 대건황(大虔晃)이 서명한 발해에서 발행된 문서라는 점이다. 특히 발해가 중대성첩과 같이 서열을 확고히 정해놓고 외교행위를 전개한 사실은 수령이 발해의 통제 안에 완전히 놓여있다는 것을 그대로 입증해 주고 있는 셈이다.

그렇다면 수령은 과연 어떠한 역할을 담당한 존재였을까. 발해사신 105 명 가운데 65명이나 점하고 있다는 사실에서, 무엇보다 그들의 실질적인 기능을 염두에 두지 않으면 안 될 것으로 보인다. 이러한 사실에 주목하여 일찍부터 수령이 무역과 밀접한 관련이 있는 세력으로 이해하여 왔다.[9] 특히 스즈키 야스타미[鈴木靖民]는 각 지역의 특산물을 일본에 전달하는 방편으로, 62주에서 한 명씩 선발하여 파견된 것으로 추정한 바 있다.[10] 65명이라는 수치를 고려할 때 62주와 연결시킬 수 있지만, 이 가운데 3개의 독주주(獨奏州)는 중앙에 직속되어 있다는 점에서 나머지 주와는 다르게 취급해야 하는 문제가 남아있다. 뿐만 아니라 매번 발해 전체 지역을 교역의 대상권 내에 넣어두었을 가능성은 그다지 높을 것 같지 않다.

발해 후기의 경우, 일본과의 외교가 교역을 중심으로 전개되었다는 점에서 수령을 교역행위를 담당하는 실무자로 보는 것이 가장 타당할 것으로 보인다. 다만 수령의 역할과 지위와 관련해서 841년에 파견된 수령 역시 일본으로부터 관위를 받았다는 점과 그 인원이 8명으로 제한되었다는 사실을 간과해서는 안 될 것 같다. 수령이 관위를 받았다는 점에서 초공(梢工)과 다른 역할을 담당한 것이 분명하며, 65명 가운데 8명만을 각별히 대우한 이유는 그들이 수령의 대표자였기 때문일 것이다. 따라서 중대성첩에서 대수령의 칭호를 사용하고 있는 것은 발해가 수령을 내부적으로 구분하고 있었다는 것을 의미한다.

수령은 전통적인 부락장(部落長) 출신들로서 상당한 독자성을 향유하고 있었고, 중앙에서는 이들의 존재를 무시할 수가 없었다. 수령 가운데는 과거 고구려 지역의 경우 고구려 계통의 인물들도 들어 있었으니, 고제덕이나 고다불(高多佛)이 그러한 인물들이다. 그렇지만 말갈부족의 지배자 출신들이 많았을 것이다. 발해에서는 이들의 현실적인 세력을 인정하여 독자적인 대외교역에도 참여할 수 있도록 배려하지 않을 수 없었다. 일본에 보낸 사신단에 수령이 포함된 것은 이 때문이었다.

3. 상인

발해의 상인으로는 이연효(李延孝), 이영각(李英覺), 이광현(李光玄) 등을 들 수 있다.

엔진(圓珍)의 '대주공험청상(台州公驗請狀)(『원성사문서(園城寺文書)』17-3)'에 '발해상주(渤海商主)'라고 기록된 이연효는 850년대부터 70년대에 걸쳐 적어도 8회는 당과 일본 사이를 왕래하였다. 853년 7월 왕초(王超)와 함께 엔진을 태우고 당으로 향했던 것이 처음으로 자료에 나오고(『평안유문(平安遺文)』103), 877년에 귀국하던 입당승(入唐僧) 원재(圓載)나 당인(唐人) 첨경전(詹景全) 등을 태우고 일본으로 향하던 도중에 조난당한 것이 최후였다. 그는 발해·당·일본을 연결하는 해상을 종횡으로 활동한 국제상인이었다.[11] 또한 '대주공험청상'에 이연효와 함께 기록된 이영각도 똑같이 일본이나 강남뿐만이 아니라 남방의 광주(廣州)까지 활동범위를 넓혔다.[12]

이외에도 당과 일본사이의 해상에서 활발한 활약을 한 이광현도 주목된다. 그의 행적은 『도장(道藏)』에 수록되어 있는 『금액환단백문결(金液還丹百問訣)』·『해객론(海客論)』·『금액환단내편(金液還丹內篇)』 등에 실려 있다. 이에 의하면 '발해인(渤海人)' 이광현은 어려서 고아가 되었고, 재산이 거만(巨萬)에 달했지만, 구도를 위해 약관의 나이에 출향(出鄕)한다. 그는 출향 후 청사회절지간(靑社淮浙之間)을 왕래하며 화역(貨易)하는 마을 사람의 배에 타고 다니면서 진인(眞人)·달사(達士)를 찾다가 실패하고, 24세경 귀향하기 위해 바다를 건너던 배 안에서 백세가 넘은 도인을 만나 연생(延生)비법을 전수받는다. 도인은 신라와 발해를 돌아다니기 위해 동안(東岸)에 이르러 배에서 내리고, 광현은 발해로 귀향하여 수련하다가, 바다를 건너 운도(雲島)로 가 이곳에서 10여 년 수련하여 해객(海客)의 칭호를 듣는다. 그후 다시 금액지도(金液之道)를 구하기 위해 섬을 나서 중화(中華)의 태악(泰嶽)에 이른 뒤, 유랑생활 20여 년 만인 기유년 8월 3일 숭고산(嵩高山) 소실

(少室)의 절에서 현수선생(玄壽先生)을 만나 대약(大藥)의 비법을 전수받고, 그 후 자신의 구도과정과 그 내용을 한 권의 책으로 완성했다고 한다.[13]

4. 승려

현존하는 자료에서 발해의 승려로는 인정(仁貞)·정소(貞素)·살다라(薩多羅) 등이 알려져 있다. 이들은 모두 9세기 이후에 활동한 인물들로, 발해의 승려들이 왕성하게 활동한 것이 이 무렵임을 간접적으로 보여주고 있다. 그러나 현재로서는 이들의 사상을 이해할 만한 자료는 전혀 없고, 다만 발해의 대외관계와 관련하여 활동한 행적이 보일 따름이다.

인정(?~815)은 희왕 때에 활동하였고, 정소(774~828)는 희왕부터 선왕때까지 활동한 인물로서, 모두 일본과의 교류에 큰 역할을 하였다. 특히 정소는 당나라에서 일본 유학승 레이센(靈仙: ?~828)과 교유하였고, 그와 일본 조정 사이를 두 번이나 왕복하면서 심부름을 하다가 결국은 중국에서 귀국하는 길에 풍랑을 만나 사망하였다. 그가 레이센이 독살된 것을 알고 애도하여 지은 시가 한 편 전해지고 있다.[14] 그리고 살다라는 대건황(大虔晃) 초기에 당나라 장안에 가서 머물렀는데, 새와 짐승의 말에 능통했다고 전해지는 신화적 인물이다.[15]

이상에서 발해의 존속기간 동안 일어났던 대외교류의 내용을 인적 왕래를 통하여 살펴보았다. 발해가 8~10세기 동아시아의 교류에서 했던 가장 큰 역할은 무엇보다도 동아시아 네트워크의 완성 내지 완결을 이루었다는 점 일 것이다. 이러한 상황의 전형적인 예가 당(唐) 월주(越州)에서 819년에 신라선으로 일본에 간 주광한(周光翰)의 자취이다. 하카다[博多]에 도착한 주광한은 일본에서의 활동 뒤에 820년 이승영을 대사로 하는 발해사절단의 귀국선에 편승하여 발해로 건너갔다. 발해입국 후 주광한은 압록강을 따라 요동반도를 경유하여 발해만을 가로질러 산동반도에 도착하여 월주로 갔을 것으로 생각된다. 따라서 중국남부-일본(규슈)-동해-발해-요동으로 이어지는 동아시아 네트워크가 기능했다고 할 수 있다. 이러한 네트워크는 산동반도와 일본 규슈를 연결하는 발해 상인들과 동해를 건너 일본 동북지방과 교섭하던 발해사절단에 의해서도 연결되었다고 보인다.

발해가 8~10세기 동아시아의 문물교류에서 커다란 비중을 점하고 있었던 것은 항해 횟수를 통해서도 알 수 있다. 발해의 존속기간인 698~926년까지 발해, 신라, 당, 일본 간의 총 항해횟수는 기록상 356회이다. 이 수치에는 공적사절단인 외교사절의 왕래뿐만 아니라 상인을 포함한 민간인들의 왕래도 포함된다. 이 가운데 발해와 당, 일본 등 해상을 통한 교류 횟수는 총 151회에 달한다. 이는 전체 대비 42.4%에 해당하는 수치로 상당히 높은 점유율을 보이고 있다고 할 수 있다.

Ⅱ. 교류의 루트

우선 일본학계에서는 발해에서 일본으로의 항로에 대해서 동해횡단항로(東海橫斷航路)·한반도동단항로(韓半島東端航路)·북회항로(北回航路)의 세 설이 있다. 동해횡단항로설은 니츠마 리큐[新妻利久]를 필두로 하는 발해사 연구자가 주로 제기하였다. 이 설에서는 발해에서 일본으로의 출항지는, 러시아 연해주의 포시에트만과 북한의 경성의 두 군데로 동해를 횡단하여 노토[能登]·가가(加賀)·산인[山陰]을 목표로 한다고 한다. 데와[出羽]나 에미시[蝦夷]지역에 도착한 것은, 항로를 잘못하여 표착(漂着)한 것이라 해석하였다.

한반도동안항로설은 모리 카즈미[森克己]가 주장하였는데, 그는 견당사

(遣唐使)의 항로도(航路圖)에 '발해로(渤海路)'로서, 쓰루가[敦賀]에서 산인[山陰]을 거쳐 한반도 동단을 북상하여 남경남해부(南京南海府)에 이르고, 두만강하구 주변에 상륙하여 발해의 수도를 거쳐 장안에 이르는 경로를 주장하였다. 이 설의 배경에는 전기견당사가 한반도 서해안에 연하여 북상하여 산동반도에 이르는 '북로(北路)'를 취하다가, 후기견당사가 규슈에서 동중국해를 횡단하여 강남에 이르는 '남로(南路)'로 변천하는 과정에 다수 조난자가 나왔고, 발해로의 항로도 비교적 안전한 한반도 동쪽을 항해한다는 추측이 있다고 생각된다. 이 설에는 발해선이 목표로 한 곳은 도읍에 가까운 쓰루가[敦賀]이고, 데와[出羽]나 에미시[蝦夷]지역에 도착한 것은 표착(漂着)이라고 생각하였다.

북회항로설은 두만강하구부근이나 연해주지방 남부에서 북상하여 사할린부근에서 동해를 횡단하여 사할린 혹은 홋카이도를 경유하여 혼슈에 도착하는 경로이다. 발해사절이 데와[出羽]나 에미시[蝦夷]지역을 목표로 한 배경으로, 후루하타 토루[古畑徹]는 당시 항해기술을 들었으나 고지마 요시타카[小嶋芳孝]는 7세기대 말갈과 에미시의 교역활동을 고려하였다. 이 설에서는 데와·에미시지역에는 코스를 북회하는 항로로 하고, 호쿠리쿠[北陸]나 산인으로 갈 때는 동해횡단항로를 사용했다고 보았다. 이외에도 발해-일본간의 항로를 네 가지 경우로 나누어 살펴본 견해도 있다.

반면 한국학계에서는 이 분야 연구는 윤명철의 연구가 유일하다. 그는 동해북부횡단항로(東海北部橫斷航路), 동해북부사단항로(東海北部斜斷航路), 동해횡단항로(東海橫斷航路), 연해주항로(沿海州航路)로 분류한 바 있다. 이 중 연해주 항로는 홋카이도[北海道] 지역과의 교류 항로로 이용되었다고 보고 있지만 일본의 북회 항로처럼 그 곳으로부터 호쿠리쿠로 남하하여 양국 교류 항로로 연계되었다는 견해에 대해서는 소극적이다. 북부 횡단 항로는 두만강 하구나 포시에트에서 출항하여 일본 동북부의 데와 등지에 도착하는 항로를 말하며, 북부 사단 항로는 남해부에서 출항하여 일본의

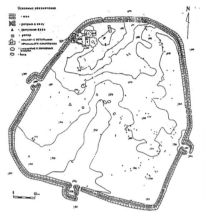

크라스키노성 평면도

크라스키노성 전경

후쿠라항 전경

후쿠라항 표지석

쓰루가[敦賀], 가가(加賀) 등지에 도착하는 항로를 가리키고 있다. 동해 횡단 항로는 발해 영역 내 항구로부터 출항하여 남으로 내려와 일본의 산인 등 지에 도착하는 항로로 추정하고 있다.

한편 중국학계에서는 북부항로(北部港線), 츠쿠시항로[築紫線], 남해부항 로(南海府港線)로 구분하고, 츠쿠시항로와 남해부항로는 단 1회씩만 사용하 고 줄곧 북부항선을 이용하였다고 보고 있다. 상대적으로 800년 전후기의 변화는 그다지 주목하지 않고 있다.

이상의 연구를 종합해 보면 크게 보아 다섯가지의 유형으로 정리될 수 있다. 연해주 항로 그리고 그것을 연장한 북회항로가 있다. 이 항로를 발일의 공식 외교 창구로 이용하였는가의 여부에 따라 북회항로의 포함 여부는 갈라진다. 다음으로는 동해 횡단 항로로 일본학계에서는 이를 시기별로 나누되 별도의 다른 용어를 사용하지 않는 반면 윤명철은 후기의 항로를 사단 항로로 명명하여 구분 짓고 있다. 이외에 동해 연안 항로가 있다.

어떤 항로를 주로 사용하였는가에 따라 시기별 항로 이용에 대해서도 이견을 보이고 있다. 동해 횡단 항로 주장자들은 전기, 후기의 항로를 구분하고 있다. 전기(727~819년)에는 동경용원부(東京 龍原府)를 출발하여 일본의 호쿠리쿠[北陸] 동쪽에 도착하는 항로를 이용하다가 후기에 와서는 남경 남해부(南京 南海府)를 기점으로 하여 산인[山陰]과 호쿠리쿠 지방에 도착한 것으로 보았다.

한편 북회항로를 주장하는 측에서는 초기에는 주로 북회항로를 사용하다가 후기에 와 새로운 항로를 숙지함에 따라 점차 평안경과 가까운 지역인 산인 등 남쪽 지역에 도착하게 되었다고 본다.

연안항로 주장자들은 항로 변화 문제까지 자세히 다루지는 않았으나 호쿠리쿠 지방의 표착을 극복하고 안정적 도착이 가능하게 된 원인으로 연안항로를 주장하고 있음을 감안해 보면 후기에 와 이 항로를 사용한 것으로 보고 있다 하겠다. 혹자는 초기 발해사가 동북지방에 도착하였던 것은 신라와의 관계가 극히 긴장관계였으므로 동해북부를 출발하여 동북지방 데와[出羽]로 향했던 것이며 후대에 와서 산인 등 남쪽 지역으로 도착하는 이유는 일본이 신라, 당과의 공식적인 교류가 연이어 차단되자 발해는 이러한 공백을 십분 활용하여 교역의 범위를 확장했다고 보았다.

이상의 논의를 보면 동해 횡단 항로를 지지하는 경우는 계절풍을 이용한 항해에 비중을 두고 있는 반면, 연안 항로를 지지하는 경우는 안전성과 함께 해류의 영향에 비중을 두고 있다. 그러나 양자가 결코 어느 하나만으로 귀결될 수 있는 것 같지는 않다.

왜냐하면 겨울을 이용한 일본 파견(일본사의 귀국), 여름을 이용한 귀국(일본사의 발해 파견)으로 보아 일상적 항해는 계절풍을 이용했을 가능성이 높다. 반면 해상 조난 사고를 보면 대개 도착 지점에서 이루어지는 경우가 많은데 이는 도착 지점에서 직면한 해류에 의한 조난일 가능성이 높다고 판단되기 때문이다. 따라서 항로의 변화와 항해 상황을 이해하기 위해서는 제 요소를 동시에 고려해 둘 필요가 있다.

이상의 견해에서 필자는 북회항로설 그 가운데서도 고지마 요시타카의 견해에 동의한다. 특히 이 견해는 6세기 후반 고구려의 대왜교섭부터 발해 멸망 후까지의 한반도 동북지방·러시아 연해주지방과 일본과의 교류양상을 설명할 수 있는 유일한 견해로 생각된다. 즉 발해사절단의 도착 지역의 분석을 통해, 발해선이 목적지를 정하여 왕래하였다는 것과 가가(加賀)·노토[能登]에 가장 많이 도착한 것이 발해 건국이전 고구려사절단의 일본으로 가는 항로와 동일하다는 것 등이다. 나머지 두 설은 발해의 대일본 초기 교섭에 대해서 항해의 미숙이나 항로설정의 오류 등으로 보았지만, 고구려시기부터의 대왜교섭을 고려하면 발해가 고구려의 대일항로를 계승했다고 보는 것이 타당할 듯하다.

Ⅲ. 발해의 대일교섭의 양상

발해와 일본은 빈번한 접촉이 있었던 것으로 나타나 있다. 즉 발해가 일본에 34차례, 그리고 일본이 발해에 13차례에 걸쳐 사신을 파견한 것으로 사서에 기록되어 있다. 기존에 발해의 대일무역에 관한 연구 성과는 주로 일본인학자들에 의해 주도되었다. 도노하루 유키[東野治之],[16] 시게오 타카

세[高瀬重雄],[17] 이시이 마사토시[石井正敏],[18] 하마다 코우사쿠[浜田耕策][19] 등에 의해 주도된 연구의 공통점은 다음과 같다. 고대일본의 대외관계는 일본과 중국과의 사이에 주요한 루트가 있어서 신라가 견당사(遣唐使)가 파견되지 않은 시대에는 이를 돕는 역할을 했고, 신라가 일본의 의도대로 되지 않게 되자 이번에는 발해가 일본과의 사이에 중계지로서의 역할을 수행했다는 것이다. 그러나 이러한 견해들은 신라나 발해가 어떠한 생각을 가지고 대일외교를 전개했는가하는 상호관계의 관점이 빠져 있다. 아울러 그들의 견해가 8세기의 신라와 일본관계의 본질을 정치의 험악화와 경제(교역)의 융성이라는 다른 원리에서 구하고 국가 간의 국제정치와 경제가 각기 별개의 논리로 움직인다고 보는 점에 특징이 있다. 즉 고대사회라는 비시장경제(非市場社會)에 대하여 근대시장 경제 원리에 의해 행해진 경제관계의 시점을 전제로 해석했지만 이는 근대적인 국가 간의 경제관계를 소박하게 고대사회에 투영하기 위한 것이다. 비시장사회에서 인간행동의 동기나 사회적 관계를 규정하는 원리는 이른바 경제적 요인과는 다른 영역에 관련될 가능성을 고려할 필요가 있다.[20] 증여나 교환을 넓은 의미로 교역이라고 본다면 교역과 정치는 별개의 논리가 아니라 일체인 것이 분명하다. 오히려 발생론적으로 본다면 교역은 각각이 뛰어난 정치적 행위였다.

한편 모리 가츠미[森克己][21]는 8세기의 무역을 '평안경무역(平安京貿易)'에서 '대재부무역(大宰府貿易)'으로 이행하는 것으로 설명하였다. 평안경무역은 발해사절에 대한 공적·국제적 무역인데 반하여, 대재부무역은 민간무역의 정부관리라는 완전히 성격을 달리하는 교역이라고 한다. 경사(京師)인 평성경(平城京)·평안경(平安京)에서의 교역은 왕권이 직접관리하고, 왕권의 관리아래 재분배되는, 왕권이 직접 개입하는 극히 정치성이 강한 교역인 것이다. 이에 반해 대재부교역은 9세기이후에 현저해진 새로운 형식의 교역으로, 중앙정부의 감독아래 대재부가 관리하는 교역이다. 이는 물품을 가져오는 신라·발해의 신분계층이나 물품구입에 참여할 수 있는 일본측 계층에도 명백한 차이점이 보이고 있다고 한다. 이에 대해 이성시(李成市)는 경사교역이 대재부무역으로 계기적으로 발전하지 않았다는 모리의 설을 부정하면서, 발해와 일본과의 교역이 기본적으로 경사교역이었던 것은 발해의 국가존립과 관계되는 발해측의 사정에 의한 것이었다고 설명하고 있다.[22]

한국학계의 연구는 최근에야 나타나고 있다. 그것도 무역에 초점을 두었다기 보다는 사신왕래를 통해 본 외교관계의 부수적인 것으로 약간의 언급이 있었다. 이병로(李炳魯)[23]는『속일본후기(續日本後紀)』의 분석을 토대로 당시 일본과 발해·신라사이의 외교관계와 무역에 대해 서술하였으며, 박진숙[24]은 일련의 논문에서 시기별로 발해와 일본과의 외교관계를 검토하면서 부분적으로 무역에 대해서 언급하였다. 이외에도 채태형, 전영률, 방학봉, 방향 등도 부분적인 언급을 하였다. 특히 전영률[25]은 발해와 일본간의 무역형태를 다음과 같이 분류하였다. 왕실간의 공무역, 사신이 개인의 명의로 선물을 주고받는 형식의 무역, 사절단이 사관에서 일본측 관리들과 개인상인을 상대로 하여 진행하는 사무역 등으로 나누었다. 이와 관련하여 필자는 한국 고대의 무역형태를 사신왕래를 통한 공무역, 사절단으로 간 사람들에 의해 행해지는 것과 해상세력이나 지방세력에 의한 사무역등으로 나누어 보기도 하였다.

기존의 연구성과에서는 발해의 대일무역을 전기와 후기로 나누어 전기에는 군사적·정치적 성격의 교섭, 후기는 경제적·문화적 성격이 강한 교섭으로 이해하였다. 그러나 이성시도 지적하였듯이 이는 발해의 국가적 전략 또는 발해의 관점이 누락된 것이라고 생각된다. 이하에서는 발해의 국가전략과 통치체제의 정비과정에 유의하면서, 발해의 대일무역에 대해서 살펴보고자 한다.

1. 왕권강화기의 대일무역

발해와 일본과의 외교관계는 무왕 9년(727)에 발해가 공식적으로 일본에 사신을 파견함으로써 시작되었다.[26] 이 때 발해가 일본과 외교관계를 맺으려고 한 이유는 당시의 국제정세와 밀접한 관련이 있었다. 그것은 발해에 대한 당과 신라의 군사적·외교적 압력 때문이었다.

그러나 발해가 727년 이후부터 732년 발해의 등주공격이 있기까지 계속해서 당에 사신을 파견하고 있는 점을 주목할 때 발해가 당보다는 오히려 신라를 의식했던 것으로 보인다. 한편 발해가 일본과 외교관계를 맺게 된 계기는 당시 일본과 신라와의 외교적인 대립을 잘 인식하고 있던 데에도 기인한다. 무왕대 발해에 의하여 시작된 발해와 일본의 외교관계는 일시적이었던 것으로 보인다. 그것은 문왕이 즉위하기까지 양국간의 교섭이 계속되지 않는다는 점에서 잘 알 수 있다.

문왕은 756년 초에 현주에서 상경으로 천도하였다가 정원초인 780년대 후반에 동경으로 천도하였다. 이러한 천도는 문왕 시대를 구분 짓는 데에 유효한 기준이 된다. 상경천도를 기준으로 큰 획이 그어지기 때문에 이를 기준으로 전기와 후기로 구분할 수 있다. 그리고 후기는 다시 동경천도를 기준으로 중기와 말기로 세분될 수 있다. 이렇게 되면 전기는 약 20년, 후기는 약 40년간이 되고, 후기는 중기와 말기로 나뉘어 30년 정도의 상경시대와 10년에 가까운 동경시대가 된다.[27] 본서에서 말하는 왕권강화기는 무왕~문왕중반까지(762년)의 시기를 말한다. 그리고 왕권동요기는 여러 모순이 표출되기 시작하는 문왕 중반부터 9대왕 간왕때까지(762~818)의 시기를 말한다.

발해와 일본과의 외교관계는 12년만인 문왕 3년(739)에 재개되었는데,[28] 일본의 견당사가 발해에 들어옴으로써 이루어졌다.[29] 733년 4월 일본의 나니와[難波]를 출발한 사신이 대당외교를 마치고 734년 10월 귀국하던 중에 조난을 당하여 판관(判官) 헤구리노히로나리[平郡廣成]을 포함한 겨우 4명만이 살아남았다. 이러한 어려움에 빠진 일본의 견당사는 다시 당으로 돌아가서 그들의 귀국문제를 보다 신중하게 검토하게 되었다. 그들은 귀국문제를 당시 당에 오랫동안 유학하고 있던 아베노나카마로[阿倍仲麻呂]와 상의하였는데, 유학생으로서 20년 가까이 당에 머물러 있던 그는 견당사의 귀국로로 새로운 교통로인 발해로를 들면서 발해를 통하여 귀국하기를 제안하였다.

당시 유학생이던 아베노나카마로가 발해를 주목하게 된 이유는 신라에 대한 일본의 외교적인 변화에서 찾을 수 있다. 일본은 733년 대당외교를 전개하기 이전부터 신라와 적대적인 관계에 놓여 있었다. 따라서 대신라문제에 직면한 일본은 신라의 견제세력인 발해에 대하여 보다 적극적인 관심을 가질 필요가 있었다.

일본이 결국 당의 협조를 구할 수 있었던 것은 당시 당과 발해의 외교관계가 개선된 것과 깊은 관련이 있다. 즉 735년 무왕말기부터 양국관계가 다소 호전되는 기미를 보이기는 하였지만, 무엇보다도 문왕이 새롭게 즉위하면서 발해에 대한 인식이 변화되었기 때문이었다. 이와 같이 일본의 견당사가 당을 통해서 발해에 들어온 사실은 문왕으로 하여금 대일본외교에 보다 구체적인 관심을 가지도록 만들어 주었을 것으로 보인다.

당시 일본도 대발해정책을 이전보다 강화할 필요가 있었다. 730년대 이후 신라와의 관계가 점점 악화되면서 대외정책을 변화하지 않을 수 없었을 것이다. 즉 대신라문제를 해결하기 위해서는 군사·외교적인 측면에서 발해와 친밀한 관계를 유지할 필요성이 요구되었기 때문이다.

이후 문왕이 13년만에 대일본외교를 다시 편 것은 무엇보다도 발해의 대신라정책과 밀접한 관련이 있다. 신라가 9년 만에 대일본외교를 다시 강행하자[30] 발해도 일본과의 관계를 새롭게 전개하고자 한 것은 아닐까 한다. 하지만 발해의 대일본외교는 일본의 소극적인 태도로 말미암아 제대로 추진될 수 없었다.

그러나 일본은 8개월 만에 다시 태도를 바꾸어 발해사신 모시몽(慕施蒙)을 극진히 대우하면서 양국간의 외교를 다시 전개해 나갔다.[31] 이것은 아마도 753년의 대신라외교가 실패한 후 일본의 발해에 대한 새로운 인식에서 비롯된 것으로 생각된다. 그러나 발해에 대한 일본의 외교적인 입장은 아직 불분명한 상태였다.

문왕의 대일본외교가 다시 열리게 된 것은 문왕 22년(758)으로 6년만의 일이다. 이 경우는 이전과는 달리 일본이 먼저 발해에 사신을 파견함으로써 이루어졌다. 그것은 753년에 대신라외교를 담당했던 오노노타모리[小野田守]를 발해에 다시 파견하는 것으로 나타났다. 여기에서 일본의 대발해외교의 특징을 지적한다면 일본이 먼저 발해에 사신을 파견하였다는 사실과 이 때 파견된 사신이 당시 대외정책을 담당하고 있던 귀족이라는 점, 그리고 당시 실권자인 후지와라노나카마로[藤原仲麻呂]가 직접적으로 개입하고 있어 그 중요성이 더욱 크다고 할 수 있다. 일본은 이 때 신라대신 당과 발해를 중심으로 대외정책을 보다 강화할 필요가 있었다.

일본이 사신을 파견한 이유는, 발해와 신라와의 대립을 잘 알고 있던 일본이 그들이 직면한 대신라문제를 발해와 함께 논의하기를 원했던 것이다. 이때부터 일본과 신라의 관계는 불편해지기 시작했고, 국제관계의 재편을 시도할 정도로 대내외적인 성장을 이룩한 발해를 일본은 더 이상 외면할 수 없었을 것이기 때문이다.

이 때 문왕은 발해에 대한 일본의 태도가 변화되었음을 인식하고, 일본이 추구하고자 하는 외교적인 의도를 긍정적으로 받아들인 듯하다. 758년 오노노타모리가 귀국할 때 양승경(楊承慶)을 비롯한 23명의 사신을 파견한 사실은[32] 이것을 말해준다. 특히 이전보다 적은 인원이 파견되었음에도 불구하고 대사(大使)를 비롯해서 부사(副使), 판관(判官), 녹사(綠事) 등 사신이 비교적 체계적으로 편성된 점으로 미루어 당시 발해의 대일본외교가 보다 구체적으로 추진되고 있음을 짐작할 수 있다.

양승경이 귀국한 이후 일본이 곧바로 신라침공계획을 착수하고 있는 것을 볼 때 발해가 일본의 대신라문제에 적극 개입하면서 대일본외교를 주도적으로 이끌었다고 할 수 있다. 결국 발해는 그들의 신라침공계획과 관련하여 일본의 외교적인 사정에 지속적인 관심을 기울였다. 동아시아의 국제관계를 재편하기 위해서는 발해 자체뿐만 아니라 일본의 움직임도 계속 필요했기 때문이었다.

그럼에도 불구하고 발해가 추진한 목표, 즉 일본을 움직여 신라를 공격하려는 계획은 당의 정세변화, 즉 안록산의 난이 평정되면서 더 이상 진행되지 않았다. 이제 발해는 일본을 끌어들여 추진하려고 한 신라침공 계획을 나름대로 변경할 필요가 있었다. 762년에 문관(文官) 왕신복(王新福)을 일본에 파견한 것도[33] 발해를 둘러싼 국제정세의 변화를 일본에게 설명하고 나아가 향후 양국관계를 개선할 의사를 동시에 밝히려고 한 듯하다.

한편 문왕은 문치(文治)를 추진하기 위한 일환으로 중국의 문물제도를 적극적으로 받아들였다. 이것은 그가 사신을 당나라에 자주 파견한 데에서도 짐작이 간다. 그는 57년 동안에 61회 이상 사신을 파견하였고, 많을 때는 한 해에 4차례 내지 5차례나 파견하였다.

당의 문물을 적극적으로 수용함에 따라 여러 방면에서 구체적인 변화가 드러나기 시작하였다. 고왕과 무왕을 거쳐 계속적으로 수행되었던 말갈부족에 대한 정복활동은 문왕 초기에 불열부(拂涅部), 철리부(鐵利部), 월희부(越喜部)에 대한 복속이 단행됨으로써 일단 마무리되었고, 이러한 정복활동은 이후 선왕 시대에 재개된다.

740년대에 수행된 정복은 이들을 완전히 해체시켜 발해에 편입시키는 형태가 아니고, 수령을 통한 간접지배 방식을 취한 것으로 생각된다. 이에 따라 발해의 통제가 약화되던 802년, 841년에서와 같이 다시 독자적으로 당에 조공하는 일이 벌어졌다.

721~757년 사이에, 특히 문왕 전기에는 양국 사이에 신라도(新羅道)라는 교통로가 개설되었을 것으로 추정된다. 그러나 이 기간에는 발해가 신라국경선 가까이 진출하였고 신라가 이를 방비하였던 사실을 고려해 볼 때 양국간의 교류가 그렇게 활발히 이루어지지는 못하였을 것이다. 757년에 이르러 721년에 축조한 장성에 탄항관문(炭項關門)을 만든 것을 계기로 교섭이 활발하게 전개되었고, 이에 따라 문왕 후기에 들어 양국간에 상설적인 교류가 이루어졌을 것이다. 발해에 파견된 당나라 사신 한조채(韓朝彩)가 이 신라도를 이용해 764년에 신라로 갔으며, 790년 3월에 파견된 신라 사신 백어(伯魚)도 역시 이 길을 택하였을 것이다.

727년 1차 사절에서 759년 5차 사절까지 발해 사신들이 무관으로 구성되었다가, 762년 6차 사절 이후에는 문관으로 바뀌었다. 그리고 이 때의 문관들은 정당성(政堂省), 문적원(文籍院), 사빈사(司賓司)의 관리들이 중심을 이루었다. 이에 대해서는 두 가지 해석이 제시되어 있다. 첫째는 대외적인 데에서 요인을 찾는 경우이다. 이시이 마사토시는 이를 경계로 하여 발해의 대일교섭이 군사적인 목적에서 경제적인 목적으로 전환되었던 사실을 반영한 것이라고 주장하였다.[34] 둘째는 내부적인 데에서 요인을 찾는 경우이다. 손옥량(孫玉良)은 이를 경계로 하여 발해에 문관제(文官制)가 시행되었던 사실을 반영하는 것이라고 주장하였다.[35] 그러나 이 견해는 14차 사절단의 대사인 대창태(大昌泰)와 28차 사절단의 대사인 양성규(楊成規) 등의 관직이 위군대장군(慰軍大將軍)이라는 점에서 수긍하기 어렵다.

그리고 첫 번째 견해에서는 발해가 건국초기의 긴박한 국제정세를 타개하기 위해 일본에 사절을 파견했고, 결과적으로 동아시아 긴장의 완화는 필연적으로 대일본외교의 의의를 약화시켰고, 이후는 양국간에 경제상의 교류를 목적으로 하는 관계가 계속 되었다고 하였다.

이러한 견해의 근거는 제1차부터 5차까지 사절단의 대표로 무관대사가 계속 임명되었다는 것과, 사절단의 규모가 평균 36인 정도였던 것이 8세기 후반 경부터는 180~300인 정도로 늘어났고, 9세기에 이르면 105인 정도의 인원구성을 보이고 있다는 것에 있다.

여기에는 약간의 의문이 있다. 우선은 사절단의 대표로 무관대사가 임명되고 있다는 점이다. 발해는 무왕 통치시기(719~737)와 문왕 통치시기(737~793)의 초기까지는 주로 무관직을 가진 관리들이 나라의 실권을 장악하고 국가의 중요한 관직을 독차지하고 있었기 때문에 일본에 가는 사신도 이 시기에는 무관들로 임명되었던 것이다. 발해는 당시 이웃한 일본과 고구려 이래로 가지고 있던 선린관계를 계속 유지하면서 경제문화교류를 강화하는데 주된 목적을 두고 사신들을 파견하였던 것이다. 따라서 발해의 대일교섭은 두 나라 사이의 무역, 문화교류, 인사 왕래에 그 주된 목적이 있었다고 할 수 있다.

다음으로 사절단의 규모문제이다. 7차 사절부터 사절단의 인원수가 대폭 늘었는데, 이는 신라와 마찬가지로 일본과의 무역활동을 전개하기 위하여 민간인들을 파견하였을 가능성이 높다고 하였다. 하지만 사절단의 대표인 대사의 경우와 마찬가지로 무왕 집권기와 문왕집권기 초기는 아직 국가체제가 정비되지 않은 시기였기 때문에, 인원수가 일정하지 않고 사절단의 수도 적었던 것이다.

〈표 4〉 왕권강화기 발해사절의 왕래

차수	출발시기	귀국시기	사절단	관직·관등	비고
1	무왕(武王) 인안(仁安) 9년(727) 9월	728년 6월	고인의(죽음), 수령 고제덕 등 8인	영원장군 (寧遠將軍)	방물진상
2	문왕(文王) 대흥(大興) 3년(739) 7월	740년 2월	서요덕, 기진몽	충무장군 (忠武將軍) /운휘장군 (雲麾將軍)	방물진상, 발해왕이 받은 것: 미농시(美濃絁) 30필·견(絹)30필·사(絲)150구(絢)·조금(調錦)300둔(屯), 서요덕이 받은 것: 종2위, 기진몽이 받은 것: 종5위하·조포(調布)150단(端)·당포(唐布)60단(段)
3	문왕 대흥 16년(752) 9월		모시몽	보국대장군 (輔國大將軍)	신물(信物)진상, 관위와 녹을 받음

4	문왕 대흥 22년(758) 9월	759년 1월	양승경, 양태사 이하 23인	보국대장군/ 귀덕장군 (歸德將軍)	성무천황상(聖武天皇喪) 조문, 후지와라 노나카마로(惠美押勝)가 전촌저(田村第) 에서 여악(女樂) 및 면(綿)10,000둔(屯) 을 하사, 당대 문사들이 부시(賦詩)를 지 어 송별
5	문왕 대흥 23년(759) 10월	761년 2월	고남신, 고흥복	보국대장군	방물진상, 발해왕이 받은 것: 시(絁)30 필·사(絲)200구(絢)·조금(調錦)200둔 (屯), 대사이하 차등지급
6	문왕 대흥 26년(762) 10월	763년 2월	왕신복 이하 23인	자수대부 (紫綬大夫) 정당성좌윤 (政堂省左允)	중국의 정세(안사의 난)을 알려줌, 방물 을 바치고 면(綿)을 하사받음

2. 왕권동요기의 대일무역

신라침공계획으로 긴밀하게 유지되던 발해와 일본과의 관계는 762년 이후 한동안 소강상태에 들어가게 되었다. 이것은 발해가 대외적으로 당· 신라와의 긴장관계가 해소됨에 따라 점차 안정되고, 대내적으로도 국가통 치체제가 갖추어짐에 따라 예전처럼 대일본외교를 활발하게 전개할 필요 성을 크게 느끼지 못하였던 데에서 비롯된다.

그러나 양국관계는 771년에 문왕(文王)이 다시 일본에 사신을 파견함으 로써 열리게 된다. 이 때 신라는 김정권(金貞卷), 김체신(金體信), 김재백(金才 伯), 김초정(金初正) 등을 일본에 연이어 파견하면서 그들과의 외교관계를 보다 강화하였던 것이다. 신라가 이와 같이 대일본외교를 적극 추진한 것 은 신라와 당, 일본과의 관계를 재설정하려는 의지가 담겨있는 것으로 판 단된다.

발해는 9년만에 문관인 청수대부(靑綬大夫) 일만복(壹萬福)을 포함한 325 명을 일본에 다시 파견하였다.[36] 이것은 지금까지 이루어진 대일본외교 가 운데 가장 규모가 큰 것이었다. 그러나 이 때 파견된 325명이 모두 외교사 신은 아니었을 것이다. 아마도 발해는 신라와 마찬가지로 일본과의 무역

활동을 전개하기 위하여 민간인들을 파견하였을 가능성이 높다.

발해사신 일만복은 영충(永忠)을 비롯해서 계명(誡明)과 득청(得淸)이 발해를 통해서 당으로 들어갈 수 있도록 조치를 취해 주었다. 결국 문왕의 6차 대일본외교의 경우는 경제적인 외교와 함께 문화적인 외교가 적극 추진되었음을 알 수 있다. 이것은 또한 773년에 이루어진 오수불(烏須弗)의 파견을 통해서도[37] 발해가 일본에게 문화적인 영향력을 주지시키고 있는 것을 확인할 수 있다.

결국 770년 이후에 외교적인 변화를 추구한 발해의 대일본외교는 일단 성공을 거두었다고 할 수 있다. 왜냐하면 당이 발해를 사공(司空)으로 다시 책봉하면서 발해가 동아시아의 국제질서 속에서 차지하고 있는 위치를 다시 인정해 주었기 때문이다.

발해는 문왕 후기에 대내적인 개혁정치를 성공적으로 이끌고, 당의 책봉을 통하여 당-발해-신라-일본으로 자리가 잡히는 동아시아 국제관계의 재편을 꾀하였던 것이다. 신라는 이제 일시적으로 우위에 있는 발해에 대하여 또 다른 태도를 취하게 되었다. 즉 신라는 발해를 독립된 국가로 인정하고 국제관계의 재편에 따르는 외교를 전개한 것이다.

문왕의 사후 발해의 대일관계는 커다란 변화를 보이고 있다. 즉 793년에 문왕이 사망하면서 내분이 발생하여 818년에 10대 선왕이 즉위할 때까지 25년 동안 정치적 불안상태가 지속되었다. 이러한 사실은 우선 4대 대원의(大元義)로부터 9대 간왕(簡王, 대명충)에 이르는 6명의 왕이 재위하였던 기간이 아주 짧았던 데에서 드러난다.

문왕이 사망한 뒤에 그의 직계 자손이 아니고 족제(族弟)였던 4대 대원의가 즉위하였으나(793), 그마저 몇 개월 만에 귀족들에게 피살되었다. 그 다음에는 문왕의 손자인 대화여(大華璵)에게 이어졌다. 이러한 일련의 사건들은 대원의의 즉위가 정상적인 것이 아니었고, 모종의 정권쟁탈을 통해 이루어졌음을 암시한다.

대원의를 이어서 794년 5대 성왕(成王)이 즉위한 뒤에 동경(東京)에서 상경(上京)으로 천도하고 그의 연호처럼 중흥을 이루려 하였지만 곧 사망하여 뜻을 이루지 못하였다. 문왕의 작은아들인 6대 강왕(康王)이 즉위해서는 비교적 오랜 기간인 15년간 통치하였다. 그는 내분의 틈바구니에서 겨우 왕위에 올랐으며, 그 뒤로는 조정의 기강을 바로잡는 데 힘을 기울였던 것으로 보인다. 이 때에 사회가 안정되자 당나라에 대해서도 적극적인 태도를 취하여 문왕 다음으로 많은 책봉을 받을 수 있었다. 그러나 여러 차례의 요청 끝에 일본으로부터 아무 때나 사신을 파견해도 좋다는 허락을 받아놓고서도 그 후로 10년 가까이 사신을 파견하지 못하였던 사실에서 당시의 안정이 그리 오래 가지는 못하였던 것을 짐작할 수 있다.

결국 794년 정변을 통해 왕위에 오른 대원의대는 당의 책봉을 받지 못하였을 뿐만 아니라 일본과의 외교관계도 크게 위축되어 있었다. 그러나 성왕대에 친문왕계(親文王系) 정치세력의 재등장으로 불안정한 정치적 문제가 어느 정도 해결되고, 다소 부진했던 외교활동이 재개되면서 이후 강왕대에 대당·대일본외교가 전개될 수 있는 외교적 기반을 마련해 놓았다고 할 수 있다.

강왕 원년(795) 11월에 이루어진 발해의 대일본외교는[38] 786년 이원태(李元泰)가 파견된 이후 9년만의 일이다. 이 때 발해는 대일본외교의 현안으로서 빙기문제를 제기한 것으로 생각된다. 강왕대의 두 번째 대일본외교는 3년 뒤인 798년 12월에 이루어졌다.[39] 이것은 일본이 796·798년 두 차례 계속해서 발해에 사신을 파견한 이후에 추진된 것이었다. 발해의 세 번째 대발해외교는 803년 12월을 전후하여 이루어진 듯하다.

강왕이 즉위초부터 대일본외교를 적극 추진한 주된 목적은 먼저 발해 자체 내의 정세변화를 일본에게 알리고, 소강상태에 놓인 일본과의 관계를 새롭게 전개하고자 하는 강왕의 외교적인 관심에서 비롯되었다. 보다 큰 이유는 양국외교관계를 과연 어떻게 유지해 나갈 것인가에 두어졌다.

그것은 일본에 파견되는 발해의 사신 수와 빙기(聘期)문제, 즉 발해의 사신이 일본에 파견되는 시기적 간격에 집중되어 있었다.

결국 강왕은 빙기문제에 대한 일본 측의 6년 제안을 끝내 받아들이지 않았다. 이것은 발해가 항해하는 데에 어려움이 크지 않았기 때문일 수도 있다. 그러나 보다 큰 원인은 발해가 대일본외교를 추진하려고 하는 근본적인 목적과 일치하지 않았다는 데에 있는 듯하다.

강왕은 798년 왕족 대창태(大昌泰)를 파견함으로써 일본에 적극 대응하였다. 발해가 왕족을 일본에 파견한 것은 발해의 대일본외교사에서 처음 있는 일이었다. 이와 함께 1년 전에 파견된 여정림이 문관이었던 것과 달리 대창태의 관직이 위군대장군좌웅위도장상주장개국자(尉軍大將軍左熊衛都將上柱將開國子)로 무관이라는 점이 주목된다. 이것은 762년을 기점으로 대일본외교체제가 문관 중심으로 이루어졌다는 기존견해와 배치되기 때문에 더욱 큰 의미가 있다.

강왕은 대내적으로는 정치적 안정은 물론 왕권의 강화를 추구하고 있었다. 왕족들을 그의 중요한 정치적 기반으로 삼았던 강왕은 관료체제를 새롭게 정비할 수 있었던 것이다. 또한 강왕은 말갈을 계속적으로 복속하여 영토를 유지하기도 하였으며, 이의 연장선에서 일본에 대해 고구려계승의식을 다시 한번 강조할 수 있었던 것으로 보인다.

대외적으로도 강왕은 발해에 대한 당의 인식을 바꾸어 놓았다. 발해는 798년 3월에 당으로부터 은청광록대부(銀淸光祿大夫)·검교사공(檢校司空)·발해국왕(渤海國王)으로 또 한 차례 책봉을 받았다.[40] 이것은 795년 강왕이 발해군왕(渤海郡王)으로 책봉된 것[41]보다 한 단계 나아간 것이다.

당시 발해와 일본의 양국관계를 밝히는데 결정적인 단서가 되는 것은 804년 일본에 발해객원(渤海客院)이 설치되었다는 점이다.[42] 이와 관련하여 애장왕(哀莊王) 4년(803)에 이루어진 신라와 일본과의 공식적인 교빙결호(交聘結好)[43]는 특히 흥미롭다. 왜냐하면 일본이 약 24년 동안 단절된 신라와의 외교를 779년에 다시 추진하고 있기 때문이다. 이것은 발해에게 정치적·외교적으로 어려움을 주었을 것이다.

9세기 초에 들어와서 일본의 외교노선은 분명히 변화하고 있었다. 그것은 일본이 대당외교를 염두에 두었기 때문이었다. 그 동안 일본의 대당외교는 발해를 통해서 이루어졌다고 할 수 있다. 그러나 800년을 전후하여 일본은 20여년 만에 대당외교를 직접 시도하였지만, 순조롭게 진행되지 못하였던 것 같다. 파견된 배 4척 가운데 2척이 조난당하는 곤란에 빠졌던 것이다. 이러한 어려움에 직면한 일본은 804년 9월에 사절을 신라에 파견하여 선박탐색과 사신의 안부를 확인코자 하였다.[44] 이것은 일본이 신라의 협조와 보호를 기대하였음을 잘 알려준다.

일본이 태도를 바꾼 까닭은 아마도 799년에 체결된 발해와의 매년 교섭이 외교적으로 일본에게 불리하였기 때문일 것이다. 따라서 일본으로서는 발해와의 관계에서 오는 경제적·외교적인 부담을 극복하고, 동시에 대당외교를 효과적으로 추진할 또 다른 방법을 모색하고 있었던 것이다. 이에 대해 발해는 외교사절의 상주를 통해서 일본과의 외교를 더욱 밀접하게 전개해 나가는 한편, 신라를 동시에 견제해 나갈 수 있었던 것이다. 바로 이 점에 착안하여 발해는 발해객원의 설치를 일본에게 요구하였던 것이다.

804년에 이루어진 일본의 발해객원 설치는 발해와 일본의 외교관계가 계속 유지되고 있음을 확인시켜 준다고 하겠다. 이와 관련하여 이후 발해의 객원 혹은 객관이 노토국의 서쪽 방향인 에치젠국[越前國], 가가국(加賀國), 이즈모국[出雲國], 나가토국[長門國] 등으로 점차 확대되어 발해의 외교거점을 형성하고 있는 것은 양국의 외교관계가 그만큼 긴밀해졌음을 짐작할 수 있다.

한편 7대 정왕(定王, 대원유: 809~812)도 통치기간이 짧아서 별다른 치적을 남기지 못하였고, 이어서 8대 희왕(僖王, 대언의: 812~818)이 즉위하였지만 그의 즉위도 순탄하지는 못하였다. 일본에 사신으로 갔던 왕효렴(王孝廉)이

815년 정월에 일본 조정의 추궁에 대해서 "세월이 흐르고 임금도 바뀌어 지난 일을 알 수가 없다."고 대답하였는데,[45] 비록 정왕대의 일이기는 하지만 불과 3년 전에 일어난 일을 두고 이렇게 대답한 것은 앞 시대와의 단절성을 느끼게 한다. 그가 사망하고 818년 9대 간왕(簡王, 대명충)이 즉위해서도 연호를 태시(太始)라 하여 새로운 출발을 하였지만, 그도 곧 사망하여 뜻을 이루지 못하였다.

〈표 5〉 왕권동요기 발해사절의 왕래

차수	출발시기	귀국시기	사절단	관직·관등	비고
7	문왕 대흥 35년(771) 6월	772년 2월	일만복이하 325인	청수대부 (靑綬大夫)	방물을 바침, 국왕이 받은 것: 미농시30필·사(絲)200구(絇)·조금(調錦) 300둔(屯), 대사이하 차등지급
8	문왕 대흥 37년(773) 6월	773년 10월	오수불 등 40인		국서문제로 입경하지 못하고 쫓겨남
9	문왕 보력(寶曆) 3년(776) 12월	777년 5월	사도몽 등 187인, 표류하여 46인 생존, 38인 입경 (入京)	헌가대부 (獻可大夫) 사빈소령 (司賓小令)	방물을 바치고 채백(綵帛)을 각기 차등 있게 받음
10	문왕 보력 5년(778) 4월	779년 2월	장선수 등, 30인 익사	헌가대부 사빈소령	방물을 바침
11	문왕 보력 6년(779) 9월	779년 12월	고반필 이하 발해 및 철리 359인		국서문제와 츠크시도(筑紫道)로 오지 않았다고 하여 입경(入京)을 허용하지 않음
12	문왕 대흥 50년(786) 9월	787년 2월	이원태 이하 65인		
13	강왕(康王) 정력(正曆) 2년(795) 11월	796년	여정림 등 60인	광간대부 (匡諫大夫)	방물을 바침, 국왕이 받은 것: 견(絹)20필, 시(絁)20필, 사(絲)100구(絇), 면(綿)200둔(屯)
14	강왕 정력 5년(798) 5월	799년 4월	대창태	위군대장군좌웅위도장상주장개국자(尉軍大將軍左熊衛都將上柱將開國子)	빙기(聘期)단축과 연한의 폐지를 요청하여 허락받음
15	정왕(定王) 영덕(永德) 1년(809) 10월	810년 4월	고남용		강왕의 상(喪)과 정왕의 즉위를 알림

16	정왕 영덕 2년 (810) 9월	811년 4월	고남용		차아천황(嵯峨天皇) 즉위축하, 방물을 바침
17	정왕 주작 (朱雀) 3년 (814) 9월	815년 5월	왕효렴		정왕의 상을 알림, 방물을 바침
18	간왕(簡王) 태시(太始) 1년(818)		모감덕		간왕의 상을 알림, 방물을 바침

3. 발해의 중흥과 교역체계의 재편

10대 선왕(宣王, 대인수: 818~830)은 9대 간왕(簡王)의 종부(從父)이면서 대조
영의 동생 대야발(大野勃)의 4세손이었다. 이전까지는 대조영의 직계손으
로 왕위가 이어지다가 이때부터 그의 동생인 대야발의 후손으로 바뀐 것
이다. 한편 이 시대의 연호가 건흥(建興)이었음은 그가 앞에서 이루지 못한
중흥을 재차 시도하였음을 암시한다. 그리고 시호가 선왕인 것은 그가 평
소에 선정(善政)을 베풀었기 때문일 것이다. 이 당시에는 정복활동도 활발
히 벌어졌다. 이러한 사실은 다음 두 가지 기록에서 확인된다.

> 대인수(大仁秀)가 바다 북쪽의 여러 부락을 토벌하여 큰 영토를 여는 데에 공
> 이 있었다.
>
> (『신당서』 권219, 열전 144, 북적(北狄) 발해)

> 흥요현(興遼縣)은 본래 한(漢)나라 평곽현(平郭縣)이 있던 곳으로서, 발해 때
> 에 장령현(長寧縣)으로 고쳤다. 당나라 원화(元和) 연간(806~820)에 발해왕 대
> 인수가 남쪽으로 신라를 평정하고 북쪽으로 여러 부락을 공략하여 군(郡)과
> 읍(邑)을 설치함에 따라 지금의 이름이 생기게 되었다.
>
> (『요사(遼史)』 권38, 지(志)8, 지리(地理)2, 동경도(東京道))

앞의 사료에 나오는 바다는 당시에 미타호(湄沱湖)라 불리던 호수로서 오늘날의 흥개호(興凱湖)를 가리킨다. 따라서 미타호일대에 거주하던 월희말갈(越喜靺鞨)을 비롯한 여러 말갈부락이 정복대상이 되었음을 알 수 있다. 이 때에 월희말갈 지역을 정복하여 회원부(懷遠府)와 안원부(安遠府)를 설치하였다. 그러나 그보다 북쪽의 흑룡강(黑龍江, 아무르강)가에 살던 흑수말갈(黑水靺鞨)은 마지막까지 완전히 복속시키지 못하였다.

아래 사료는 정복활동이 남쪽 방면인 요동지방과 한반도 서북부쪽으로도 이루어졌음을 보여준다. 요나라의 동경(東京) 요양부(遼陽府, 지금의 요양)에 속하였던 흥요현은 원래 발해 선왕이 공략하여 장녕현(長寧縣)을 두었던 곳이라고 한다. 공략 시기는 선왕의 즉위 초년인 818년에서 820년 사이가 된다. 그뿐만 아니라 그는 신라방면으로도 진출하였다. 아래 사료에서 신라를 평정하였다는 것은 발해가 대동강 이북 지역으로 뻗어 내려간 것을 가리키는 듯하다.

발해의 대외정복활동은 선왕 때에 거의 마무리되었다. 그 결과 사방의 경계가 이 무렵에 완성되었고, 『신당서』 발해전에 보이는 5경(京) 15부(府) 62주(州)의 행정구역도 완비되었다. 내부적인 안정에 따라 대외관계도 아주 적극적이었다. 그가 재위한 12년 동안 일본에 5번이나 사신을 파견하여 그 어느 때보다도 빈번하였고, 그 성격도 더욱더 상업성을 띠게 되었다.

선왕은 819년에 일본과의 외교를 공식적으로 개시하기 이전에 이미 일본과의 관계를 설정해 놓았던 것 같다. 818년 간왕대(簡王代) 어느 시기엔가 파견되었던 외교사신 모감덕(慕感德)을 선왕이 맞이하였기 때문이다.[46] 모감덕은 그가 지참한 국서가 무례하다는 이유로 차아천황(嵯峨天皇)으로부터 받아들여지지 않았던 사신이었다. 이 때 선왕은 모감덕의 귀국을 통하여 당시 일본의 내부사정을 어느 정도 분석하였을 것으로 보인다.

선왕은 즉위한 지 1년 6개월만인 819년 11월에 대일본외교를 실시하였다.[47] 이 때 선왕이 이승영(李承英)을 파견한 이유는 발해자체의 왕계변화와 말갈복속에 따른 동아시아의 정세변화를 일본에게 인식시키고, 소원해진 일본과의 외교관계를 보다 강화해 나갈 목적이 더욱 컸다고 생각된다.

선왕은 희왕대 대당유학의 경험이 있는 왕효렴(王孝廉)과 승려 인정(仁貞) 등이 일본 당대의 문인들과 문예를 겨루면서 양국외교관계를 개선해 나간 것과 같이 이승영을 중심으로 일본과의 외교를 전개해 나갔을 것으로 생각된다. 이 외에도 발해는 당시 일본을 방문 중이던 당 월주인 주광한(周光翰)과 언승칙(言升則)이 발해로(渤海路)를 통하여 귀국할 수 있도록 협조해 줌으로써 당과 발해, 일본을 연결하는 외교형태를 계속 유지해 나갔다.

821년에 파견된 사람은 정(正)4품상(上)의 정당성좌윤(政堂省左允) 왕문구(王文矩)였다.[48] 그의 파견은 발해의 정치적·외교적 성장을 일본에게 인식시키기 위한 목적이 반영된 것이었다. 그러한 분위기 속에서 발해는 양국이 문물교류를 통하여 우호관계를 지속적으로 유지해 나갈 것을 제안하였을 것으로 보인다.

결국 약 2년마다 열린 선왕 전기의 그것은 정치적인 이유보다는 주로 문물교류에 더 많은 비중을 두면서 당과 발해, 일본을 연결하는 대외관계를 지향해 나갔다. 그 결과 선왕은 강왕대의 일시 소원했던 대일본외교를 다시 회복하고, 향후 발해가 대일본외교를 적극 강화해 나갈 수 있는 외교적 기반을 마련해 놓았다고 할 수 있다.

823년 11월에 발해는 고정태(高貞泰)를 대사로 임명하여 101명의 사신을 일본에 파견했다.[49] 고정태 또한 왕문구나 뒤이은 고정소의 경우와 마찬가지로 정당성좌윤(政堂省左允) 혹은 정당성과 관련이 있는 인물이었을 가능성이 매우 높다. 왜냐하면 선왕은 즉위초기에 이미 대일본외교에 대한 나름대로의 외교적 기준을 마련해 놓고 그것을 이후 계속 일관하였을 것이기 때문이다.

한편 선왕대 대일본외교의 특징 가운데 하나는 발해의 대표적인 우성귀족인 고씨가 집중적으로 개입하고 있다는 점이다. 그러나 당시 발해의 대일본외교는 순조롭게 진행되지 못하였다. 심한 폭설로 고정태일행이 빠른 시일 내에 입경(入京)하는 것이 불가능하기도 하였지만, 823년 차아천황(嵯峨天皇)에 이어 순화천황이 즉위한 이후 일본의 새로운 정세변화와도 관련이 있었던 것 같다.

이와 같은 분위기 속에서 고정태 일행이 비록 입경(入京)은 못하였지만, 일본과의 외교는 가능하였다. 순화천황은 기본적으로 발해에 대한 차아천황(嵯峨天皇)의 정치적·외교적 노선을 그대로 계승하고자 하였기 때문이다.

일본은 발해를 통하여 보다 다양한 물품을 얻을 수 있었기 때문에 발해와의 교섭을 외면하는 것이 쉬운 일은 아니었다. 특히 양국이 귀족들을 상대로 전개한 외교라는 측면에서 볼 때 더욱 그러하다. 발해가 이역물(異域物)인 동물까지 교역품에 포함시킨 것은 기본적으로 일본의 관심을 높이고, 향후 일본과의 외교관계를 차츰 교역중심으로 이끌어 나가려는 의도를 지니고 있었기 때문으로 판단된다.

선왕은 일본측의 요구를 거부하고 825년 12월에 사신을 또 다시 파견하였다.[50] 발해는 대사(大使) 1인, 부사(副使) 1인, 판관(判官) 2인, 녹사(綠事) 2인, 역어(譯語) 2인을 포함한 103명의 사신을 파견하였는데, 이 때에는 경제적인 목적이 고정태의 경우보다 더욱 강조되었던 것 같다. 결국 825년 고승조 일행의 파견은 발해의 대일본외교가 교역이라는 본 궤도에 본격적으로 진입하였음을 시사하는 것이라고 할 수 있으며, 이러한 까닭에 일본에게 상인으로 인식되었던 것으로 판단된다.[51] 후지와라노오츠구[藤原緒嗣]는 일본의 경제사정으로 볼 때 거의 2년마다 열린 발해와의 외교가 큰 이익이 되지 못한다고 판단하였다. 따라서 12년의 빙기(聘期)요구는 발해와의 외교를 경계하기 위한 외교적 조치였다고 말할 수 있다.

한편 발해는 일본과의 관계를 유지하기 위한 방편으로 재당유학생 레이센[靈仙]을 계속 주목하였다. 후지와라노오츠구의 강한 반발에도 불구하고 발해가 일본과 외교를 펼칠 수 있었던 것은 발해승려 정소(貞素)가 일본 유학생 레이센으로부터 사리 만 알과 새로운 경전 2부, 조칙 5통과 표문을 일본에 전달하였기 때문이다.[52]

이와 같은 외교변화에 직면한 발해는 당과의 외교도 적극 강화해 나갔다. 818년부터 822년까지 2년마다 열었던 대당외교를 824년부터 829년까지 매년 전개해 나간 것이다. 이처럼 발해가 집중적으로 당에 사신을 파견한 이유는 당과의 외교관계를 보다 긴밀하게 유지하기 위한 목적이 컸기 때문이었다. 장보고는 일본뿐만 아니라 산동지방을 무대로 하여 주변지역과의 유대관계 속에서 대규모 해상무역을 전개하고 있었던 까닭에 발해의 대당외교 또한 적극 추진될 수밖에 없었던 것이다. 등주에 신라관(新羅館)과 발해관(渤海館)이 설치된 것은 발해와 재당신라인, 특히 장보고와의 경쟁관계를 짐작케 해준다.

828년 발해는 4년 전 파견되었던 정당성좌윤(政堂省左允) 왕문구(王文矩)를 재차 투입하였다.[53] 왕문구가 일본에 건너간 이유는 당(唐) 평로치청절도사의 교통사절에 있었다. 이때의 목적은 발해와 당과의 긴밀한 관계 속에서 일본과 외교적으로 연결될 수 있다는 사실을 강조하기 위해서였던 것 같다. 이것은 동시에 장보고를 통한 일본의 대당외교를 견제하는 것이기도 하였다.

그러나 일본이 태도를 바꾸어 발해를 냉대한 것은 장보고, 신라의 영향력이 그만큼 커졌기 때문이 아닐까 한다. 이것은 향후 발해와 일본과의 외교관계에 큰 장애로 작용하는 것이었다. 왕문구가 일본 귀족들이 선호하는 물품을 공급하여, 그들과의 교역을 적극 전개해 나가자, 일본이 발해와의 사사로운 교역을 금지하면서 관리가 이를 어기면 무거운 죄로 처벌하고, 서민이 어겼을 경우에는 100대의 매로 대신한다는 법을 정한 것[54]은 발해와의 외교를 크게 제한하였음을 의미한다.

대이진(大彝震)은 즉위 초 정국운영과 관련하여 먼저 정치·외교담당층에 대한 개편을 시도한 듯하다. 이것은 왕제(王弟)와 왕자층(王子層)이 정치권에 참여하면서 대외적으로 주도적인 역할을 행사하고 있다는 점에서 쉽게 짐작할 수 있다. 예컨대 왕자 대명준(大明俊)은 832년과 837년 두 차례나 대당외교를 담당하였으며, 대선성(大先晟)·대연광(大延廣)·대지악(大之萼) 등도 각각 833년·839년·846년에 당에 파견된 바 있다.

발해가 왕자층을 중심으로 대당외교를 추진한 것은 희왕(僖王) 3년(815) 대정준(大庭俊)[55] 이후 17년만의 일로, 대이진대 왕자들의 집중적인 활약은 정치적으로 매우 중요한 의미를 부여하고 있다. 결국 왕족들은 대내적으로 뿐만 아니라 외교부분까지 직접 참여하는 정국운영상의 변화를 도모하였던 것이다. 한편 대이진대에 활약한 왕족 이외의 전문외교 담당층으로 하수겸(賀守謙)과 왕문구를 들 수 있다. 이들은 모두 오랫동안 대외적인 업무에 종사하면서 정치적으로 성장한 부류에 포함시킬 수 있다.

하수겸은 841년에 오질대부(鳴秩大夫) 정당춘부경(政堂春部卿)으로 승진하여 왕제 대건황과 함께 중대성첩(中臺省牒)에 서명할 정도로 대일본외교에 깊이 관여하였다. 반면에 왕문구는 선왕대에 대일본외교를 두 차례나 수행한 경험이 있는 인물로, 그가 848년에 또 다시 대일본외교에 참여하고 있는 것은 그의 외교적 역할이 그만큼 중요함을 반증해 주는 것이라고 할 수 있다. 결국 하수겸이 대건황(大虔晃)과 직접적으로 연결되고, 왕문구가 계속해서 대일본외교에 관여하였다는 사실을 통하여 그들은 왕을 정점으로 한 왕족중심의 정국운영을 뒷받침해 주는 외교실무자였다고 말할 수 있을 것이다.

당시 발해가 학사층의 고급지식인을 선발하여 당에 파견한 것은 당의 새로운 문물을 적극 수용하는 동시에, 관료양성을 통한 왕권강화를 의도한 것으로 볼 수 있다. 예컨대 대이진이 해씨(解氏), 조씨(趙氏), 유씨(劉氏)와 같은 신흥세력을 주목한 사실은 상대적으로 기존의 정치세력을 경계하고 있음을 시사해 준다.

발해가 이 무렵 도당유학정책을 강화해 나간 일차적인 이유는 대내적으로 유학생들의 정치적·외교적 활동이 장차 정국운영에 부합되었기 때문일 것이고, 대외적으로는 신라의 도당유학정책을 크게 의식하였기 때문으로 보인다. 대이진대의 대당외교는 도당유학정책 이외에 장보고집단의 대당·대일본외교를 견제하는 차원에서도 적극 전개되었다.

한편 대이진대의 대당관계는 상대적으로 일본과의 외교를 멀리하는 가운데 전개되었다는 점이 특징이다. 828년 이후 장보고를 중심으로 한 신라의 무역활동은 보다 왕성해지고, 836년 일본이 기노미쓰[紀三津]를 신라에 파견하여 그들의 견당사문제를 논의할 정도로[56] 신라에 대한 일본 측의 관심은 매우 고조되었다. 따라서 발해로서는 대일본외교를 추진하기보다 장보고집단의 외교적인 활동을 견제하기 위하여 대당외교를 강화해 갈 수밖에 없는 처지였다.

이와 같은 상황에서 대이진이 841년 선왕대 왕문구가 파견 된지 13년만에 일본에 관심을 보인 이유는 신라내부의 정치적 상황이 여의치 않고, 장보고를 둘러싼 정치적 갈등에 따른 해상무역상의 변화를 예측하고 있었기 때문으로 판단된다.

결국 장보고의 사망은 일본의 외교노선을 바꾸어놓을 가능성을 더욱 크게 하였다. 이것은 840년 12월에 도착한 발해사신 일행이 장보고의 사망소식을 전달한 지 얼마 안 되어 입경(入京)하였다는 사실에서 알 수 있다. 나아가 천황이 발해 사신들에게 연회를 베풀어주면서 대사 하복연 이하 20명에게 관위를 주는 각별한 대우를 해준 것도 이와 무관하지 않다. 따라서 대이진은 장보고의 사망으로 미약해진 일본과의 관계를 역이용하여 선왕대 유지했던 당-발해-일본의 외교관계를 다시 회복해 나감으로써 해동성국으로서의 외교적 위상을 유지해 나갔다고 할 수 있다.

이상에서 살펴보았듯이 선왕의 중흥 노력에 힘입어 그 다음에 즉위한

11대왕 대이진(大彝震, 831~857)으로부터 12대왕 대건황(大虔晃, 857~871), 13대왕 대현석(大玄錫, 871~894)에 이르기까지 발해는 크게 융성하여 마침내 중국으로부터 '해동성국(海東盛國)'이란 영예의 칭호를 얻게 되었다.

첫째로 주목할 것은 사신들의 자격문제이다. 9세기에 들어와서 문인들이 다수 파견되고 있는 사실이다. 처음에 무관이 중심을 이루다가, 8세기 중반 이후에는 문관이 중심을 이루었으며, 특히 9세기중반에 들어서는 문학에 소양이 있는 인물들이 다수 파견되었다.

둘째, 발해 대사의 소속 관청과 관직의 변화이다. 선왕시대부터는 소속 관청이 중앙의 정당성(政堂省)과 문적원(文籍院)으로 좁혀지고 있고, 관직도 좌윤(左允)과 소감(少監)으로 한정되어 있다. 이러한 추세는 발해 내부에서 각 관청과 관직의 역할과 기능이 고정되어 갔음을 반영하는 것이다. 따라서 『신당서』 발해전에 기재된 관직체제는 선왕 무렵에 완성되었을 것이다.

셋째, 발해에서 파견된 사신단의 규모문제이다. 역시 8세기에는 최저 23명에서 최고 325명으로 들쭉날쭉하여 고르지 않다. 그러나 선왕 시대에 오면 100명 정도로 고른 분포를 보이고 있고, 대이진이나 대현석 시기부터는 105명으로 고정되었다. 105명의 사신단이 어떤 직책들로 구성되었는가 하는 점은 24차 사절의 중대성 첩을 통해 확인할 수 있다. 이때에 대사 1인, 부사 1인, 판관 1인, 녹사 1인, 역어(譯語) 2인, 사생(史生) 2인, 천문생(天文生) 1인, 대수령 65인, 초공(梢工) 28인으로 구성되었다.

넷째, 중대성 첩의 휴대 문제이다. 중대성에서 첩을 보내면 일본 태정관(太政官)에서 답장을 하는 형식으로 일관되어 있어서, 형식면에서 본다면 일본 측이 피동적인 위치에 있었던 점을 발견할 수 있다. 따라서 발해사신이 왕서와 첩을 휴대하기 시작한 배경은 일본 측의 요구에서보다는 발해 쪽의 제도 완비에서 찾는 것이 옳을 것이다.

발해사회는 9세기에 들어서 앞 시기와는 다른 변화가 나타났으니, 이러한 사실은 사신의 자격, 소속 관청과 관직의 변화, 사신단의 규모, 중대성

첩의 휴대라는 네 가지 점에서 찾아볼 수 있었다. 특히 이러한 조짐은 선왕 시대에 나타나기 시작하여 대이진(大彝震)이나 대현석(大玄錫) 이후에 뚜렷하게 되었다. 이것은 대이진에서 대현석에 이르는 시기에 발해의 문물 제도가 완비되었음을 의미한다.

그리고 이러한 융성은 14대왕 대위해(大瑋瑎) 시기까지도 지속되었다. 그러다가 마지막 왕 대인선(大諲譔)이 즉위하면서 내외의 혼란에 따라 멸망기에 접어들었던 것으로 생각된다.

〈표 6〉 발해 중흥기 발해사절의 왕래

차수	출발시기	귀국시기	사절단	관직·관등	비고
19	선왕(宣王) 건흥(建興) 2년 (819)		이승영		방물을 바침
20	선왕 건흥4년 (821)		왕문구		방물을 바침
21	선왕 건흥6년 (823) 11월		고정태		별공물(別貢物), 거란(契丹) 대구 (大狗) 2구(口), 왜자(倭子) 2구 (口) 등을 바침
22	선왕 건흥8년 (825) 12월		고승조 외 103인		
23	선왕 건흥10년 정월(827)		왕문구 외 100인		대사(大使)이하 초공(梢工)이상 견면(絹綿)을 차등 있게 하사
24	대이진(大彝震) 함화(咸和) 12년(841)	842년 4월	하복연 등 105인		사헌방물(私獻方物)
25	대이진 함화 19년(848) 12월	849년 4월	왕문구 외 100인		신물(信物)을 바침
26	대건황 (大虔晃) 3년(859) 1월	859년 6월	오효신 외 104인		
27	대건황4년 (860) 1월 (大虔晃)		이거정 외 105인		

28	대현석 (大玄錫) 원년 (871)12월		양성규 외 105인	위군대장군 (慰軍大將軍)	대충피(大蟲皮)7장·표피(豹皮)6장·웅피(熊皮)7장·꿀5곡(斛) 등을 바침, 사무역을 함
29	대현석 6년 (876) 12월	877년 6월	양중원 외 105인	정당성(政堂省) 공목관(孔目官)	대모로 만든 술잔 등을 바치려 했으나 거절당함
30	대현석 12년 (882) 11월	883년 3월	배정 등 105인		방물을 바침, 사교역을 금함
31	대현석 21년 (891)		왕구모		
32	대현석 24년 (894)		배구		

4. 대일무역(對日貿易)의 성격

발해와 일본 두 나라 사이의 경제교류는 공무역과 사무역의 형태로 진행되었다. 그러나 여기에서 기본을 이루고 있는 것은 사신교환과정을 통해 진행된 공적무역이었다. 공무역의 자세한 내용은 다음 사료를 통해 알 수 있다.

발해사신 이이몽등이 조정에 배알했다. 발해왕의 계(啓)와 방물을 올렸는데 그 계에 "흠무(欽茂)가 아룁니다. 산하가 아득히 떨어져 있고 국토 또한 매우 멉니다. 인민을 교화하는 것을 바라보니 오직 존경스러움을 더할 따름입니다. 엎드려 생각건대 천황의 성스러운 예지와 지극한 도덕은 더욱 밝으며 여러 대를 이어 영화로움이 거듭 빛나고 은택이 만백성에게 미쳤습니다. 흠무는 황송스럽게도 조업(祖業)을 이어받아 외람되이 총괄하는 것이 처음과 같습니다. 의(義)를 넓히고 정을 돈독히 하여 매양 이웃과의 우호를 닦아 왔는데 이번에 당신 나라의 사신 조신광업(朝臣廣業) 등이 풍랑 때문에 의지할 곳을 잃고 떠돌아다니다가 이곳에 이르렀습니다. 넉넉하게 대우하며 오는 봄을 기다렸다가 돌려보내려고 하였지만 사신 등이 먼저 가기를 원하여 애써

올해에 돌아가기를 청하였습니다. 요청하는 말이 매우 정중하고 이웃 사이의 의리도 가볍지 않으므로 이에 필요한 물품을 갖추어서 곧 출발하게 하였습니다. 그래서 약홀주도독(若忽州都督) 서요덕(胥要德) 등을 사신으로 삼아 광업(廣業) 등을 거느리고 당신 나라에 가게 하였습니다. 아울러 대충피(大虫皮)와 큰 곰가죽 각 7장, 표범 가죽 6장, 인삼 30근, 꿀 3곡(斛)을 바치니 그곳에 도착하거든 살펴서 받아주기를 청합니다."라 하였다.

(『속일본기』 권13, 천평(天平)11년, 739, 겨울 12월, 무진)

칙(勅)을 내려 좌근위중장(左近衛中將) 종(從)4위하(下) 겸 행비중권수원조신신서(行備中權守源朝臣舒)를 보내 홍려관(鴻臚館)에 가서 양성규(楊成規) 등이 가져온 발해국왕의 계(啓)와 신물(信物)을 살피도록 하였다. 계에 이르기를 "현석(玄錫)은 계를 올립니다. 늦가을이라 매우 공기가 찬데, 천황의 생활에 만복이 깃들기를 바랍니다. 이 현석은 은혜를 입어 나라를 세운 이래로부터 항상 귀국(貴國)과 더불어 사신을 통하여 명을 전하였습니다. 해를 걸러 소식을 전하자던 옛 약속의 뜻은 오늘에 이르러서도 매우 두텁습니다. 현석이 선조의 남긴 뜻을 이어 옛 법의 유풍을 닦는데, 12년이 다 되었으므로 마음으로 감복하여 선린(善隣)의 뜻을 되돌아봅니다. 이에 사절을 보내어 조빙하도록 합니다. 엎드려 바라옵기는 천황께서 내리 살펴 멀리서 온 사신을 긍휼히 여기시고 예에 따라 서울에 들어가게 하신다면 매우 다행한 일이겠습니다. 큰 바다가 가로 막혀 직접 알현하지는 못하므로 저의 뜻이 두려움을 감당하지 못합니다. 삼가 정당성(政堂省) 좌윤(左允) 양성규(楊成規)를 보내어 살아가는 형편을 받들어 아룁니다. 다 말하지 못하고 삼가 아룁니다." 라고 하였다. 중대성의 첩(牒)에는 "첩하여 처분을 받듭니다. 하늘 끝은 길이 막히고 일역은 아득히 멀므로 항상 12년을 기한으로 하여 화친을 닦았는데, 또 한 해를 기약하며 우호를 계속합니다. 이웃나라와 사귐에는 예절이 있으며 사신을 보내는 데는 어그러짐이 없습니다. 서로의 소식을 주고받은 지가 매우 오래 되었습니다. 이제 해가 바뀌고 세월이 흘러 12년이 이미 찼으므로 실로 조빙할 때가 되었습니다. 그러므로 전일의 법도에 근거하고 멀리 옛 법규를 헤아려 해를 향한 정성을 보내려고 성초(星軺)에 탄 사신을 떠나게 하여 바람을 점쳐 배를 띄워 발해의 넓은 파도를 건너게 합니다. 만 리에 달하는 길에서 마음에 뜻하는 바는, 왕복하는 것이 비록 아득하나 깊이 흠모하는 마음으로 삼가 정당성(政堂省) 좌윤(左允) 양성규(楊成規)로 하여금 귀국에 나아가 전날의 우호를 닦으려는 것입니다. 마땅히 첩장에 의거하여 일본국 태정관(太政官)에게 올려 삼가 첩에 따라 기록합니다. 삼가 첩합니다.″라고 하였다. 그 신물은 대충피(大虫皮) 7장, 표피(豹皮) 6장, 웅피(熊皮) 7장과 꿀 5곡(斛)이었다.

(『일본삼대실록』 권21, 정관(貞觀) 14년, 872, 5월 18일 정해)

중국을 중심으로 하는 동아시아제국에서는 중국의 제도인 빈례(賓禮)를 도입하였다. 근년에 일본율령국가의 빈례에 대해서 뛰어난 연구에 의해 구체적인 순서가 분명해졌다. 정리된 빈례의 과정은 다음과 같다.

① 도착지에서의 안치(安置), ② 존문사(存問使)의 파견, ③ 영객사(領客使)에 의한 상경(上京), ④ 나니와(難波)에서 환영→ 나니와(難波)관(館)으로 안치(安置), ⑤ 입경시(入京時)의 교로(郊勞), ⑥ 홍려관(鴻臚館)으로 안치(安置), 위로사(慰勞使)·노문사(勞問使)의 파견과 장객사(掌客使)의 임명, ⑥ 조정에서의 사지주상(使旨奏上), ⑦ 여러 행사 참가, ⑧ 천황출어(天皇出御)하에 향연(饗宴)·수위(授位)·사록(賜祿), ⑨ 신하에 의한 향연(饗宴), ⑩ 홍려관(鴻臚館)에서의 향연, ⑪ 홍려관에서의 일본의 국서(國書)사여, ⑫ 영귀향객사(領歸鄕客使)에 인솔되어 출경(出京)·귀국길을 떠남, ⑬ 나니와관에서의 연회 →귀국[57]

이상과 같이 영접의 과정을 거쳐 귀국할 때까지의 의례를 총칭하여 빈례라고 부른다. 따라서 발해사절의 경우도 중국식 빈례에 따라 공무역을 행하였다는 것을 알 수 있다. 그런데 주목되는 것은 『연희식(延喜式)』 권

30・대장성(大藏省)・번객내조조(蕃客來朝條)에 의하면, "무릇 번객(蕃客)이 내조(來朝)하여 교관(交關)에 응하는 자는 승(丞)・녹(錄)・사생(史生), 장부(藏部)・가장(価長) 등을 이끌어 객관(客館)에 부임하여 쿠라료[內藏療]와 함께 교관한다."라고 나와 있는 점이다. 발해와 일본의 교역은 『연희식』에 보이는 대로 거행되었다고 할 수 있다.

이런 빈례에 의한 교역 즉 공무역이 끝난 뒤에는 대장성(大藏省) 내지 쿠라료(內藏寮)를 매개로 하여 교역이 행해진 것을 추정할 수 있고, 평성경의 객관도 교역의 장(場)으로서 기능했던 것을 추측케 한다.

발해와 일본과의 무역에는 조공무역이외에 사무역이 있었다. 교역의 형태면에서 조공무역이 공무역의 범주에 든다면 상인들의 활동에 의한 교역은 사무역으로 대비할 수 있다. 이외에도 조공사절단으로 간 사람 중에 개인적으로 한 무역이나 해상세력에 의한 것도 사무역의 범주에 포함시킬 수 있다고 생각된다. 사무역의 첫 번째 유형으로는 외교사절을 통한 부대적 무역을 들 수 있다.

발해의 손님들은 실제로는 상인으로 손님으로 대하기에는 여의치 않다. 그들은 상인으로 나라에 손해만 끼친다.

（『일본일사(日本逸史)』 권3, 천장(天長) 3년 3월 무진）

일(一) 교관을 금지하는 일

번객(蕃客) 가운데 물건을 가져와서 사적으로 교관하는 것에는 법도가 있다. 사람들이 마음으로 외국 물품을 좋아하여 다투어 무역을 하니, 금제(禁制)를 엄하게 하여 다시는 그렇지 않게 하라. 만일 어기는 자는 백성은 장(杖) 100에 처한다. 왕신가(王臣家)에서 사람을 보내 물건을 사는 것과 국사(國司)에서 물건을 사는 것은 중대한 범죄로 (법을)어기는 것이 없도록 하라.

（『유취삼대격(類聚三代格)』 권18 천장 5년 정월 2일）

앞의 사료는 826년에 우대신(右大臣) 후지와라노오츠구[藤原緒嗣]가 천황에게 올린 상소문의 일부이다. 이를 통해 후지와라노오츠구는 발해에서 온 사절들을 상인으로 취급하며 그들을 대접함으로써 나라에 손해만 끼치게 된다고 주장하였다. 아래 사료는 외국에서 건너온 상인과의 교역에 관한 일반적인 법률로 생각되나, 이 관부(官符)는 발해에 관한 관부와 함께 열거되어 있는 점으로 보아 발해나 신라를 주대상으로 하고 있음을 알 수 있다.

당시의 교역시스템을 보면 먼저 외국상인이 현지에 도착하면 교역을 담당하는 관리가 외국상인이 도착한 곳에 파견되어 가져온 물건들을 검사한 다음, 먼저 공무역을 행사한다. 그후 사무역이 행해지게 되는 것이다.

그러나 이러한 법이 지켜지지 않고 있으며, 왕신가(王臣家)을 비롯한 귀족층은 공무역이 이루어지기 전에 자신의 가신을 파견하여 사절단과 사적 무역을 행하고 있으며, 그것을 단속해야 할 지방관인 국사조차도 교역에 참가하고 있는 모습을 볼 수 있다. 이러다 보니 일반백성들(주로 지방의 유력 호족층)까지 교역에 참가하고 있는 것이다.

신라의 경우에는 752년의 사절단을 하나의 획기로 볼 수 있고, 이후 무역을 주목적으로 하는 외교사절의 방문이 계속되었지만, 그것도 779년에 끝나게 되었다. 이는 신라 상인층이 대일무역을 담당할 정도로 성장한 결과, 매번 외교형식을 둘러싸고 분쟁을 일으키는 공사(公使)에 수반하는 무역으로부터 보다 구속이 약한 민간상인에게 그 활동을 맡기게 된 것을 시사한다.

한편 발해의 경우에는 민간상인의 활약이 거의 보이지 않지만, 공사(公使)자신이 실질적으로는 상인으로서 대일무역에 종사하였다. 신라인이 기타규슈라는 일찍부터 상권이 형성된 지역을 교역의 무대로 한데에 비하여, 발해의 경우는 헤이안쿄[平安京]에서의 무역활동이 중심이었기 때문에 보다 공적인 신분으로 입경(入京)하는 것이 중요한 의미를 가지고 있었던 것이다. 이외에도 발해사절에 의해 사무역이 행해진 증거는 다음과 같은 것들을 들 수 있다.

쿠라료[內藏寮]와 발해객(渤海客)이 재화와 물건을 서로 주고받았다.

『일본삼대실록(日本三代實錄)』권21, 정관(貞觀) 14년, 872, 5월 20일)

서울 사람들과 발해의 사신들이 교관(交關)하는 것을 허락하였다.

『일본삼대실록』권21, 정관 14년, 872, 5월 21일)

여러 시전의 사람들과 사신의 무리들이 사사로이 물건을 거래하는 것을 허락하였다. 이 날 관전(官錢) 40만을 발해국사 등에게 주고 시전의 사람들을 불러 모아 사신들과 토산물을 매매하도록 하였다.

『일본삼대실록』권21, 정관 14년, 872, 5월 22일)

쿠라료의 교관(交關)이 어제와 같았다.

『일본삼대실록』권43, 원경(元慶) 7년, 883, 5월 8일)

위에서 언급한 경우는 거의가 중앙권력층의 무역경영이라고 볼 수가 있다. 사무역을 경영한 세력은 이외에도 지방 세력을 들 수 있다.

발해인과 철리(鐵利) 총 1,100여 인이 교화를 사모하여 내조(來朝)했다. 데와[出羽]국에 안치하여 옷과 양식을 주어 돌려보냈다.

『속일본기』권16, 천평 18년, 746)

위 사료는 새로 포섭한 말갈 제부족을 회유하기 위해 발해왕권에 의해 교역단 같은 것이 조직되고, 그것이 발해의 국가적 사절의 일원으로서 대외무역에 정기적으로 참가해 가는 초기단계의 일이라고 추측된다. 772년 이후 779년까지 5회의 사절이 여러 점에서 이례적이고, 대규모화한 것은 발해의 말갈 제부족에 대한 정치적 통합과정에 관한 것이어서 이 시기의 대일본외교에 있어서의 혼란은 바로 이와 같은 발해의 정치과정을 미묘하게 반영한 것이었을 것이다.

이상에서 살펴 본 것을 정리하면서 글을 마치고자 한다. 무왕~문왕중반까지(762년)의 왕권강화기는 기존의 통설에서는 무관중심의 사절단이 파견된 것을 근거로 정치·군사적인 성격이 강한 교섭으로 이해하였다. 그러나 무관이 대사로 임명되는 것은 발해 초기에 행정·정치제도가 정비되지 않은 것으로 보아, 초기부터 무역·정치·문화 등 자국의 이해를 위해 파견된 것으로 생각된다.

그리고 왕권동요기는 여러 모순이 표출되기 시작하는 문왕(文王) 중반부터 9대왕 간왕(簡王)때까지(762~818)의 시기를 말한다. 문왕의 사후 발해의 대일관계는 커다란 변화를 보이고 있다. 즉 793년에 문왕이 사망하면서 내분이 발생하여 818년에 10대 선왕이 즉위할 때까지 25년 동안 정치적 불안상태가 지속되었다. 이러한 사실은 4대 대원의로부터 9대 간왕에 이르는 6명의 왕이 재위하였던 기간이 아주 짧았던 데에서 드러난다. 이 시기는 발해 내부의 정치 불안과 일본 측의 소극적인 자세 등으로 인하여 그다지 활발한 교섭은 없었다. 그러나 804년에 이루어진 일본의 발해객원(渤海客院) 설치는 발해와 일본의 외교관계가 계속 유지되고 있음을 확인시켜 준다고 하겠다. 이후 발해의 객원(客院) 혹은 객관(客館)이 노토[能登]국의 서쪽 방향인 에치젠, 가가, 이즈모, 나가토 등으로 점차 확대되어 발해의 외교거점을 형성하고 있는 것은 양국의 외교관계가 그만큼 긴밀해졌음을 짐작할 수 있다. 따라서 외교교섭이 활발하지는 않았으나 뒤 시기의 기반을 다졌다는 데에 그 의의가 있다고 할 수 있다.

활발한 제도개혁과 대외정복활동을 단행한 선왕부터는 발해의 중흥기 혹은 전성기에 해당한다. 이전시기에 비해 사신단의 규모·대사의 관직 등이 차츰 고정화되고 아울러 대외정복활동으로 인한 수령의 고정적 참여 등을 통해 문물교류 즉 경제적인 성격이 뚜렷하게 나타나는 점이 특징이다.

마지막으로 발해의 무역형태는 공식적인 외교교섭을 통해 이루어지는 공무역, 외교사절에 의한 객관에서의 사무역, 그리고 지방세력에 의한 사무역 등으로 나눌 수 있었다. 신라의 경우와는 달리 발해는 민간상인의 활약이 보이지 않고, 공사(公使)자신이 실질적으로는 상인으로서 대일무역에 종사하였다. 신라인이 기타규슈[北九州]라는 일찍부터 상권이 형성된 지역을 교역의 무대로 한데에 비하여, 발해의 경우는 헤이안쿄[平安京]에서의 무역활동이 중심이었기 때문에 보다 공적인 신분으로 입경(入京)하는 것이 중요한 의미를 가지고 있었던 것이다.

Ⅳ. 교류된 물자

1. 모피

모피(毛皮)는 사전적인 정의로는 털이 붙은 채로 벗긴 짐승의 가죽이다. 원래 포유동물의 피부를 벗긴 그대로의 원료 모피를 가리키나, 일반적으로는 털이 붙어 있는 채로 무두질하여 의복 등에 이용할 수 있도록 한 것을 모피라고 한다.

발해 사절단이 일본에 가져간 물품 가운데 가장 많았던 것은 담비 가죽을 비롯한 각종 모피였다. 그것도 당시 일본에서는 값이 매우 비싼 담비, 호랑이, 말곰[羆] 등의 모피를 대량으로 가져와 일본 지배층의 눈을 놀라게 하였다.

발해 사절단은 모두 34차례 일본을 방문하였는데, 방문할 때마다 대량의 모피를 일본에 가지고 갔다. 이렇게 발해 사절이 아무리 많은 모피를 가져왔다고 해도 그것은 당시의 일이다. 몇 년에 한 번씩 사절단이 배에 싣고

검은 담비   흰 담비

오는 모피의 양에는 당연히 한도가 있어 궁정 귀족 사회(宮廷貴族社會)의 수요를 다 충족시킬 수는 없었다. 그렇기 때문에 손에 넣기 어려운 모피를 구해 입는다는 것은 일종의 신분 상징이 되어 귀족들이 갈망하였다는 것은 상상하기 어렵지 않다.

> 번객(蕃客)이 가져오는 물품을 사사로이 교환하는 자는 법으로 다스리겠다. 그러나 이즈음 사람들은 반드시 외국산 물품을 좋아하여 다투어 무역하고 있다. 마땅히 엄하게 금하고 다시는 그와 같은 일이 없어야겠다. 만약 이를 위반하는 자, 백성은 곤장 100대로 정한다. 왕신가(王臣家: 권력가문)에서 사람을 시켜 매입하는 것을 금지한다. 고쿠시(國司: 일본의 지방 관리) 가운데 아부함을 허용하는 자 또는 스스로 사들이는 것은 특히 중벌로 다스리니 위반하는 일이 없도록 하라.
>
> (『유취삼대격(類聚三代格)』 권19, 금제사(禁制事))

이상의 기록을 보면 일본 귀족들 사이에서 모피의 인기가 높아 그들이 앞 다투어 구하려고 했다는 사실을 알 수가 있다. 이렇게 해서 가지고 싶었던 모피를 손에 넣은 귀족들은 그것을 신분 상징으로 자랑스럽게 입고 패션을 다투고 있었다.

모피에 대한 패션 경쟁을 말해 주는 에피소드는 919년에 발해 사절단이 일본을 방문했을 때를 들 수 있다. 이듬해 5월 12일에 열린 풍락전(豊樂殿)의 연회석에 사절단의 대표인 대사(大使) 배구(裵璆)는 가죽옷을 입고 참석했는데, 일본 왕은 검은 담비 가죽 옷 8벌을 겹쳐 입고 참석하여 배구를 비롯한 발해 사절단을 놀라게 했다는 일화가 있다.[58] 이 일화가 일어난 5월 12일은 양력 6월 7일에 해당되므로 무더운 계절이었는데, 더위를 참고 가죽옷을 입은 배구를 놀라게 할 만큼 일본 지배층 사이에는 우스울 정도의 모피 경쟁이 벌어지고 있었다는 것을 단적으로 알려 주는 이야기이다.[59]

그러므로 일본 조정에서도 과도한 모피 경쟁을 방지하기 위해서 '모피 금지령'을 내린 것 같으며, 『연회식(延喜式)』에 다음과 같이 모피 사용 기준도 정하여 규제하고 있었다.

- 5위 이상은 호랑이 가죽을 사용할 것을 허락한다. 단 표범 가죽은 참의(參議) 이상과 참의가 아닌 3위에 허용한다. 이 밖에는 허용할 수 없다.
- 담비 가죽 옷은 참의 이상에게 착용을 허락한다.
- 말곰 가죽으로 만든 말다래(障泥: 말을 탄 이의 옷에 진흙이 튀지 않도록 가죽 같은 것으로 만들어 안장 양쪽에 달아 늘어뜨리는 물건)는 5위 이상 착용을 허용한다.

요컨대 요즘 방식으로 말하자면 5급 혹은 3급 이상의 고위 관리가 아니면 입지 못한다는 것이다. 그러나 발해 사절단이 일본의 수도에 머물고 있는 동안에는 금지된 것이 풀리고, 자유롭게 모피를 착용할 수 있었다.

발해의 객(客)을 대접하기 위해 제사(諸司), 관원, 잡인(雜人) 등 객인(客人)이 서울에 머무는 동안 사용이 금지된 물품을 몸에 지니는 것을 허용한다.

[『일본삼대실록(日本三代實錄)』 권43, 원경(元慶) 7년 4월 21일 정사(丁巳)]

이것은 모피를 가져온 먼 곳에서 온 손님에 대한 일본 측의 배려라고 할 만한 조치였는데, 모피 옷을 입은 사람들이 앞의 에피소드처럼 패션 경쟁을 했으리라는 것을 충분히 짐작할 수 있다.

8~10세기 사이에 일본에 모피를 공급한 것은 주로 발해였다. 일본국내에서도 소·돼지·사슴·곰 등의 모피를 얻을 수 있지만, 일본에는 호랑이와 표범은 서식하지 않았다. 왜 일본에서 호랑이와 표범의 모피수요가 있었을까? 그것은 각종 모피가 조정의 의식에 사용되었기 때문이다. 호랑이와 표범의 모피는, 조정 무관의 용품으로 사용되었다. 보스턴 미술관 소장의 『길비대신입당회권(吉備大臣入唐繪卷)』을 보면, 호랑이와 표범의 모피는 갑주(甲冑)의 허리띠나 견장, 말안장 등에 사용되었다. 호랑이 모피는 4위와 5위 무관에 착용이 허락되는 등, 모피사용에 대해서는 엄격한 규칙이 정해져있었다.

흥미로운 것은 『연희식(延喜式)』사시제(四時祭)·임시제(臨時祭)·재궁(齋宮)등의 규정에 따르면, 일본국내에서 포획된 소·돼지·사슴·곰 등 네 종류의 동물 모피가 신지관(神祇官)의 종교의식에 사용된데 대하여, 호랑이와 표범의 모피는 무구(武具)에 사용되었다는 것이다.

2. 인삼

발해의 사절이 일본에 가져온 물자는 신물(信物) 혹은 방물(方物)이라고 칭하였다. 신물 혹은 방물의 첫째는 모피류였다. 둘째는 인삼이나 백부자(白附子) 등의 약초류였다. 셋째는 벌꿀 등의 일용품이었다. 한편 일본으로부터 발해에 보내진 물자는 명주 혹은 견직물류가 중심이었다. 위의 것 이외에, 사절의 소망에 따라서는 명주나 거친 명주의 추가적인 특별급부가 있었던 적도 있다. 특별급부로는 황금(黃金)이나 수은(水銀)·금칠(金漆)·칠(漆)·해석유유(海石榴油) 등이 일본 측에서 발해로 전해진 적도 있다. 더구나 물자뿐만 아니라 일본의 무녀(舞女) 11명이 동해의 뱃길을 넘어 발해국

동대사 쇼소인 전경

에 보내어진 때도 있었다.

현재도 한국을 대표하는 대표적인 브랜드 가운데 하나인 고려인삼이 발해에 의해 일본에 전해진 것이다. 원래 일본에서는 자생(自生)하지 않았던 인삼이 일본 문헌에 나타나는 것은 8세기이다. 일본에 인삼이 들어왔음이 확인되는 최초 기록은 739년 7월 발해 문왕의 사신 기진몽(己珍蒙)이 인삼 30근을 공헌했다는 내용이다. 다음에 754년 6월 21일 선제추복(先帝追福)을 위해 동대사(東大寺)에 봉납한 원문(願文) 물품 가운데 '인삼 324근 2냥'이라는 기록이 있다. 이 인삼은 동대사 쇼소인[正倉院]에 현존한다.

쇼소인은 현재 일본 동대사에 속해 있는 것으로 북(北)·중(中)·남(南)의 세 개의 창고로 되어 있다. 여기 수장된 보물은 7차에 걸쳐 입장(入藏)된 것인데 1차부터 5차까지는 756년부터 758년 사이에 들어간 것이고 6차는 814년에 일부를 출장(出藏)하고 그 대신 넣은 것이고 7차는 950년 경에 절에서 사용하던 중요기물을 남창(南倉)에 옮긴 것이라 한다.[60]

이러한 쇼소인 소장 약재(藥材)는 1948~1949년에 궁내청(宮內廳)의 의뢰에 따라 약학자들이 조사를 한 바 있다. 그 당시 보관번호 북(北)93호 '인삼'은 인삼이 아니고, 북(北)122호 '죽절인삼(竹節人蔘)'은 인삼임이 확인되었다. 참고로 보관번호에 나오는 북은 북창, 즉 북쪽에 있던 창고를 말한다.[61]

8세기 당시 일본에서도 당나라에서 수입된 의학서 등을 통해 인삼이 높은 효능을 가진 약재로 인식되고 있었다. 동대사 쇼소인에 바쳐진 『종종약장(種種藥帳)』이란 책 말미에는, "당내(堂內)에 안치해서 노사나불(盧舍那佛)에게 공양하고 만약 병 때문에 괴로워하는 사람이 있으면 이(약)을 써라"는 내용이 있다. 이 기록에 따르면 쇼소인의 인삼이 병을 앓아 괴로워하는 사람들에게 제공되었을 가능성도 있다. 그러나 발해 사절단에 의해 일본 왕에게 전해졌다는 기록을 고려한다면, 왕을 중심으로 한 일부 귀족들에게만 인삼이 제공되었을 가능성이 크다고 생각된다.

3. 말

우리나라 고대 국가 가운데 가장 활발하게 말을 수출한 나라는 발해였다. 말은 발해에서 사육된 가축가운데 가장 중요한 것으로 전국적으로 사육되었고, 그 중에서도 솔빈부의 말이 가장 널리 알려져 있었다. 730년 발해는 당에 조공하면서 말 30필을 바쳤고, 그 후 오래지 않아 다시 말 30필을 바쳤다. 치청절도사 이정기는 산동(山東)에 할거하면서 매년 발해와 말을 교역하여 많은 수입을 올렸으며 이는 발해 측에서도 중요한 수입원이 되었다.

당나라는 8세기 중엽 안사의 난을 겪으면서 지방의 통제가 해이해졌고, 그 결과 각지에서 번진(藩鎭) 세력이 크게 대두되었다. 그 가운데 주목을 끄는 것은 고구려계 유민 출신인 이정기(李正己)·이납(李納)·이사고(李師古)·이사도(李師道)로 이어지는 이씨 일가의 세력이다. 그들은 신라와 해상 교통이 편리한 산동 반도 전역을 장악하여, 3대에 걸쳐 55년간 (765~819)이나 치외법권적인 번진 세력으로 당나라 안의 소왕국(小王國)으로 군림하였다.

평로치청번진이 당나라 조정으로부터 공식적으로 부여받은 직명(職名)은 '평로치청절도관찰사해운압신라발해양번사(平盧淄靑節度觀察使海運押新羅渤海兩蕃使)'인데, 이 직명은 기미정책(羈縻政策)으로서 주변의 다른 민족을 통치하던 당나라가 변방의 국가 통치에 대한 업무를 부여할 때 제수하는 것이었다. 즉 이 직책은 '신라와 발해·거란(契丹)·해(奚)를 대상으로 하고 그에 관한 모든 사무를 관할하는 장관'이라는 의미이다.

한편 『구당서』에 발해의 명마가 계속하여 이정기의 평로치청번진에 들어왔다고 하는 것을 통해 볼 때, 발해와의 관계가 밀접했음을 알 수 있다. 특히 말이 당나라 조정과 대립 관계에 있던 이정기 번진에 수입되었다는 사실은 주목할 만한 것이다.

여기에 대해서는 최근에 이정기의 치청번진에서의 무역 활동을 소그드인이 주도했을 것으로 보기도 한다. 즉 평로군이 산동으로 이동하기 전 영주에는 당시 중국 동북 최대의 소그드인 거주지가 있었는데, 후희일이 해족(奚族)의 침공을 받아 2만여 명의 군대를 이끌고 산동으로 이동할 때 그곳 소그드인의 상당수가 후희일을 따라 함께 남하하였을 것으로 여겨지기 때문이다. 소그드인은 어디에서든 뛰어난 상업적 재능을 발휘하였지만, 그 후 산동에서도 다수가 상업에 종사하면서 이정기의 외국 및 다른 지역과의 무역에서 주요한 역할을 담당했을 것이다. 아울러 이정기는 '압신라발해양번사(押新羅渤海兩蕃使)'를 겸하였기 때문에 발해 등과의 무역에서 독점적 지위 내지는 매우 유리한 위치에 있었다. 이것은 소그드 상인에게도 매력적이어서 그들을 계속 평로에 머물게 하고 나아가서는 평로 밖의 소그드 상인까지 불러들이는 작용을 하였을 것이다. 그리하여 이정기는 다른 어떤 번진보다도 많은 소그드인을 관할하에 두었고, 그들을 통해 활발한 무역 활동을 영위할 수 있었을 것으로 보인다. 여기서 나오는 경제적 수익은 군대 양성과 내치(內治) 등 지배력을 강화하는 데 썼을 것이다.

그렇다면 치청번진과 발해는 어느 정도의 말을 해마다 거래했을까?

> 옹희(雍熙)·단공(端拱) 연간에 연변(沿邊)에서 말을 구입하였는데 … 경(京)의 동쪽에서는 등주(登州)가 중심지였다.
>
> <small>『속자치통감장편(續資治通鑑長編)』 권104, 천성(天聖) 4년 9월조</small>
>
> 예전에 여진이 말을 매매하는 양이 해마다 만 필(萬匹) 밑으로 떨어지지 않았는데, 오늘날은 거란에 의해 (그 유입이) 끊겼다.
>
> <small>『속자치통감장편』 권51, 함평(咸平) 5년 3월</small>

먼저 앞의 사료는 송나라 초기인 옹희~단공연간(948~989)에 여진 말을 구입하는 중심지가 등주였음을 말해주고 있다. 뒤의 사료에서는 예전 즉 거란이 여진의 입송(入宋)을 차단하기 이전에, 여진에서 들어오는 말의 숫자가 해마다 만 필 아래로 떨어지지 않았다고 한다. 물론 발해 때의 기록은 아니지만 발해 멸망 후 발해 유민이 세운 동단국(東丹國)이나 압록강 하구에 있던 정안국(定安國)을 중심으로 중국과 활발한 해상 무역을 했던 여진인이나 발해 유민의 활약을 고려할 때, 충분히 비교해 볼 여지가 많다고 하겠다. 아울러 여진이 있던 지역은 바로 부여, 고구려, 발해의 옛 영역으로 명마의 산지였다. 즉 고구려의 과하마(果下馬)나 발해의 솔빈마(率賓馬)가 명성이 있었다.

아울러 고구려 계승 의식을 갖고 있었고, 고구려 유민들이 다수 존재하던 발해의 입장에서도 고구려 유민 출신인 이정기와 평로치청번진에 대하여 호의적이었을 것이다. 그러나 이정기 일가의 치청번진이 산동 반도에 있던 765~819년의 시기에, 발해는 28차례나 되는 많은 사절을 당나라에 파견했다. 따라서 발해는 이정기의 평로치청번진과 교류하면서 동시에 이

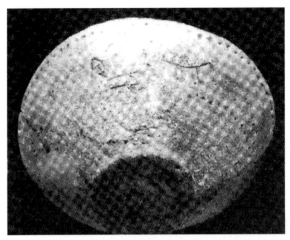

말과 사람이 선각된 토기완(小嶋芳孝, 2002, 47쪽)

정기 번진과 대립 관계에 있던 당나라 조정과도 밀접한 관계를 유지했다는 사실을 알 수 있다.[62] 이정기 일가가 지배하던 시기의 치청번진은 당 중앙정부와 주변 번진과의 끊임 없는 전투를 통해서 다수의 말이 필요했다. 한편 당과 치청번진 양쪽 모두와 밀접한 관계를 가지고 있던 발해는 치청번진과는 말의 수출을 통해 실리를 챙기는 한편으로, 당과의 관계도 유지하여 국제적인 위상이 높아질 수 있었던 것이다.

발해는 국력 신장을 위한 꾸준한 내적인 개혁과 대당 관계 특히 당나라 조정과 번진 세력 사이에서의 적절한 외교를 통해 신라보다 국제적 위치에서 우위에 서게 되었다. 이는 당시 안사의 난 이후 번진 세력들의 할거로 계속적인 어려움에 처해 있던 당나라가 이정기의 평로치청번진과도 밀접하게 교류하고 있는 발해를 회유하기 위하여 발해와 계속 교류를 하였기 때문으로 생각된다.

이러한 말의 수출은 발해 멸망 후에도 지속된 것으로 보인다. 발해를 멸망시킨 거란은 발해 유민의 바다에서 하는 일에 대한 기술을 활용하여, 오대(五代)를 협공하기 위해 동맹을 맺고 있던 남당(南唐)에 바다를 통하여 대

량의 말을 수출하고, 차와 비단 등을 수입하고 있었다.[63]

'솔빈부의 말'로 대표되는 발해산 말은 바다건너 일본에도 수출된 듯하다. 이와 관련해서 일본 홋카이도 오쿠시리시마[奧尻島]의 아오나에[靑苗] 유적이 주목된다.[64] 아오나에 유적에서 출토된 말과 사람을 선각한 토기완(土器碗)이 바로 그것이다. 즉『신당서』에는 러시아 연해주지방 남부 블라디보스토크시에서 우수리스크시 주변으로 추정되는 발해 솔빈부(率濱府)의 산물로 말이 언급되어 있다. 발해로부터 당에 말이 조공되었다면, 이 말은 솔빈부에서 운송되었을 것이라 생각된다. 이와 같이 홋카이도의 대안인 북동아시아에 유수의 양마(良馬)산지가 있었던 것이다. 일본 북동북지방에서 관동산과 대륙산의 말이 함께 사육되었을 가능성을 고려할 필요가 있다고 생각된다. 아오나에 유적에서 출토된 말과 인물이 새겨진 토기는, 10세기대의 오쿠시리시마가 연해지방에서 도래한 말의 경유지라는 것을 시사하는 것이라고 한다. 따라서 발해산 말이 홋카이도를 거쳐 일본의 혼슈지역까지 전해진 것으로 보인다.

4. 기술·지식의 교류

발해에 의한 기술·지식의 교류는 주로 일본과의 사이에 이루어졌다. 먼저 들 수 있는 것은 철 생산기술을 들 수 있다. 발해인은 철 생산에 고도의 기술을 가지고 있었다. 신구당서(新舊唐書)에는 발해인과 철에 관해서 위성현(位城縣)의 산물이 철이라는 것을 기록하고 있을 뿐이지만,『거란국지(契丹國志)』나『요사(遼史)』에는 발해인이 철생산에 관련이 있다는 것을 나타내는 기사가 몇 개 보인다.[65]

일본 호쿠리쿠[北陸]지방에서의 철 생산을 고려할 때에 중요한 것은, 809년에 도착한 14차 발해사절단이 다음해 귀국할 때 고다불(高多佛)이 남아 엣츄노[越中]국에서 학생들에게 발해어를 가르쳤다는『일본기략(日本紀

略)』의 기사이다.[66] 그 동기의 하나는 8~9세기대의 사수구릉(射水丘陵)에서 융성했던 철 생산의 기술혁신이 고려된다.

즉 8세기 후반 일본의 철 생산은, 고분시대(古墳時代)후기이래의 단조철(鍛造鐵)을 생산하던 상자형 화로에서 선철(銑鐵)을 생산하여 주물(鑄物)을 제조하는 수형로(竪形爐)로 변하였다. 발해에서는 수형로에 의한 철 생산이나 주조가 성행하였다. 발해시대의 제철유적은 아직 조사된 적이 없지만, 요대(遼代) 발해인이 조업했을 가능성이 있는 제철로가 중국 하북성(河北省) 승덕시(承德市) 난평현(灤平縣)에서 발견되었다. 양쪽에 풀무 시설이 있던 수형로 보고서에서는 『거란국지』권24, 왕기공행정록조(王沂公行程錄條)에 나오는 유하관(柳河館)에 관련된 유적이라 하고 있다. 『거란국지』에는 유하관 근처 부곡관(富谷館)에서 많은 발해인이 수레를 제작하였다고 기록하고 있어서, 차축(車軸) 등의 주물생산이 발해인의 손에 의해 성행했다고 생각된다. 엣츄노[越中]국에서 고다불이 발해어를 가르친 배경에는, 발해로부터의 철 주조 기술 도입을 목적으로 하는 일본정부의 방침이 있었을 것으로 추정된다.

여기에 대해서 실증적인 연구를 진척시킬 필요가 있지만, 발해와의 교류 가운데 수형로에 의한 주철기술이 일본에 도입될 가능성은 충분하다고 생각된다. 아키다[秋田]성터 출토 철제 솥이나 『신원락기(新猿樂記)』에 기록된 노토솥[能登釜]은, 발해와의 교류가 단순한 정치적·문화적인 외교의례가 아니라 기술이전도 포함한 다면적·실질적인 내용을 가지고 있다는 것을 시사한다.[67]

둘째로 들 수 있는 것은 선명력(宣明曆)의 전래이다. 859년 정월에 노토국[能登國]에 도착하였으나 입경(入京)을 허가받지 못한 채로 가가국(加賀國)에서 방환(放還)된 오효신을 대사로 하는 발해사절단은, 일본에 선명력을 가져다 준 것으로 알려져 있다. 선명력은 861년에 일본에서 그때까지 사용되던 대연력(大衍曆)을 대체하여 채용되었다. 이후 1684년에 정향력(貞

享曆)이 채택될 때까지 800년 이상 사용되었다.[68] 기존 연구 성과에서는 발해사절단에 의한 당문화(唐文化) 전달의 예로서만 언급되는 경우가 많았다. 하지만 발해사절단이 선명력(宣明曆)을 전한 그 자체의 의미나 주변상황에 대해서는 본격적으로 다루지는 못했다고 보인다.

그렇다면 일본에서는 중국력(中國曆)이 없었을까? 그렇지는 않은 것 같다. 일본인들도 당(唐)에서 비교적 용이하게 입수할 수가 있었다. 예컨대 『입당구법순례행기(入唐求法巡禮行記)』에 의하면, 개원사(開元寺)에 체재하던 엔닌이 838년(개성 3) 12월 20일에 다음해인 839년(개성 4)의 달력을 구입했다고 한다.[69] 따라서 엔닌과 같은 구법승(求法僧)들이 귀국시에 당의 달력을 휴대하고 왔을 가능성이 크다. 아울러 9세기에는 많은 신라인·발해인 들이 일본과의 교역활동에 종사하였다. 그럼에도 불구하고 9세기 당시 일본에서 최신 달력인 당의 선명력을 사용하지 못한 것은, 역을 사용하는 매뉴얼인 역경(曆經)에 관한 지식이 전혀 없었기 때문이었다.

발해가 일본에 전해준 것은 바로 선명력(宣明曆)이 아니라 그 매뉴얼인 선명력경(宣明曆經)이었다. 발해사절단은 동해를 횡단하는 항로를 이용했고, 이연효(李延孝)·이영각(李英覺)·이광현(李光玄) 등의 발해 상인들은 9세기 중엽 이후 중국 산동반도에서 규슈로 가는 직항로를 이용했다. 발해를 중심으로 하는 동아시아 네트워크가 형성되었던 것이다. 이들은 항해의 필수조건인 시간의 불일치, 즉 선명력을 쓰고 있던 당(唐)·발해(渤海)·신라(新羅)와 선명력을 사용하지 않던 일본과의 괴리를 없애기 위해 일본에 선명력경을 전해 준 것으로 생각된다.

세 번째로 들 수 있는 것은 불경이다. 일본 이시데라[石山寺]에 소장되어 있는 『불정존승다라니경(佛頂尊勝陀羅尼經)』의 발문(跋文)에 의하면, 이 경전은 861년 일본에 사신으로 갔던 이거정(李居正)이 전해준 것이라고 한다.[70] 내용으로 보아 원래 당에서 필사되었던 불경이 발해에 유입되었다가 다시 일본으로 전해졌던 사실을 알 수 있다. 특히 다라니경은 밀교의 경전이므로 중국의 밀교 경전이 일본에 전파되었던 경로를 밝혀줄 뿐만 아니라, 일본 밀교가 발해 밀교와 밀접한 관련이 있었던 사실도 추측할 수 있게 해 준다.[71]

V. 교류의 자취

1. 환동해 연안의 유적·유물

일본열도에서 야요이·고분시대가 진행되는 동안, 한반도의 여러 나라 가 인적·물적 자원을 일본열도에 공급함으로써 일본 지배층은 7세기 중 엽의 다이카[大化]개신을 거쳐 8세기초에 비로소 고대율령국가체제를 완 성할 수 있었다.

이렇듯이 한반도의 고대 국가가 일본열도에 끼친 영향은 지대하였지만, 그 중에서도 주로 백제와 일본, 신라와 일본, 혹은 가야와 일본과는 서로 밀접한 교섭을 가졌으며, 여기에 대한 연구는 일찍부터 이루어져 연구 성 과도 많이 나오고 있다. 즉 백제의 불교문화나 신라의 공예기술이 일본열 도에 매우 큰 영향을 미쳤다는 것 등이 그것이다.

한편 발해와 일본사이의 교류에 대해서는 적지 않은 연구 성과가 있 으나, 주로 정치·경제 적인 면에 대해 다루었거나, 문화면을 다루었더라 도 기록의 제약 때문에 일본사서에 나오는 발해사절에 의해 전래된 내용 에 대한 검토가 주를 이루었다고 생각된다. 아울러 일본 소재 발해관련 유 적·유물도 간헐적·부분적으로 소개된 적은 있으나, 아직 종합적으로 다 룬 것은 거의 없는 실정이다.

아래에서는 일본열도에 많은 영향을 끼친 발해 문화를, 현재 일본내에 남아 있는 자료를 통해 종합적으로 파악하려는 데 그 목적이 있다. 이를 위해 발해사절단이 도착한 항구관련 유적과 유물, 기타 발해와 일본의 교류에 관련된 자료, 근대 이후 일본으로 유입된 발해관련자료 순으로 검토해 보고자 한다.

총 34회의 발해사절단 가운데 도착지가 판명된 사례는 29회이다. 도착지를 시기별로 정리하면, 8세기에는 13회의 발해사절단이 일본에 왔는데, 도호쿠(東北)에 6회[에미시 지역 2회, 에치고(越後: 현재의 니가타현)·데와(出羽: 현재의 야마가타현과 아키타현) 4회], 호쿠리쿠[北陸]에 5회[에치젠(越前: 지금의 후쿠이현 동북부) 4회, 노토(能登: 지금의 이시카와현) 1회)], 산인(山陰: 현재의 시마네현)에 2회[오키(隱岐) 1회, 쓰시마 1회]이다. 9세기에는 18회의 발해 사절이 갔는데, 호쿠리쿠가 5회[노토 2회, 가가(加賀) 3회], 산인 8회[오키 2회, 이즈모(出雲) 3회, 나가토(長門) 1회, 호키(伯耆) 1회, 다지마(但馬) 1회], 도착지 불명 5회이다. 10세기에는 3회의 발해 사절이 갔는데, 산인 1회(호키), 호쿠리쿠 2회[와카사(若狹) 1회, 에치젠 1회]이다.

주요한 도착지는 도호쿠·호쿠리쿠·산인 세 지역으로, 각지에 도착한 시기는 8세기가 도호쿠, 9세기가 산인으로 명확히 나누어지고, 호쿠리쿠는 8~10세기 전 기간에 걸쳐 도착하였다. 또한 각 지역에서 전 기간을 통한 도착 횟수는, 도호쿠·호쿠리쿠 12회, 산인 10회로, 호쿠리쿠에 도착한 숫자가 가장 많다. 호쿠리쿠에서는 가가가 5회[8세기대의 에치젠국 가가군(加賀郡)시대에 2회, 823년 가가입국(加賀立國) 이후에 3회]로 가장 많고, 노토가 3회, 에치젠이 3회, 와카사 1회이다. 이상의 정리결과는, 발해선이 해류를 따라 표착한 것이 아니라, 목적지를 정하여 왕래한 사실을 시사한다.

8세기대 데와에 도착한 것이 많았던 배경에는, 7세기대 연해주지방 남부에 거주하던 말갈이 홋카이도 지도세[千歲]지대주변에 왕래하여 교역활동을 한 역사가 있다고 생각한다. 가가에 도착한 것이 많은 배경은, 570년에 고구려선이 최초로 가가에 왕래하여, 668년 고구려 멸망까지 가가가 고구려선의 중요한 도착지였던 역사가 있다. 9세기에 들어서 발해선이 산인

지방에 도착한 것이 많았던 배경에는, 이 무렵 활발했던 당과 신라 상인과의 접촉을 고려했을 가능성이 있다.[72]

발해사절단이 도착한 항구와 관련시설에 대한 유적은 다음과 같다.

첫째는 미쿠니미나토[三國湊]이다. 후쿠이현[福井縣] 사카이군[坂井郡] 미쿠니마치[三國町]의 구즈류강[九頭龍川] 하구를 이용한 항구로, 중세부터 근세까지 에치젠의 주요한 항구로 번영하였다. 율령시대의 항만시설로 비정할 수 있는 유적은 보이지 않지만, 앞으로 조사가 진척된다면 미쿠니마치 주변에 있는 나라시대의 유적 가운데서 보이지 않을까 보인다. 또한 778년 발해사절 장선수(張仙壽) 일행을 안치공급(安置供給)한 에치젠국의 편처(便處)도 부근에 있다고 보인다.

둘째는 토미즈[戶水]C 유적이다. 이시카와현[石川縣] 가나자와시[金澤市] 토미즈마치[戶水町]에 소재한다. 가나자와시 북쪽에 있는 카호쿠가타[河北潟]부터 동해로 흐르는 오오노가와[大野川]의 왼편에 조영된 헤이안시대전반의 유적으로, 9세기 후반을 중심으로 하는 건물군이 조영되었다. 출토품으로는 화지비조경(花枝飛鳥鏡)으로 추정되는 거울 조각·동환(銅環)·회유도기(灰釉陶器) 등이 있다.

조사자는 이 유적에 대해서 관아적인 성격을 고려하였는데, 카호쿠가타에서 유적의 서쪽을 흘러 동해로 들어가는 오오노가와가 항만으로 좋은 위치를 차지하고 있는 것에서 군진(郡津)이나 국부진(國府津) 등 공적인 항만시설이었을 가능성이 높고, 발해국사의 안치공급지(安置供給地)로서 문헌에 나오는 사리요쿠노쓰[佐利翼津]나 가가국(加賀國)의 편처(便處)로 비정된다.

셋째는 지케[寺家]유적으로, 이시카와현[石川縣] 하쿠이[羽咋]시 지케마치에 소재한다. 지케유적은 우치나다마치[內灘町]에서 연속된 모래사장이 하쿠이시 타키미사키[瀧岬]에 접하는 곳에 조영된 죠몬시대부터 무로마치시대에 걸친 대규모 유적이다. 특히 아스카시대(7세기 전반)부터 무로마치시대

(15세기) 사이는, 노토의 케타신사[氣多神社]에 관계된 종교적인 시설이 검출되어 고대부터 중세까지 신사의 변천을 구체적으로 알 수가 있다. 헤이안 시대 전기(9세기)에는, 대형 건물이나 우물에서 '궁주(宮廚)'라고 묵서(墨書)된 스에키가 출토되어 케타신사의 업무를 관리하는 시설이 있었음을 나타낸다.

지케유적에서 행해진 제사에서 특징적인 것으로 말이나 소의 이빨이 사용된 것을 들 수 있다. 소를 희생으로 하는 제사가 기나이부근이나 에치젠에서 행해져 이에 대한 금령이 791년과 801년 2회에 걸쳐 나온다. 살우제신(殺牛祭神)이라 부르는 이 제사는, 대륙에서 도래인과 함께 전해진 한신신앙(漢神信仰)의 한 형태로 기우(祈雨)나 푸닥거리를 위해 행해진 것이다.[73] 871년에 도착한 양성규(楊成規) 일행의 입경(入京)때 행해진 제사도, 소를 희생으로 한 것일 것이다. 지케유적에서 검출된 소나 말의 이빨은, 발해국사가 통과할 때 행해진 제사 가운데 희생으로 한신(漢神)에게 바쳐진 것이라 생각된다. 또한 철제 배 모형이 출토되어, 해상안전을 위한 제사도 행해진 것을 엿볼 수 있다.

넷째는 후쿠라노츠[福良津]로, 이시카와현 하쿠이군 토기마치[福來町] 후쿠라[福浦]에 있다. 후쿠라는 배후가 산으로 둘러싸여 평지가 적기 때문에 항구 근처에는 발해사절단을 안치할 수 있는 시설을 조영할 수 없었지만, 배후 구릉에는 건물의 조영이 가능하고, 금후의 조사에 의해 사절단을 안치한 유적이 나타날 가능성이 있다. 조선시설에 대해서는 조선에는 지형적인 제약이 있다고 생각되기 때문에 현재에도 두 개의 조선소가 있는 물의 계곡에 설치되지는 않았을까한다.

다섯째로는 가나이와혼마치유적[金石本町遺跡]으로, 이시카와현 가나자와시에 소재한다.

사이가와강[犀川]의 현재의 하구로부터 직선거리로 약 1km상류에 있고, 7-9세기의 건물군이 검출되고 있다. 유적은 여러 지류의 소하천을 사이에 둔 자연제방의 위에 입지하고 있다. 8세기 전반에는 3×9간에 면적이 약 150m²의 대형 건물이 있었고, 9세기에는 소하천을 사이에 두고 건물군과 창고군이 배치되어 있다. 발굴 조사에서는 항만 기능을 보여주는 유구와 유물은 출토되고 있지 않지만, 사이가와강의 옛 하천 길에 접한 입지라는 것으로부터 항만 시설에 관련된 유적이라고 추정하고 있다.[74]

여섯째는 우네다 지추유적[畝田 寺中遺跡]으로 이시카와현 가나자와시에 소재한다. 가나이와혼마치 유적에서 남서쪽으로 약 1km 떨어진 지점에서 8세기를 중심으로 한 유적이 발굴되었다. 조사 결과 폭이 약 20m로 자연 하천을 이용한 운하 유적 건물군으로 밝혀졌다. 운하 오른쪽 언덕에서는 8 동의 창고군이, 왼쪽 언덕에서는 2×6칸의 대형 건물이 각각 발굴되었다. 창고군 뒤로 도로가 정비되어 있어 보관 물자를 수로나 육로로 운반했음을 짐작할 수 있다.

또 '진사(津司)', '진(津)', '천평2년(天平二年)' 등의 묵서가 있는 토기가 출토되었는데, 이 중 '진'은 이 유적이 항만과 관계가 있다는 것을 보여준다. '진사'는 당시 가가(加賀)에 '진사'라는 직함을 가진 인물이 살고 있었다는 것을 의미한다. '진사'에 관한 사료로는 『속일본기』 720년조에 나오는 "도도진경(渡嶋津輕)의 진사(津司) 종7위상 제군안남(諸君安男)을 비롯한 6명을 말갈국에 보내 그 풍속을 살피게 하다"라는 기록이 유일하다. 에조를 시작으로 하는 북방민족과의 접촉이나 교역을 관리하는 외교관과 비슷한 직분이었을 제군안남의 사례를 참고하면, 우네다 지추유적의 '진사'도 단순한 항만 관리자가 아니라 발해나 타 지역과의 교역을 관리하는 직분이었을 것으로 보인다. '천평2년'의 묵서는 730년을 가리킨다. 제1차 견발해사인 히케타노 무시마로[引田蟲麻呂] 등이 가가군에 도착한 해가 730년임을 참고해 볼 때, 아마도 토기에 연호를 적어 그들의 무사 귀환을 신에게 감사하는 의식이 행해졌을 것으로 추정된다.[75]

발해사절단이 묵던 숙소인 발해객원관련 유적은 다음과 같다.

첫째 마츠바라[松原]유적이다. 후쿠이현[福井縣] 쓰루가시[敦賀市] 마츠바라에 소재한다. 케히[氣比]신사 일대가 『부상략기(扶桑略記)』나 『연희식(延喜式)』에 기재된 마츠바라역관 혹은 객관이 있던 장소로 추정된다. 1979년에 후쿠이현교육위원회가 유적 범위확인조사를 실시하였다. 그 결과 광범위하게 나라시대의 제염유적이 분포하고 있는 것을 확인하였고, 소문경(素文鏡) 1면·동령(銅鈴) 1점과 화동개진(和同開珎)·신공개보(神功開宝)·융평영보(隆平永宝) 등의 동전이 출토되었다.[76]

둘째 노토객원[能登客院]은 『일본후기(日本後紀)』 804년 6월 27일조에 "발해국사(渤海國使)가 많이 노토에 도착하였다. 숙소가 협소했기 때문에 신속히 객원을 지으라는 명령이 내렸다"는 기록이 보인다.[77]

아사카토시키[淺香年木]는 노토객원에 대한 연구사를 정리하여 후쿠라츠[福良津]에 단순히 비정해 오던 설을 재검토하여 당시의 노토가 피폐해져 있던 상황, 객원조영의 지령이 나온 뒤인 859년에 노토에 도착한 발해국사가 가가국(加賀國)에 안치됐다고 하면서 실제로 객원이 조영되었는가를 의문시하는 결론을 내리고 있다.[78] 따라서 교통의 요충지인 케타신사 근처에 객원이 있었을 가능성이 크다고 생각한다. 그러나 772년 일만복 일행이 후쿠라츠에 안치 공급된 기사를 믿는다면, 후쿠라츠에 어떠한 시설이 있었다는 것은, 부정할 수가 없고 뒤에 이 시설이 객원이라 불렸던 것으로 생각된다.

셋째는 토미즈C유적[戶水 C遺跡]으로 이시카와현 가나자와시에 소재한다. 현재의 오노강[大野川] 하구로부터 약 2km 거슬러 올라간 위치에 있으며, 고대에는 소규모의 라군(lagoon)에 접한 자연제방 위에 입지하고 있었다고 생각된다. 6세기 후반부터 7세기 전반대의 건물자취 3동과 도랑이 검출되고 있지만, 주체는 9세기대의 굴립주(掘立柱) 건물군이다. 남북 방향으로 치우치는 도랑을 사이에 두고, 건물군이 크게 양분 되고 있다. 서쪽 건물군은 2칸 사면의 창고와 서쪽으로 행랑이 붙은 2×5칸의 건물 2동, 2×7

칸의 장대한 건물을 포함하고 있다. 동쪽 건물군은 장대한 건물의 주건물과 2×3칸 전후의 부속 건물로 구성되었으며, 창고는 볼 수 없다. 남서부에 있는 2×7칸의 건물 안채에 동서 양쪽의 행랑이 수반되는 대형의 1113호 건물과 주위 여러 동의 굴립주 건물군이 중심적인 건물군이다. 이곳의 북서부에 있는 2×8칸의 장대한 건물군이 같은 장소에서 3회의 개축을 거쳐 축조 되었고, 2×8칸으로 서쪽의 행랑을 수반하는 12호 건물이 건물소군(建物小群)의 주 건물이라고 생각된다. 12호 건물에 인접한 1호 우물은 내경 90cm의 증롱조(蒸籠組) 우물이 구축되어 우물 안에서 제곶(齊串) 11점과 말의 다리뼈 4개가 출토되었다. 우물의 사용과 폐기 때에 제곶과 희생마에 의한 제사를 행한 것 같다. 1113호 건물로부터 4m 남쪽에 있는 1111호 우물은 내경이 133cm의 증롱조로 우물형이 구축되고 있었다. 우물 안에서 회선(檜扇)과 제곶, 저상목기(箸狀木器) 등이 출토되고 있다. 우물은 각 건물의 소군(小群)마다 설치되고 있지만, 그 중에서도 상기 2개의 우물은 제사를 수반하는 특별한 우물이었다고 생각된다.

지금까지의 조사에서 '진(津)'이라고 묵서 한 토기가 2점, 중국제라고 생각되는 당화경(唐花鏡)과 월주요청자(越州窯青磁)의 주발[碗] 및 단지[壺]가 각 1점, 다량으로 출토한 교토[京都] 낙북산(洛北産)과 오와리(尾張: 지금의 아이치현) 원투산(猿投産)의 녹유도기(綠釉陶器) 등이 출토되고 있다. 녹유도기는 완명[碗皿] 외에 타호(唾壺)와 향로, 승반(承盤) 등의 특수한 기종을 포함하고 있으며, 주변에 있는 9세기대의 유적과는 양상에 상당한 차이를 보이고 있다. 유적 내에서 열린 향연에 녹유도기나 중국 자기가 사용되었다고 추정할 수 있다. 이 외에 '유민(流民)'이라고 써져 있었을 가능성이 있는 칠지문서(漆紙文書)가 출토되고 있다.

칠지문서나 '진(津)' 묵서 등의 문자 자료, 정연하게 배치된 대형 건물군, 향연에 사용되었다고 추정할 수 있는 다량의 녹유도기 및 제사를 수반하는 우물 등을 고려하면, 토미즈 C유적은 가가(加賀) 입국(立國)에 수반하는 국부진(國府津)으로 비정 할 수 있고, 발해 사절이 도착한 국제항이었을 가능성이 높다. 823년의 가가 입국에 수반하여 오노강 하구에 국부진(國府津)이 정비되어 발해선을 맞는 기능이 가가군진(加賀郡津)이 있는 사이가와강 하구로부터 이전한 것이라고 생각된다. 이 결과 가가군진은 가가군(加賀郡)과 이시카와군[石川郡]의 내수면(內水面) 교통과 개요를 연결하는 연결점이라고 하는, 군진(郡津) 본래의 기능으로 축소된 것이라고 생각된다. 오노강 하구에 국부진(國府津)으로서 정비된 토미즈 C유적은 오노강을 거슬러 올라가 가호쿠가타[河北潟]를 경유해 노토나 엣츄로의 육로와 연결되어, 발해로부터 오는 선박이 도착하는 교통의 요충지였다.[79]

넷째는 토미즈 오오니시[戸水大西]유적으로 이시카와현 가나자와시에 소재한다.[80] 토미즈C유적으로부터 약 1500m 남쪽으로 우네다 나베타 유적의 동쪽 약 400m에 있다. 보고서에서는 건물군을 8세기 중엽부터 후엽, 8세기말부터 9세기 초, 9세기 전반, 9세기 후반의 4기로 나누어 정리하고 있지만, 고지마는 건물의 주축 방향과 주혈에서 출토한 토기를 참고로 8세기 후반, 9세기 전반, 9세기 후반의 3기로 재정리했다.

이 유적의 평가에 대해서 살펴보면, '숙가(宿家)'나 '대시(大市)'라고 기록된 묵서 토기가 출토되고 있다는 것으로부터 숙박시설이나 시장[市]에 관련되는 성격을 가지고 있었다고 추정하고 있다. 가가(加賀) 국부진(國府津)에 도래한 발해 사절이 체재하면서, 그들이 가지고 온 대륙의 물자와 교환하기 위한 시장이 열리고 있었던 것은 아닐까 생각된다. 발해계의 유물은 출토되고 있지 않지만, 사절을 거처하게 한 '편처(便處)'로서 사용되었을 가능성을 가진 유적이다.

다섯째는 우네다 나베타[畝田 ナベタ] 유적으로 이시카와현 가나자와시에 소재한다. 사이가와강 하구 오른쪽 언덕에 위치한 항만의 우네다·지츄 유적으로부터 동쪽으로 약 800m, 오노강에 설치된 항만의 토미즈 C유적에서 남서로 약 1,700m, 토미즈 오오니시 유적의 서쪽으로 약 400m 위치에

입지하고 있다. 8세기말에서 9세기 무렵의 건물지가 발굴되었는데, 가가군(加賀郡) '편처(便處)'와 관계된 유적이라고 추정하고 있다.

우네다 나베타 유적에서는 9세기 전반의 23호 건물이나 518호 건물 등 대형의 마루를 깐 건물이 유적의 특징이다. 우네다 나베타 유적을 발해 사절이 체재한 '편처'라고 가정한다면, 이러한 건물은 사절의 향응에 사용되었을 가능성이 높다. 또, 23호 건물이나 518호 건물의 부근에 배치된 대형 우물은 발해 사절의 내항에 수반되는 의식에 사용하는 신성한 물을 공급한 것이라고 생각된다.[81]

여섯째는 헤구라지마[舳倉島]로, 이시카와현 와지마[輪島]시에서 약 50km 떨어진 곳에 있는 주위 약 6km의 섬이다.『금석물어(今昔物語)』권26에, 당인(唐人)이 섬에 기착하여 음식을 보급 받고 쓰루가로 향했다고 서술된 네코노시마[猫ノ嶋]는 이 섬을 가리킨다고 생각된다. 이 설화는 헤구라지마가 발해항로 가운데 보급지의 기능을 했다는 것을 전하는 중요한 자료이다.[82]

일곱째는 반바[馬場]유적으로, 니가타현[新潟縣 佐渡郡] 아이카와마치[相川町]의 모래사장에 있다. 대금구(帶金具)와 말 이빨이 출토되고 다수 소토면(燒土面)이 검출되었다. 모래사장 뒤에는 이시천[石花川]이 형성된 호수가 중세 무렵까지 넓었다고 생각되어, 호수를 이용한 수운(水運)에 관계된 제사 유적이라 생각된다. 조사자는 752년 모시몽(慕施蒙)이 사도(佐渡)에 도착한 사건과 관계가 있다고 생각한다.[83]

기타 발해와의 교류를 보여주는 유적·유물은 다음과 같다.

홋카이도[北海道] 동북부의 오호츠크해 연안에서는, 8세기경의 유적에서 모(鉾)·도자(刀子) 등의 철기와 탁(鐸)·령(鈴)·허리띠 장식 등의 청동제품, 은제 귀걸이, 옥으로 만든 환(環) 등 말갈계의 유물이 많이 출토되고 있다. 독특한 육각형의 수혈주거가 있는 이 문화를 홋카이도 고고학에서는 오오츠크문화라 부르고 있다.

최근의 조사에 의하면, 홋카이도 서해안의 샤코탄반도[積丹半島] 부근에서도 7세기경의 유적에서 도래계(渡來系) 유물이 출토되었다. 오타루시[小樽市] 란시마[蘭島]D유적 토광묘에서 지름 8.6cm와 6.3cm의 엷은 녹색을 띠고 있는 옥으로 만든 환(環)이 2개 출토되었다. 보고서에 의하면 그 석재는 일본에서 출토되지 않는 연질옥(軟質玉) 제품이다. 또 오타루시의 서쪽에 있는 요이치마치[余市町] 오오가와[大川]유적의 토광묘에서 구리로 만든 방형의 방울이 2개 출토되었다. 이러한 예는 고구려의 유적에서 출토되는 것으로, 이 청동 방울에 원형의 립형(笠形)부품이 같이 나오는 마구(馬具)장식이라고 보인다. 오타루와 요이치에서 출토된 도래계 유물에, 말갈계의 옥으로 만든 환(環)과 고구려계의 청동으로 만든 방울이 있는 것은, 이들 유물을 가지고 들어온 집단의 루트가 말갈과 고구려 문화가 혼합된 중국 동북지방부터 러시아 연해주 남부 주변이었다는 것을 시사한다. 이밖에 오오가와유적에서 여진계라 생각되는 흑색호(黑色壺)가 10세기 전반의 토기와 함께 출토되고 있어, 샤코탄반도 부근에서는 7세기부터 10세기경의 시기에 대륙문화와 접촉한 것이 명확하다.[84]

일본 동북지방에서 출토된 발해와의 교류를 엿볼 수 있는 자료로는 아키다성[秋田城]에서 출토된 쇠솥을 들 수 있다. 연력(延曆)연간(782~805)의 목간이 함께 출토되고 있는 것으로 보아, 이 쇠솥은 8세기 후반의 것으로 추정된다. 쇠솥은 주조된 철제용기로 일본열도에서 주조철제품이 생산된 시기에 관해서 고고학적인 조사로 확인된 것은, 8세기말의 수혈(竪穴)주거유적에서 수각주형(獸脚鑄型)이 출토된 후쿠시마현[福島縣]의 무카이다[向田]A 유적보다도 더 오래되었을 가능성을 가지는 자료로서, 일본내에서 현존하는 가장 오랜 주조철제품이다. 이 쇠솥의 형상은, 고구려나 발해 쇠솥의 계보를 갖는 유물이다. 이 점은 아키다성 출토의 쇠솥이 발해로부터 전래된 것이든지, 또는 일본열도에서의 쇠솥생산에 발해의 주조철제품 생산기술이 강한 영향을 주었다는 것을 시사한다.[85]

이와 관련하여 일본 호쿠리쿠 지방에서의 철 생산을 고려할 때에 중요한 것은, 809년에 도착한 14차 발해사절단이 다음해 귀국할 때 고다불(高多佛)이 남아 옛츄국[越中國]에서 학생들에게 발해어를 가르쳤다는 『일본기략(日本紀略)』의 기사[86]이다. 그 동기의 하나는 8~9세기대의 이미즈[射水]구릉에서 융성했던 철 생산의 기술혁신이 고려된다.

즉 8세기 후반 일본의 철 생산은, 고분시대후기이래의 단조철(鍛造鐵)을 생산하던 상자형 화로에서 선철(銑鐵)을 생산하여 주물(鑄物)을 제조하는 수형로(竪形爐)로 변하였다. 발해에서는 수형로에 의한 철생산이나 주조가 성행하였다. 발해시대의 제철유적은 아직 조사된 적이 없지만, 요대(遼代) 발해인이 조업했을 가능성이 있는 제철로가 중국 하북성(河北省) 승덕시(承德市) 난평현(灤平縣)에서 발견되었다. 양쪽에 풀무 시설이 있던 수형로로 보고서에서는 『거란국지(契丹國志)』권24, 왕기공행정록조(王沂公行程錄條)에 나오는 유하관(柳河館)에 관련된 유적이라 하고 있다. 『거란국지』에는 유하관 근처 부곡관(富谷館)에서 많은 발해인이 수레를 제작하였다고 기록하고 있어서, 차축(車軸) 등의 주물생산이 발해인의 손에 의해 성행했다고 생각된다. 옛츄국[越中國]에서 고다불이 발해어를 가르친 배경에는, 발해로부터의 철 주조 기술 도입을 목적으로 하는 일본정부의 방침이 있었을 것으로 추정된다.

여기에 대해서 실증적인 연구를 진척시킬 필요가 있지만, 발해와의 교류 가운데 수형로(竪型爐)에 의한 주철기술이 일본에 도입될 가능성은 충분하다고 생각된다. 아키다 성터 출토 철제 우부(羽釜)나 『신원낙기(新猿樂記)』에 기록된 노토부[能登釜]는, 발해와의 교류가 단순한 정치적·문화적인 외교의례가 아니라 기술이전도 포함한 다면적·실질적인 내용을 가지고 있다는 것을 시사한다.[87]

미야기현[宮城縣]의 중부 태평양 연안에 위치한 '말갈국'이라는 기록이 남겨져 있는 다가성비(多賀城碑)가 있다. 다가성(多賀城)은 센다이시[仙台市]

에서 동쪽으로 10km 지점의 언덕위에 자리하고 있으며 동북지방의 가장 큰 유적이다. 이곳은 옛날 무쯔국[陸奧國]의 중심지인데 나라의 헤이안성[平安城]·후쿠오카현[福岡縣]의 다자이후[大宰府] 유적과 함께 일본 3대 유적의 하나이자 국가지정 특별유적이다.

7~8세기경 동북지방에는 원주민인 아이누, 즉 에미시[蝦夷]들이 살고 있어서 자주 반란이 일어났기 때문에 이 지역의 평정이 큰 과제였다. 나라시대에는 이곳에 무쯔국부[陸奧國府]와 진부(鎭府)를 두어 동북경영의 거점으로 삼았다.[88]

다가성의 남쪽 성문 가까이에 있는 다가성비는, 높이 196cm, 폭 92cm, 두께 70cm 규모의 비석이다. 전반부에는 각 지역에서부터 다가성에 이르는 거리를 적었고, 후반부에는 다가성이 724년부터 사용되다가 762년에 개수되었다고 기록하고 있다. 기록대로라면 이 비는 762년에 건립되었으며 다가성에서 각지에 이르는 거리를 기록하고 있다. 예컨대 "다가성은 서울로부터 1500리, 에조국[蝦夷國] 경계로부터 120리 … 말갈국(靺鞨國) 경계로부터 3000리 떨어져 있다 … "라고 적고 있다.

여기에 언급되고 있는 '말갈국'이 과연 발해를 지칭한 것은 아닌가 하는 점이다. 『속일본기(續日本紀)』의 720년과 마찬가지로 이 또한 발해국으로 볼 수 있는 여지가 전혀 없는 것은 아니라고 보지만 일본 기록 가운데 '말갈국'이라는 용례에 대한 비교 검토 등 좀 더 세부적인 논의가 필요한 부분이라고 하겠다.[89]

다가성비와 관련하여 흥미로운 것은 백제유민과의 관련성 여부이다. 이 다가성의 축성연대에 대해서는 여러 설이 있으나 8세기 중엽 백제왕씨들에 의해서 동북경영이 시작되면서 규모가 큰 성으로 발전한 것으로 여겨진다. 그 이전에는 책(柵)이란 기록이 있는 것으로 보아 에조를 막아내기 위한 방어용 목책으로 시작하였으나 반란이 심하고 또 동북경영의 중요성을 감안, 성곽으로 격상시켜 발전된 것이다.

백제 선광의 증손인 경복(敬福)은 백제왕씨의 대표적인 인물로 천평(天平) 10년(738) 무렵부터 무츠수[陸奧守]·가즈사수[上總守]·히타치수[常陸守]를 지냈으며 주로 동북지방의 경영을 담당했다. 이 경복은 무츠수로 있을 때에 금광 채굴과 야금술을 도입하여 황금 900냥을 헌납하여 도다이지[東大寺] 대불(大佛)을 도금하도록 하는 등의 공을 세운 바 있다.

성의 규모는 남북 1.1km, 동서 0.9km나 되는 큰 규모로 동북경영의 행정·군사 중심지였으므로 거대한 성을 쌓았던 것이다. 발굴을 통해 출토된 유물 중에는 삼한의 영향을 받은 토기들이 많이 포함되어 있다.[90]

이상에서 다가성과 백제유민과의 관련성이 있다면, 다가성비에 말갈국까지의 거리를 명기한 것은 의미가 크다고 생각된다. 왜냐하면 신라의 한강유역 점령후 백제와 고구려는 동맹관계에 있었고, 백제 멸망후 일본으로 대거 이주한 백제유민 가운데 다가성에 이주한 사람들이 고구려를 계승한 발해를 염두에 두고 표기한 것이 아닌가 보이기 때문이다.

교토지역에는 두 건의 발해 관련 자료가 남아 있다. 첫째로 불정존승다라니경(佛頂尊勝陀羅尼經)은 교토의 이시야마사[石山寺]에 소장되어 있다. 내용으로 보아 원래 당에서 필사되었던 불경이 발해에 유입되었다가 다시 일본으로 전해졌던 사실을 알 수 있다. 그리고 이것을 전해준 인물이 860년에 발해를 출발하여 이듬해 정월에 일본에 도착하였던 발해 사신 이거정(李居正)이었다.[91] 특히 다라니경은 밀교의 경전이므로 중국의 밀교 경전이 일본에 전파되었던 경로를 밝혀줄 뿐만 아니라, 일본 밀교가 발해 밀교와 밀접한 관련이 있었던 사실도 추측할 수 있게 해 준다. 이외에 교토대학에는 동경성(東京城) 제4절터 출토의 전불이 1개 소장되어 있다.

헤이세이쿄[平城京]의 중심 배수로였던 동대구(東大溝)의 SD 2700구역에서 1986년에 탄소가 안팎에 달라붙고 그릇 표면을 흑색 처리한 토기편이 출토되었다. 바퀴모양의 꼭지를 가진 뚜껑과 릉완(稜椀)이라 생각되는 토기의 파편이다. 뚜껑은 두 조각으로 나뉘어져 있지만, 도쿄대에서 소장하고 있는 흑룡강성 상경용천부 출토의 뚜껑과 유사하여 발해산의 토기일 가능성이 크다고 보인다. 이외에 헤이세이쿄에서는 발해산으로 추정되는 흑도고배편(黑陶高杯片), 흑색삼이호(黑色三耳壺), 장경호(長頸壺)의 경부(頸部)인 흑도편(黑陶片), 백색 약호형(藥壺形) 토기편(土器片) 등이 출토되었다.[92]

나라현(奈良縣) 아스카촌[明日香村] 사카타데라[坂田寺]유적에서, 발해 것일 가능성이 있는 삼채호(三彩壺)의 파편이 두 점 출토되었다. 이 두 점은 동일 개체로서, 3조(條)의 튀어 나온 띠를 돌리고 회백색의 바탕에 투명유(透明釉)와 녹유(綠釉)·적유(赤釉)가 칠해져 있다. 나라삼채[奈良三彩]에서는 이러한 유약을 칠한 것이나 그릇의 형태가 보이지 않는 것으로 보아 당나라 내지 발해산의 삼채라고 보인다. 이외에 철유(鐵釉)가 칠해진 수각(獸脚) 1점과 고동색 계통의 유약이 칠해진 토기편 두 점이 출토되었다.[93]

한편 낙구궐실병출납장(樂具闕失幷出納帳)은 일본 쇼소인[正倉院]에 소장되어 있는 것으로, 원래 속속수(續續修) 제44질(帙) 10에 수록되어 있었다. 이 문서에서 고려객인(高麗客人)이라 한 것은 발해 사신을 가리킨다. 발해를 고려라 칭한 예로서는 『속일본기』와 헤이세이쿄에서 출토된 '견고려사(遺高麗使)' 목간, 그리고 이 고문서가 있다.

연대로 보아 고려객인은 구체적으로 천평보자(天平寶子) 6년(762)에 일본에 사신으로 갔다가 이듬해에 발해로 돌아온 왕신복(王新福) 일행을 가리킨다. 따라서 고려객인이 예불하였다는 것은 왕신복 일행이 도다이지에서 예불하였던 것을 의미한다.[94]

일본 헤이안시대의 궁성인 헤이세이궁[平城宮]터에서 발해와 관련된 목간이 두 점 출토되었다. 하나는 동이방방간로(東二坊坊間路) 서쪽 배수구에서 1988년에 출토된 것이고, 다른 하나는 헤이세이궁 남면 큰 담에서 1966년도에 출토된 것이다. 편의상 전자를 '발해사(渤海使)'목간이라 하고 후자를 '견고려사(遺高麗使)'목간이라 한다.

발해사 목간(복제품)   견고려사 목간(복제품)

전자는 장방형으로 너비 8.5cm, 두께 0.7cm이고, 현재 남아 있는 길이는 8cm이다. 이것은 정식 문서의 성격을 띠고 있는 것이 아니라 귀가 그려진 나무판 위에 글씨를 연습한 것이다. 발견된 곳은 나가야노오[長星王] 저택의 동쪽 경계를 이루는 곳으로, 여기에서 출토된 220점의 목간은 화동(和銅) 8년(715)부터 천평(天平) 원년(729) 사이의 것이며 이 중에서도 천평 원년의 목간이 많다고 한다. 따라서 이 기간 중에서 발해 사신이 왔던 시기는 발해와 일본 사이에 처음으로 외교관계가 수립되었던 727년뿐이다. 따라서 '발해사(渤海使)'는 구체적으로 고제덕(高齊德) 일행을 가리킨다. 그리고 목간 내용으로 보아서 이들 일행은 공식적인 외교활동 이외에 교역 활동도 수행하였던 것으로 여겨진다.

후자는 길이 24.8cm, 너비 2cm, 두께 0.4cm인 목간에 모두 22자가 쓰여 있다. 여기서 칭한 고려는 발해를 지칭하는 것으로서, '견고려사(遣高麗使)' 즉 견발해사(遣渤海使)는 천평보자(天平寶子) 2년(758) 9월 18일에 발해 사신 양승경(楊承慶) 일행과 함께 귀국한 오노 다모리[小野田守] 일행을 가리킨다. 이들은 10월 28일에 2단계 특진되었다. 문헌 기록에서는 대사였던 오노 다모리는 한 단계 특진되었고 부사(副使)이하는 두 단계 특진되었다.

이 두 목간을 통해 일본이 발해를 고려로 칭하였던 사실을 부정할 수 없게 되었으며, 이러한 일본의 고려국 칭호는 발해에서 스스로 고려국이라

칭하였던 데에서 연유한 것으로 보인다.

중대성첩(中臺省牒)은 841년에 파견된 하복연을 대사로 하는 발해 사절단이 가져 온 것으로 발해의 중대성에서 일본의 다이쇼칸[太政官]에 보낸 외교 문서이다. 현재 이 기록은 궁내청(宮內廳) 쇼로부(書陵部: 황실도서관)소장의 「생가고왕래소식잡잡(生家古往來消息雜雜)」역사편에 사본을 소개하면서 세상에 알려지게 되었다. 크기는 가로 48.8cm, 세로 29.0cm의 숙지에 기록된 것으로 이를 통해 발해 사신단의 구성, 파견 인물과 역할 등을 알 수 있다.

앞부분에서는 파견단의 구성에 관해 기록하고 있다. 대사(大使) 1인, 부사(副使) 1인, 판관(判官) 1인, 녹사(綠事) 3인, 역어(譯語) 2인, 사생(史生) 2인, 천문생(天文生) 1인과 대수령(大首領) 65인, 초공(梢工) 28인으로 구성되어 있다. 이밖에도 말미의 기록을 둘러싸고 파견 인물에 대한 논란도 있다. 오자와 탈자가 많아 몇 가지 이견이 존재한다.[95]

마지막으로 근대이후에 일본으로 발굴·구입 등의 방법에 의해 유입된 자료들을 소개한다.

후쿠이현[福井縣]에는 사이토 마사루[齊藤優]가 종군 중에 조사·채집한 자료가 있다. 현재는 후쿠이 현립박물관과 사이토가[齊藤家]의 두 곳에 소장되어 있다. 주된 자료로 서고성(西古城)의 기와, 팔련성(八連城)의 기와와 석불, 고력성(高力城)의 기와, 고려성(高麗城)의 기와 등이 있다.

이상의 사이토 마사루 컬렉션 가운데 주목되는 것은, 길림성 화룡현(和龍縣) 두도(頭道) 분지 주변을 촬영한 항공사진이다. 이 사진은 1940년 9월 19일에 촬영한 것을 만주항공주식회사 사진처가 1/10,000으로 조정한 것이다. 사진은 2장이 있는데, 1호 사진은 110cm×100cm의 천에 2장의 사진이 75cm×78cm의 크기로 길게 합성되어 있는데 서고성(西古城)과 그 주변이 찍혀 있다. 2호 사진은 232cm×190cm의 천에, 서고성을 중심으로 두도구(頭道溝) 주변까지 촬영된 사진이 모자이크로 펼쳐져 있다. 이 사진을 이용해 서고성의 구획을 검토한 결과, 궁전건물의 동서 양쪽에 남북으로 회랑이 있는 것이 밝혀졌다. 이 회랑은 팔련성에서도 확인할 수 있고, 또한 상경용천부에서도 제2궁전부터 4궁전에 걸쳐 볼 수 있다. 이 사진의 검토를 통해, 서고성에서 성립한 발해 도성의 원형이 제1차 상경용천부나 동경용원부의 구조에 반영되었다는 설이 입증되었다. 이외에 고지마가 언급하지 않은 사이토 마사루 컬렉션 가운데 팔련성 출토 불상이 최근 현지 조사를 통해 소개되었다.[96]

이시카와현[石川縣] 현립 역사박물관에 민속학 연구자인 나카오카 히로우[長岡博男]가, 2차 세계 대전 중 중국 동북지방으로 종군했을 때 채집한 상경용천부의 기와가 소장되어 있다. 기와는 14점으로 녹유(綠釉)가 칠해진 소형 둥근 막새기와와 황유(黃釉)가 칠해진 둥근 기와가 포함되어 있다.[97]

도야마현[富山縣] 호소이리촌[細入村] 사이젠지[西禪寺]에는 발해의 것으로 추정되는 3개의 전불(磚佛)이 있다. 전불은 높이 12cm의 대형 1개와 높이 6.3cm의 소형 2개가 있다. 이 전불들은 모두 좌상이다. 이 전불이 사이젠지에 안치된 경위는 알 수 없다.[98]

도쿄대학에는 고고학 자료실과 종합자료관에 발해관계 자료가 보관되어 있다. 기본적으로 동아고고학회가 상경용천부에서 조사한 자료가 보관되어 있다. 또한 사이토 마사루나 동아고고학회가 조사한 팔련성 관계 자료도 일부 소장되어 있다.

여기서 잠시 발해의 유물이 일본으로 건너가게 된 경위를 살펴보겠다. 발해는 광대한 영토를 효율적으로 통치하기 위해서 5경을 설치하였는데, 여러 번 천도하는 과정에서 도성이 되었던 곳은 중경, 상경, 동경이고, 이밖에 건국지로서 구국(舊國)터가 있다. 이 가운데 발굴활동이 제일 활발한 곳은 상경성이다.

가장 오랫동안 발해의 도읍지였던 상경성은 중국 흑룡강성 닝안시(寧安

市)에서 남서쪽으로 약 35km 떨어져 있다. 동경성진(東京城鎭)에서 서쪽으로 3km 지점에 위치하는 발해진(渤海鎭)을 비롯하여 토대자(土台子)·백묘자(白廟子) 등의 마을을 성벽이 감싸고 있다. 현재의 동경성진은 중마하(中馬河)·세환진(世環鎭)으로 불리던 곳이고, 지금의 발해진이 원래의 동경성진이다. 발해 때에는 홀한성(忽汗城)이라 불렸으나 한동안 잊혀졌다가 청나라 문헌에 동경성으로 나타나기 시작하지만 그 유래는 확실하지 않다. 이에 따라 일제강점기의 발굴보고서도 『동경성』이라 명명하였으나, 지금은 발해의 동경성인 팔련성과 혼동되기 때문에 상경성으로 고쳐 부르고 있다.[99]

1927년에 동경제국대학의 하라다 요시히토[原田淑人], 경도제국대학의 하마다 고사쿠[濱田耕作], 북경대학의 마형(馬衡) 등이 참가하여 설립한 동아고고학회(東亞考古學會)가 계획한 상경성의 발굴은 2차에 걸쳐 이루어졌다.

1차는 1933년 6월 6일부터 25일에 걸쳐 시행되었다. 1차조사에서 궁전 관계로는 제1궁전지(五鳳樓址), 제2궁전지(金鑾殿址), 제3궁전지(2층 殿址), 제4궁전지(3층 殿址)의 발굴을 수행했다. 가장 남쪽에 있는 기단에 제1궁전지라고 임시번호를 붙이고 북쪽으로 가면서 차례로 제2, 제3이라고 붙였다.

조사 종료 후 곧바로 1933년 10월 16일부터 11월 7일까지 하라다 요시히토가 학예위원을 겸하던 우에노의 동경제실박물관에서 '발해국 수도 출토 유품 전람회'가 개최되었다. 그리고 전람회 개최중이던 10월 21일에 하라다 본인이 동경성 발굴에 대한 강연을 했다.

2차는 1934년 5월 20일부터 6월 19일에 걸쳐 시행되었다. 2회에 걸친 조사에서 제1 궁전지, 제2 궁전지, 제3 궁전지, 제4 궁전지, 제5 궁전지, 제5 궁전 서전지, 제6궁전지, 제1절터, 제2절터, 제3절터, 제4절터, 금원지, 외성, 참호 구덩이, 내성 남문지 유구가 발굴되었다. 그리고 제2, 제3, 제4, 제5 궁전지와 제5궁전 서전지는 회랑으로 연결되었던 것이 밝혀졌다.[100]

발굴품은 동경제국대학에 보냈으나 돌사자 등 일부 유물은 봉천국립박물관에 보냈다. 유물은 동경제국대학 문학부 고고학연구실에서 정리되고, 하라다 요시히토와 고마이 가즈치카[駒井和愛]가 편집하여 1939년에 동방고고학총간 제5책 『동경성』으로 간행되었다.

상경용천부의 자료에는 토기·기와·전불(磚佛)·금동불·석불·석조사자 머리 등이 있다. 또 팔련성의 자료에는 기와·석불 등이 있다. 사이토 마사루가 발굴한 이불병좌상(二佛倂座像)은 도쿄국립박물관에 전시되어 있다.[101]

도쿄대학 고고학연구소에 소장되어 있는 주요한 발해 불상을 살펴보면 다음과 같다.

우선 상경성 제4절터에서 관음 보살상 입상들과 함께 출토된 소조불좌상(塑造佛坐像)을 들 수 있다. 전체 높이는 8.3cm인데 목 부분이 광배와 함께 두 조각으로 절단된 것을 후에 보수한 것이다. 불상은 소박한 연화대좌 위에 결가부좌하고 있으며 광배는 주형광배(舟形光背)를 갖추고 있다. 머리는 소발이고 육계는 상당히 크게 표현되었으며, 이마에는 가르마가 표현되었다. 얼굴은 살이 찐 편이고, 양 볼이 지나치게 부풀어 있는데 긴장감이 사라진 모습이다.

둘째로 상경성 제5절터에서 출토된 소조불좌상이다. 전체 높이가 6.7cm 정도로 다른 절터의 불상보다 작다. 이 형태의 불상 중에는 전면에 금을 입혔던 흔적이 남아 있는 상도 있으며, 연화좌 밑에는 아직 철 못이 꽂혀 있는 것도 있다.

셋째로 발해 동경성유지인 팔련성 제2절터에서 출토된 소조불상편이다. 두부는 절단된 상태이고 불신도 가슴 이하가 결실되었기 때문에 좌상인지 입상인지도 불분명하다.

넷째로 상경성 제4절터에서 출토된 소조관음보살입상이다. 이 불상은 단판 3엽의 소박한 연화대좌 위에 서있으며 보주형 두광을 갖추고 있다.

머리에는 삼화형(三花形)의 높은 보관을 썼으며 보관의 중앙에 화불(化佛)이 새겨진 것으로 보아 관음보살임을 알 수 있다.

다섯째 보살입상으로 뒷면에 붉은색으로 쓴 '제3사지35호(第三寺趾三十五號)'란 글씨로 보아 팔련성 제3절터에서 출토된 것으로 보인다. 도쿄대에 소장된 발해 불상들에는 거의 대부분 출토지가 표기되어 있는데, 팔련성 출토품들은 모두 붉은색으로 출토지를 표기한 것으로 보인다.

두부와 안면이 훼손되었고, 하단부도 파손되었으며, 전면에 마모와 박락이 심하다. 보계는 높게 솟아 있으며 보계 하반부의 원형에 구멍이 나 있어서 어딘가에 부착하였던 것으로 보인다.

흙을 사용해 제작한 소조불상은 인도와 중앙아시아 그리고 중국에 이르기까지 크게 유행하여 독자적인 발전을 이루어 왔으나, 우리나라에는 그 자료가 많지 않은 편이어서 백제의 정림사지출토 소조불상편만이 가장 이른 시기의 예로 추정되는 정도이다. 그러나 고구려 후기에 들어와서 원오리사지 출토 소조불보살상이 출현한 이후 고구려를 계승한 발해에 이르러서는 소조불상의 제작이 크게 유행하였음을 많은 발해 유적 출토품을 통해 알 수 있다. 특히 발해는 당의 문물을 적극적으로 받아들였음에도 불교미술사적 관점에서는 고구려의 신앙형태를 계승하고 있음을 알 수 있는데, 특히 소조불상들을 통하여 그러한 면을 더욱 잘 확인할 수 있다.[102]

오카야마현[岡山縣] 구라시키시[倉敷市]의 오하라[大原] 미술관에는 '함화(咸和) 4년명 비상(碑像)'이 소장되어 있다. 이 비상은 사암(砂巖)으로 만들어져 있고, 높이는 64cm이다. 정면 가운데에 아미타불을 중심으로 양 옆에 가르침을 듣는 수행 승려인 성문(聲聞)이 서 있고, 그 옆에 다시 관음보살과 대세지보살이 서 있으며, 그 아래에 명문이 음각되어 있다. 명문 양 옆에 인왕상(仁王像)이 있고, 정면 맨 위에는 여의주를 움켜쥔 두 마리의 용이 장식되어 있다.

양식으로 보면 당나라 초기 비상들을 닮았지만, 실제로 만들어진 것은

834년으로서 당나라 후반기에 해당한다. 발해의 다른 불상들처럼 옛 양식을 고수하고 있다. 아울러 93자의 명문이 새겨져 있는데 모두 판독할 수 있을 정도로 보존상태가 양호하다.

명문에 따르면 과거 허왕부의 관리였던 조문휴의 어머니가 모든 불제자들을 위해 조성하였다고 한다. 발해인으로서 조씨 성을 가진 인물은 기록에 두 명이 보인다. 한 명은 833년에 당나라로 유학하러 간 학생 조효명(趙孝明)이고, 다른 한 사람은 발해 유민으로서 금나라 때에 요양(遼陽) 지역의 불교 진흥에 앞장섰던 조승덕(趙崇德)이다. 그런데 조효명이 유학 간 연대는 이 불상이 만들어지기 전 해에 해당하므로 이 무렵에 조씨도 유력한 가문이었던 듯하다.[103]

이를 통해 발해에 허왕부가 존재했고, 허왕을 내려준 발해왕은 이보다 높은 한 단계 높은 황제일 수밖에 없다는 것을 알 수 있다.

마지막으로 우네다[畝田] 동(東)유적에서 출토된 화문대금구(花文帶金具)를 살펴보겠다. 이 유물은 이시카와현 가나자와시에 소재한다. 다수의 건물과 우물이 발굴되었으며, 발해제(渤海製) 화문대금구와 '번객(蕃客)'을 맞이하였음을 엿볼 수 있는 '번(蕃)'이라 기록된 묵서토기(墨書土器)의 출토로 보아, 발해 사절이 왔을 때의 '편처(便處)'와 관련된 시설로 추정된다. 본 유물은 18mm×19mm로, 두께 2mm, 무게 2.3g이다. 화문(花文)을 중앙에 두고, 좌우와 권초문(卷草文)을 두었다. 청동의 지금(地金)을 금박이 덮고 있으며, 안착에는 칠이 사용되었다.[104]

이상에서 일본열도에 남아있는 발해관련 자료를 살펴보았다. 시기별 특징은 발해가 존속하던 시기의 유적은 일본의 호쿠리쿠(도야마·이시카와·후쿠이현)지방과 긴키(近畿, 오사카·교토·나라 일대)지방에 주로 남아있음을 알 수 있다. 지역별 특성은 호쿠리쿠 지역은 주로 발해 사절단이 도착한 항구 유적이 중심을 이루고 있었음을, 고대 일본의 수도가 있던 긴키 지역은 발해 사절단의 왕래 흔적을 보여주는 목간, 고문서, 인삼 등이 주류를 이루고 있었음을 확인할 수 있었다. 아울러 근대 이후 유입된 발해 관련 유물은 주로 일본 제국주의 시절 발굴이나 수집에 의해 여러 곳에 나뉘어 소장되고 있음도 확인하였다.

발해는 스스로의 기록을 남기고 있지 않아, 한국역사의 다른 국가들에 비해 문헌자료가 상당히 적다. 아울러 예전 발해 경역의 대부분을 점유하고 있는 현재 중국의 동북3성 지역은 접근이나 자료 이용상에 많은 제약이 따르고 있는 것이 현실이다. 반면에 일본의 호쿠리쿠지방 특히 이시카와현과 당시 일본의 수도였던 헤이세이쿄는 지금도 꾸준히 발굴 작업이 계속되고 있어 발해관련 새로운 자료의 수집이 가능하리라 생각된다. 따라서 일본에 남아 있는 발해관련 유적·유물의 체계적이고 장기간의 조사·수집은 무엇보다도 시급하다고 생각된다.

아울러 한반도계 유이민에 대한 연구도 진척되어야 할 것으로 생각된다. 예컨대 다가성비의 건립과 다가성의 축조에 백제 유이민의 협력이 있었음을 살펴보았다. 기존에는 주로 규슈나 긴키 지방을 중심으로 한반도와 일본사이의 교류에 대해 검토를 해왔지만, 앞으로는 일본내 동해연안 지역이나 미야기현 같은 태평양 연안지대까지도 고려할 필요가 있다고 생각된다.

2. 해양신앙

바다를 매개로 한 하나의 문명권이 되는데 운송 수단으로서의 배는 불가결한 존재이다. 그러나 항해는 안전을 보장해 주지는 않는다. 항해의 안전을 어지럽히는 원인은, 고대에는 사람의 지혜를 뛰어 넘는 거대한 힘, 신의 의지라고 생각하였다. 헤아릴 수 없이 깊이를 지닌 바다 그 자체가 신비적인 존재이고, 그것에서 신을 생각해 낸 사람들의 마음은, 현대의 우리들에게도 용이하게 이해된다.

고대인들은 바다신의 노여움이 폭발하는 것을 예견할 수 없었다. 평온하게 바다와 합하는 것은, 단지 기도 외에는 없었다. 삶과 죽음의 갈림길에 존재하는 긴박한 상황에서 신앙이나 의례 등을 가진 종교가 다가갈 수밖에 없었던 것이다.

이러한 해양신앙에 대해서 기존에는 주로 민속학적인 접근이 주를 이루고 있었다. 이후 장보고와 관련하여 불교와 관련된 연구 성과가 있고, 외국의 사례가 소개되기도 하였다. 하지만 발해사에서는 해양신앙관련 연구가 전무하다고 밖에 할 수 없다. 아래에서는 발해의 해양신앙에 대해 시론적이나마 현존하는 자료를 최대한 이용하여 복원해 보려 한다. 이를 위해 우선 동아시아 제국(諸國)의 해양신앙의 존재양상에 대해 살펴보면서 발해에서의 해양신앙의 존재여부에 대해 검토해 보겠다. 다음으로 발해의 신앙인 불교·도교·샤머니즘과 해양신앙과의 관련 여부를 살펴보겠다. 마지막으로 크라스키노토성 출토 유물과 유구를 통해 그 실례를 검토해 보고자 한다.

먼저 동아시아 국가의 해양신앙의 사례를 통해 발해에서의 해양신앙의 존재여부에 대해 살펴보도록 하겠다. 여기서 고려해야 할 것은 해양신앙의 스펙트럼이나 내용, 형태 등이 굉장히 광범위하다는 것이다. 그래서 편의상 해양신앙의 대상인 신격(神格)에 의해 존재 양상을 검토해 보고자 한다. 신격에 의해 해양신앙의 존재양상을 분류할 경우, 크게 바다에 관한 모든 것을 관장하는 용왕신(龍王神)·풍어에 관한 신·항해신·선신(船神)·연안지역 육지의 수호신 등으로 나누어 볼 수 있을 것이다.

해양신앙의 첫 번째 사례로는 용왕신을 들 수 있다. 신라 혜공왕이 왕 12년 정월 감은사에 거동하여 바다에 망제(望祭)를 지냈다고 한다.[105] 감은사는 문무왕의 원당으로, 감은사 앞 바다에는 문무왕의 수중릉이 있다. 그렇다면 혜공왕이 감은사에서 지낸 망제는 문무왕을 추모하기 위한 것으로 여길 수 있을 것이다. 그런데 문무왕은 죽어서 해룡이 되었다고 한다.[106] 이 점을 염두에 둔다면 혜공왕이 바다에 지냈다는 망제는 해룡이 된 문무왕에 대한 제사로, 이 제사는 해신 즉 용에 대한 제사로 여길 수 있을 것이다.[107]

그리고 『삼국유사』 진성여대왕 거타지조에 따르면 아찬 양패가 당에 가는 도중에 곡도(鵠島: 지금의 백령도) 앞바다에서 풍랑을 만나게 되자 점을 친 후 섬에 상륙하여 신지(神池)에서 나온 신에게 제전을 차려놓고 제사를 지내고 있으며 신의 당부로 섬에 남겨진 거타지에게 다시 신이 나타나 자신을 '서해약(西海若)'이라 자칭하고, 자신의 가족을 해치는 중을 없애 달라고 부탁하고 있다. 여기에서 제사를 지낸 대상인 용은 스스로를 '서해약'이라고 칭하였다는 점에서 해신임을 알 수 있다.[108] 곧 '서해약'은 서해용왕으로 볼 수 있을 것이다. 따라서 항해 도중 풍랑을 만났을 때 당시인들은 용신에게 제사를 지냈던 사실을 알 수 있다.

해양신앙의 두 번째 사례로는 사해(四海) 즉 연안 지역 육지의 수호신을 들 수 있다. 『예기(禮記)』 곡례(曲禮)에 의하면 천자는 천지(天地), 사방(四方), 산천(山川), 오사(五祀)에 대한 제사를 지내고, 제후는 산천과 오사에 대한 제사를 지낸다고 한다. 사방(四望)은 '오악(五嶽)·사진(四鎭)·사독(四瀆)'으로, 이러한 사방(四望) 제도가 성립할 때 바다 역시 종교의례의 대상이었다는 점에서 사방(四望)에는 사해도 포함된다고 할 수 있다. 사방(四望)제사는 한 대(漢代)부터 시작되었는데, 수대(隋代)에는 중사에, 당대(唐代)에는 악·진·해·독으로 중사에 편제되어 있었다. 이러한 중국의 사해신(四海神)은 바다보다는 연안지역의 수호신적인 성격이 강한 것으로 보인다.[109] 신라는 통일 이전 진덕왕대부터 중국의 제사에 관심을 가졌고, 통일 후 그것을 수용하고 있다.[110] 따라서 통일신라기 해신에 대한 제사가 국가제사에 편제될 수 있었던 것은 이러한 중국제사제도의 영향도 있었을 것이다.

그리고 신라는 일찍부터 바다에 대한 관심을 가지고 있었다. 이것은 선박과 항해에 관한 업무를 전담하는 관서인 선부서의 설치 및 그것의 개편에서 알 수가 있다. 또한 당은 성덕왕에게 '영해군사(寧海軍使)'라는 관작을 내리고 있다. 이것은 당이 발해와의 관계 속에서 신라왕에게 황해 지배권을 위탁한 것으로,[111] 이러한 '영해군사'라는 관작은 경덕왕, 선덕왕, 헌덕왕, 흥덕왕대로 이어지고 있다. 뿐만 아니라 청해진 설치 이후 해상요충지에 당성진, 혈구진, 장구진 등이 설치된 것에서도 알 수 있다. 이처럼 신라가 일찍부터 바다를 중요시하였다는 점을 염두에 둔다면 통일기 해신에 대한 제사는 중요한 국가제사의 하나였을 것이다.[112]

이와 관련하여 주목되는 것이 청해진이다. 청해진은『삼국사기』잡지 제사조에 중사로 편제되어 있다. 청해진은 흥덕왕 3년(828)에 설치되었기 때문에, 국가제사에 편제된 것은 흥덕왕 3년 이후의 어느 시기로 보인다. 청해진이 국가 제사에 편제된 것은 이 지역이 해상의 요충지로 군사적으로 중요한 지역이기 때문이었다. 청해진 장도에서 발굴된 매납유구는 청해진 조음도에서 중사를 지냈다는 기록과 밀접한 관련이 있다. 매납유구는 단의 성격으로 생각되는 건물지와 함께 확인되었는데, 건물지 동편에 직경 1m, 깊이 70cm 정도의 원형구덩이를 파고 인위적으로 유물을 매납하였다. 출토유물 가운데 철제 솥, 철제 반(盤), 청동 병 등은 일상용기와는 다른 유물로 국가가 주관하는 제사유적의 양상을 보여주는 것으로 생각된다.[113]

청해진의 경우처럼 해상 교통의 요충지에서 국가제사가 거행된 장소로는 부안 죽막동 제사유적과 일본의 오키노시마[沖ノ島] 유적[114]이 참고 된다. 전북 부안 죽막동(竹幕洞) 제사유적은 주로 백제와 관련되어 있다. 이 당시에는 단경호(短頸壺), 고배(高杯), 개배(蓋杯), 기대(器臺) 등의 각종 토기와 중국청자를 제사용기로 사용하였다. 이곳에서 출토된 중국제 청자는 사비시대 이전의 수입품으로 추정되며, 절터나 궁궐터에서 출토되는 양상으로 보아 백제 왕실로 대표되는 국가와 관련된 물품으로 보인다. 즉 백제가 수입하여 지방에 분여(分與)하거나 직접 사용하던 것으로 생각된다. 따

부안 죽막동 제사유적 원경　　　　죽막동 출토 토마

라서 이 단계의 제사는 백제 중앙의 관여를 상정케 한다. 특히 백제의 중심지에서 멀리 떨어진 이곳에서 다량의 토기를 사용한 대규모의 제사를 지냈다는 점에서 백제의 의도적인 제사권(祭祀權)의 행사를 엿보게 한다.

한성·웅진시대의 백제는 4세기 이후 중국대륙의 각 왕조와 교류하였고, 고구려의 침공이라는 국가적인 위기를 맞은 5세기에는 바다 건너 왜와도 긴밀한 관계를 수립하였다. 이러한 상태에서 5세기 이후 중국연안과 한반도 서남해안과 일본열도를 잇는 항로의 연장선상에 돌출되어 위치한 죽막동은 지정학적으로 중요하였을 것이다. 그리고 주변의 다른 제사유적에 비해 특이한 경관과 포구를 가지고 있었기 때문에 전문적인 제장(祭場)으로 선택되기에도 보다 유리하였을 것이다.[115]

일본 야마토[大和]정권은 정치적·군사적 목적에서 대내적으로 이즈모 타이샤[出雲大社], 대외적으로는 오키노시마 유적을 가장 중요한 제사로 받들었다고 한다. 이중 오키노시마 유적은 해상의 안전과 호국신을 제사하는 성격을 지닌 것으로 이 곳 역시 전략적 요충지에 위치하고 있다.

해양신앙의 세 번째 사례로는 항해신을 들 수 있다. 항해신의 대표적인 예로는 관음신앙과 마조신앙을 들 수 있다. 관음신앙은 지금까지 연구에 의하면 동아시아뿐만 아니라 한반도, 일본, 중국 연안, 그리고 인도까지 그 영역이 확대되어 있다. 따라서 관음신앙은 아시아 해역에서 보편적인 항해 수호신으로 존재했다고 할 수 있다. 반면에 마조신앙의 해역은 중국 연안, 일본 열도 일부, 류큐 열도 일부, 그리고 화인(華人)사회가 퍼져있는 동남아시아 지역이다. 마조신앙은 중국사회와 밀접한 관계를 맺고 있지만 관음신앙의 해역에 비하면 조금 한정되어 있다고 할 수 있다.[116]

관음신앙과 관련해서는 장보고가 산동성, 즉 등주(登州) 문등현(文登縣) 청녕향(淸寧鄕) 적산촌(赤山村)에 세운 법화원(法花院)이 주목된다. 엔닌의 『입당구법순례행기(入唐求法巡禮行記)』에 따르면 법화원에서는 겨울에는 『법화경(法華經)』을 여름에는 『금광명경(金光明經)』을 강설하였다고 한다. 여름 강설인 『금광명경』은 국태민안(國泰民安)과 현세이익을 구하고자 하는 염원에서 행해진 것이었으나, 엔닌 일행은 경험하지 못하였다. 그렇지만 엔닌은 그가 경험한 『법화경』의 강설에 대해서 상세히 기술하고 있다. 그리고 법화원의 '송경의식'을 보면 현세의 이익을 구하고 서방정토세계에 왕생하고자 하는 염원으로 약사여래의 명호와 대자대비를 근본염원으로 하는 관세음보살의 명호가 찬탄되고 있다.

법화원이란 명칭은 『법화경』에서 유래한 것으로, 『법화경』은 일찍부터 관음신앙의 소의경전으로 주목받았다. 특히 『법화경』에서 설해진 관음신앙은 항해와 관련이 깊다. 『법화경』 관세음보살보문품(觀世音菩薩普門品) 제25에 따르면 보물을 얻기 위하여 큰 바다에 들어갔다가 폭풍을 만나 배가 뒤집힐 지경에 이르렀을 때 그 배에 타고 있던 사람 가운데 한 사람이라도 관세음보살의 이름을 부르면 동승한 여러 사람들이 위험으로부터 벗어날 수 있다고 하였다. 이로 보면 『법화경』 보문품의 내용은 해상활동을 하는 이들과 아주 밀접한 관계가 있었음을 짐작할 수 있다.[117] 그러하다면 법화원은 창건 동기부터 항해의 안전을 기원하기 위해 건립된 사찰로, 관음신앙과 밀접한 관계가 있지 않았을까 한다.[118]

이외에도 북송기(北宋期) 이후로 중국에서는 여신인 마조(媽祖)를 항해신으로 제사지내기도 하였다. 마조신앙(媽祖信仰)은 북송말에 푸젠성[福建省] 보전(甫田)지방에서 일어났던 여신신앙이다. 마조는 푸젠 미주(湄州)의

임가(林家)출신으로, 생전에는 무녀(巫女)였다. 사후에 상인뿐만 아니라 국가차원에서 안전항해를 기원하기 위해 제사가 행해졌다고 한다.[119] 마조는 현재 중국과 대만에서 만능 신으로 추앙 받는다. 그러나 본래 마조는 항해 수호신이었고, 지금도 그 성격은 계속 유지되고 있다고 한다.

한편 9세기이후 일본에서는 안전항해를 기원하기 위해 '신라신'을 모시기도 하였다. 즉 일본 천태종문의 개산조 사이초(最澄: 767~822)가 804년 입당에 앞서 부젠국(豊前國) 우사(宇佐: 현재의 오이타현)와 가와라(香春: 현재의 후쿠오카현)에서 신라신을 봉제하고, 귀국 뒤에는 본인의 뜻으로 신궁원(神宮院)을 창건했던 일이나, 엔닌[圓仁]의 제자들이 스승의 유지에 따라 적산 신라신(赤山新羅神)을 봉헌한 사실에서나, 엔친[圓珍]이 '신라국명신(新羅國明神)'을 온조지[園城寺]에 봉제한 일들을 통해 볼 때, 일본인들은 항해와 구법(求法)에 앞서 반드시 신라신을 봉제하였다. 그것은 당시 동북아시아의 해상교역을 독점하고 있었던 신라상인들과 이 시기 기타규슈[北九州]에 뿌리내린 신라 이주민 사회의 힘이 강성했기 때문이라고 하였다.[120]

해양신앙의 네번째 사례로는 어업신 즉 풍어신을 들 수 있다. 풍어신의 대표적인 사례로는 임경업 장군신을 들 수 있다. 연평도 일대 서해안에서는 임경업이 조석 변화를 이용하여 조기를 잡아 병사들을 먹여 살렸다고 한다. 그리고 이런 일들을 계기로 그는 조기의 신이 된다. 현재까지도 풍어를 기원하기 위해 임경업장군에 제사를 지낸다고 한다.[121]

해양신앙의 마지막 사례로서는 선신(船神)을 들 수 있다. 이와 관련해서는 배서낭[船王]이 주목된다. 배서낭은 배를 수호하고 풍어와 안전한 항해를 주관하는 배의 신(神)이다. 배서낭은 여선왕, 남선왕, 조상선왕, 명태선왕, 부적선왕 등 여러 신격으로 불리며, 이 신격에 따라 한지(韓紙)에 북어를 묶은 것, 한지를 삼색실로 묶은 것, 옷감, 삼색실과 바늘, 부적 등 여러 가지 형태의 신체(神體)를 모신다. 신격은 선주나 가족, 도목수 등 그 배에 관련된 사람들의 꿈에 나타난 내용에 따라 결정되며 특히 성(性)을 구분하여 여선왕 또는 남선왕을 모시게 된다. 어민들은 배서낭의 영험을 믿기 때문에 선실에 정성껏 신체를 모시고 뱃고사 때에도 제일 먼저 이곳에서 제사를 지낸다.[122]

이상에서 동아시아에 나타나는 다양한 형태의 해양신앙에 대해 살펴보았다. 그렇다면 발해에는 이러한 해양신앙이 있었을까? 결론부터 말하자면 충분히 그 존재를 상정해 볼 수 있을 것 같다. 당, 신라, 백제 등의 바다 관련 국가제사의 가장 큰 공통점은 무엇보다도 해상 교통의 요충지에서 행해졌다는 것을 들 수가 있다. 그렇다면 당에만 120여회, 일본에는 34회의 사절단을 바다를 통해 파견하였던 발해가 바다관련 국가제사를 했을 가능성은 높다고 할 수 있다. 필자는 그 유력한 후보지로 러시아 연해주 크라스키노 토성을 주목하고 싶다. 주지하다시피 크라스키노 토성은 발해때 염주(鹽州)의 치소로 일본으로 가는 항로의 출발지였다.

아울러 발해의 해양신앙과 관련해서 외교사절단의 구성원으로 당이나 일본에 파견된 천문생(天文生)이 주목된다.[123] 이들은 명칭이나 역할을 고려할 때, 신라 '견당사'의 구성원인 '복인(卜人)'에 비견할 수 있다. 천문생은 발해의 대일사절단 가운데 두 사례가 확인되는데 나머지 사절단에도 계속 참여했을 가능성이 크다.

바다를 건너는 것은 기상조건에 의하여 크게 영향을 받았으므로 날씨와 지리를 관측하는 일은 매우 중요한 일 가운데 하나였다. 그 일을 전담하는 사람이 바로 천문과 지리를 관찰·판단하고 점을 쳐서 장래의 일을 예언하는 복인이었다.[124] 복인은 천문·지리의 관측뿐만 아니라 항해의 안전을 빌기 위한 여러 가지 제사도 주관하였다. 진성왕대의 견당사 양패(良貝)에게 풍랑을 가라앉히기 위하여 곡도(鵠島)의 신지(神池)에서 바다신에게 제사지낼 것을 건의한 사람이 복인이었으므로, 그 제사 역시 복인이 주관하였을 것이다. 839년 4월 18일에 일본 견당사가 무사귀환을 기원하기 위하여 스미요시대신[住吉大神]과 해룡왕(海龍王) 등에게 제사를 지냈는데, 그 제사를 주관한 사람은 복부(卜部)였다고 한다.

발해는 당, 일본 등과 활발한 해상을 통한 교류를 하고 있었다. 따라서 동아시아 여타 다른 국가들의 경우와 마찬가지로 해양신앙이 있었을 가능성이 크다고 생각된다. 그리고 그 유력한 증거로 천문생을 들 수 있지 않을까 한다.

현재까지 남아있는 자료를 통해 보면, 발해의 종교는 불교가 중심이었다. 713년 12월에 당나라에 갔던 발해 왕자가 절에서 예배하기를 청한 사실[125]에서 당시 발해 왕실이 이미 불교에 젖어 있었음을 추측할 수 있다. 이것은 발해인들이 과거 고구려나 영주(營州)에 살던 시절에 이미 불교를 접촉한 결과일 것이다. 그러나 『송막기문(松漠紀聞)』에서 발해 초기에 부도씨(浮圖氏)가 적었다고 한 것으로 보아,[126] 초창기에는 유포 범위가 그리 넓지 못하였을 것이다.

발해 불교는 과거 고구려 영역이었던 중경·동경지역과 그렇지 않았던 구국(舊國)·상경지역으로 나누어 볼 수 있을 만큼 그 양상이 달랐다. 이러한 차이는 두 지역에서 유행하는 불상양식과 이에 따른 신앙형태에서도 나타나고 있다.

고구려의 영역에서 벗어나 있던 구국과 상경지역에는 발해가 건국되면서 불교가 새로 유입되었다. 반면에 중경이나 동경지역은 삼국통일전쟁에서 별로 피해를 보지 않았던 곳이었으므로 발해에 편입된 뒤에도 단절 없이 고구려 이래의 사회체제를 유지할 수 있었으며, 종교 활동도 역시 그러하였을 것이다. 그러한 사례로 함경남도 신포시의 오매리 절골유적을 들 수 있다. 이곳에서 발견된 건물자리에서는 고구려문화층과 발해 문화층이 함께 나타나는데, 발해 문화층에서 고구려 금동판이 발견되었다고 한다.[127] 이러한 사실은 고구려 때에 만들어진 것이 발해 시기까지 그대로 전승된 것을 의미한다. 그리고 이불병좌상(二佛竝坐像)이 동경지역에서 집중적으로 발견되는 것도 고구려 후기 이래로 그 전통이 고수된 것을 보여주는 것

이라고 한다.[128]

발해 불교가 발전기를 맞이한 것은 문왕 때이다. 이는 불교식으로 지은 그의 존호(尊號)인 '대흥보력효감금륜성법대왕(大興寶歷孝感金輪聖法大王)'에서 엿볼 수 있다. 여기서 '대흥'과 '보력'은 당시의 연호이고, '효감'은 효행과 관련된 유교적 용어이며, '금륜'과 '성법'은 불교적 용어이다. 그런데 금륜과 성법은 불교의 전륜성왕이념에서 유래된 것이고, 직접적으로는 당나라 측천무후의 존호를 모방한 것이다. 따라서 그가 측천무후를 본받아 불교를 진흥시키면서 무력이 아닌 불법으로 세상을 통치하고자 하였음을 확인할 수 있다.[129]

발해의 불교관련 유물로서 가장 대표적인 것이 불상이다. 불상은 지금까지 1천개 가까이 발견되었는데, 재료에 따라 석불(石佛)·철불(鐵佛)·금동불(金銅佛)·전불(塼佛)·소조불(塑造佛)·칠불(漆佛) 등으로 나뉜다.

불상의 양식면에서 볼 때 상경지역은 관음상(觀音像)이 주류를 이루고, 서경과 동경지역은 석가모니불과 다보불을 병좌시킨 이불병좌상이 중심을 이루고 있다. 그런데 전자는 관음신앙과 연관된 것이고, 후자는 법화신앙과 결부된 것이다.[130] 이러한 신앙형태의 지역적 차이는 과거에 고구려영역이었던 곳과 그렇지 않은 곳이라는 역사적 배경에서 연유한 것으로 보인다.

발해의 불상들은 대부분이 북위(北魏)에서 수나라에 이르는 시기의 양식을 따르고 있고, 이 중에서도 북위 양식이 주를 이루고 있다. 발해와 같은 시대의 당나라 양식이 거의 눈에 뜨이지 않는 것은 동일한 시기의 신라가 당나라 양식을 적극적으로 받아들였던 것과는 대조적이다. 이것은 결과적으로 발해의 불상 양식이 같은 시대에 주변국가로부터 받아들인 것이 아니고, 전 시대부터 이어받은 것임을 보여준다. 그렇다면 고구려로부터 계승한 것이라고 밖에 볼 수 없을 것이다.[131]

이러한 발해 불교의 특징은 다음과 같다.

첫째, 발해 불교의 원류와 성격에 관한 문제이다. 우선 발해 불교의 뿌리는 고구려에 있다는 점이다. 이것은 현재까지 발견된 불상들이 모두 북위에서 수나라에 이르는 고식(古式)을 취하고 있다는 데에서 증명이 된다. 그러므로 발해 불교는 같은 시대에 주변국으로부터 유입된 것이 아니라 고구려로부터 계승된 것이 그 모태를 이루었고, 그것이 끝까지 고수되었음을 확인할 수 있다. 또한 가장 흔하게 발견되는 전불(塼佛)이 고구려적이고, 사원 건축에 이용된 와당이 고구려식 연화문(蓮花文)이라는 사실도 이를 증명해 준다.

그러나 발해 불교에는 고구려적 요소만 있었던 것은 아니다. 시간이 지남에 따라 당나라로부터 새로 유입된 요소, 그리고 자신의 독창적인 요소가 점차 가미되기 시작하였다. 예컨대 탑은 분명히 당나라 벽돌탑 양식을 채용하고 있으나, 탑의 운용 면에서 승려의 사리탑이 아닌 권력자의 무덤탑으로 이용되기도 한 점은 두드러진 예이다. 그리고 불상 양식 면에서 사유상이 서 있는 모습으로 표현된 것이 있고, 이불병좌상의 세부 양식 면에서 중국 것과 다른 점들이 나타나고 있다. 또한 불상들이 신라의 경우와 달리 당나라 양식이 아닌 그 이전의 고식을 고수하였다는 점도 발해 불교의 특징이라 하겠다.

둘째, 신앙의 형태에 관한 문제이다. 비록 어떤 종파가 발해에 전해져 성행하였는지는 알 수 없지만, 신앙 면에서 볼 때 관음신앙, 법화신앙, 아미타불 신앙 그리고 밀교적 요소들이 발견된다. 그리고 이 중에서도 관음신앙과 법화신앙이 발해에서 성행하였던 것으로 짐작된다. 상경지역에서는 관음신앙이 중심을 이루었고, 동경지역에는 법화신앙이 중심을 이루었다. 이것은 시기적인 차이의 결과라기보다는 불교 전통의 지역적 차이에서 기인하는 것이다.

셋째, 지배층 특히 왕권과의 관련성 문제이다. 발해 불교 역시 지배층 중심으로 융성했으며, 특히 왕실과 밀접한 관련을 맺고 있었다. 이러한 사실은 불교 유적이 도성이었던 상경·중경·동경지역에 집중적으로 나타나는 것을 통하여 유추할 수 있다. 그리고 왕실과 밀접한 관련을 맺고 있었다는 점은 문왕 때의 전륜성왕 표방이나, 정효공주의 무덤탑 양식과 이 무덤에 능사를 조성한 사실 등에서 알 수 있으며, 그밖에 영광탑에 도안된 문구도 그러한 사실을 보여준다.[132]

이상의 기존 발해 불교관련 연구 성과에서 주목되는 것은 법화신앙이다. 법화신앙이 융성했던 곳은 발해의 서경과 동경지역이라고 한다. 그런데 서경은 발해의 대외교통로인 '조공도(朝貢道)' 즉 당으로 가는 중요 기착지였다. 동경은 일본으로 가는 '일본도(日本道)'의 기착지이다. 따라서 당·일본으로 가는 해상교통로의 요충지에서 법화신앙이 성행했던 것이 된다. 여기서 앞장에서 살펴보았던 적산법화원 등의 사례를 통해 보았을 때, 발해에서도 법화신앙이 해양신앙과 관련이 있지 않나 생각된다.

법화 신앙 외에도 아미타 정토신앙도 해양신앙과 관련될 가능성이 크다. 먼저 주목되는 것은 서울대학교 박물관 소장의 소규모 소조물이다. 두 손을 결가부좌한 무릎 위에 올려놓았는데 각 손의 엄지와 검지 손가락 끝을 맞대어 동그랗게 만들고 두 손을 포개어 미타정인(彌陀定印)을 하고 있다. 미타정인은 일명 묘관찰지정인(妙觀察智定印)이라고도 불리며 아미타불의 서원을 나타낸다. 소조물의 연꽃 위에 화생한 동자상의 조각이다. 지금까지 이 상은 아기처럼 생겼다고 해서 동불(童佛)로 호칭되었을 뿐, 발해의 아미타신앙과 관련되지 않았다. 이 조각은 일제 시대에 동경성으로 추정되는 팔련성 내성 외부의 제1사지[133]에서 발견되었다. 이와 같은 맥락을 보여주는 조각이 연해주 보리소프카 절터[134]에서 발굴되었다.

이와 같은 아미타 정토 신앙이 동경으로 추정되는 팔련성을 중심으로 함경북도 동북부 지역에서 발전했다는 것은 발해인들의 활발한 대외 교류와 관련이 깊은 것으로 보인다. 특히 일본과의 교류에서 험난한 뱃길을 오고 가는 사람들이 많았던 지역은 불확실한 내세에 불국세계에서 다시 태

어날 것을 약속하는 정토 신앙이 융성하기 알맞은 조건을 갖추고 있었던 것으로 추측된다.[135]

발해의 신앙으로는 불교 이외에도 도교를 들 수 있다. 발해의 도교에 대해서는, 정혜·정효공주 묘지와 일본측 사료를 통해 발해에서의 도교의 존재양상에 대해 언급한 연구[136]와 최근 발견된 도교서(道教書)의 분석을 통해 그 사례를 검토한 연구[137]가 있다. 특히 후자의 연구결과가 주목된다. 즉 도교의 경전인 『도장(道藏)』에 실려 있는 「금액환단백문결(金液還丹百問訣)」, 「금액환단내편(金液還丹內篇)」, 「해객론(海客論)」의 세 편의 글을 분석하였다. 그 내용에 따르면, 이광현은 어려서 고아가 되었고 재산이 거만(巨萬)에 달했지만 구도(求道)를 위해 약관에 고향을 떠난다. 그는 고향을 떠난 뒤에 청사회절지간(青社淮浙之間)을 왕래하며 화역(化易)하는 마을 사람의 배에 타고 다니며 진인(眞人), 달사(達士)를 찾다가 실패하고 24세경 귀향하기 위해 바다를 건너던 배안에서 백세가 넘은 도인을 만나 연생(延生) 비법을 전수받는다. 도인은 신라와 발해를 유력(遊歷)하기 위해 동안(東岸)에 이르러 배에서 내리고, 광현은 발해로 귀향하여 수련하다가, 창해(滄海)를 건너 운도(雲島)로 가 이곳에서 10여년 수련하여 해객(海客)의 칭호를 듣는다고 한다. 여기서 주목되는 것은 이 세 편의 저자인 이광현이 발해인으로서 중국·일본 등에 다니면서 '화역(化易)' 즉 무역을 했다는 것과 '해객(海客)'이라는 칭호를 받을 정도였다는 것이다. 따라서 발해에도 도교가 해양신앙과 관련이 있지 않을까 생각된다.

아울러 발해의 신앙으로서 샤머니즘도 들 수 있다. 발해의 샤머니즘은 고고학 자료와 문헌자료 등을 통해 5경을 중심으로 한 지역은 변방지대에 비하여 신앙정도가 점차 소실되는 과정이었다고 한다. 또한 오늘날의 연해주 지역에서는 5경 지역 같은 발해의 중심지역보다 성행했다고 한다.[138] 이러한 발해의 샤머니즘과 해양신앙과의 여부는 현재로서는 알 수 없지만, 현재도 어촌 등지에서 제사지내는 '뱃고사', '배서낭', '마고할머니'로 대표되는 여신의 존재, '당신앙'[139] 등을 고려해보면, 그 존재 가능성은 충분히 있다고 할 수 있지 않을까 한다.

이상에서 현재까지 알려진 발해의 신앙과 해양신앙과의 관련여부를 검토해 보았다. 이를 통해 불교의 경우는 서경과 동경일대에서 성행했던 법화신앙과 미타신앙, 이광현의 사례를 통해 본 도교의 경우, 샤머니즘 등이 해양신앙과 관련이 있을 것으로 생각된다.

발해의 해양신앙에 대한 구체적 사례로는 크라스키노성이 주목된다. 크라스키노는 두만강에서 동북으로 약 60km의 거리에 있는데 러시아 연해주의 남단지역에 해당된다. 크라스키노가 위치한 지역은 중국과 북한, 그리고 러시아의 접경지에서 동북으로 5~60km의 거리에 위치하는데 중국의 훈춘과는 약 40km 정도 떨어져 있다. 러시아 극동의 관문인 블라디보스토크는 크라스키노에서 동북으로 약 200km의 거리를 두고 있다.

크라스키노는 포시에트만의 안쪽에 있는데 북으로 포시에트항이 자리한 노보고르드스키 반도가 돌출지형으로 남으로 길게 뻗어 있고, 남쪽에서도 긴 반도가 동남으로 전개되어 천연적으로 내만된 호수 형태 바다의 안쪽에 자리하고 있다.

이곳은 해변의 낮은 저지대로 해발 2~3m 정도로 이루어진 지역이다. 북으로 2km 정도에 크라스키노 시가지가 있지만 시가지 자체의 규모가 크지 않고, 본래 군사도시로 기능하였던 것과 관계가 있는 듯 해변의 저지대 등 평야지가 농경지 등으로 개간되기보다는 군사훈련장 혹은 황무지로 남아 있을 뿐이었다.

크라스키노 성지가 위치한 곳은 동서가 약 4~5km, 남북간 약 3~4km의 범위는 평원 형태의 평지로 있다. 다만 동쪽과 서쪽에 비교적 높은 돌출 산지가 있고, 북쪽으로 약 7km의 거리에 산지가 있어 전체적 형상은 동쪽과 서쪽 그리고 북쪽은 산지로 막히고, 남쪽은 바다로 열리는 구조인데, 해안의 저지대인 관계로 그 내부는 평원에 가깝다. 더불어 이 저지대의 중앙에

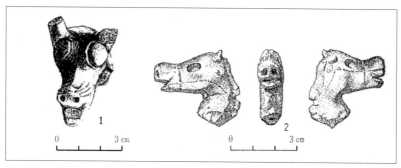

크라스키노성터 출토 용머리(왼쪽)와 토마(오른쪽)

는 북에서 남으로 흐르는 츄카노프카강이 있는데 강의 너비는 약 50m 정도에 불과하지만 유속은 빠른 편이다. 따라서 전체 지형은 이 강을 중심으로 좌우로 낮은 평야지가 전개된 즉, 크라스키노 평원의 형상을 이루고 있다.[140]

크라스키노성은 발해시대 5경 15부 62주의 지방행정기구 가운데 염주(鹽州: 발해 이후는 모구외(毛口崴)라 불림)의 주치(州治)가 있던 곳으로, 일본과 왕래하던 주요 항구였다. 크라스키노성터는 1870년 팔라디 카파로프에 의해 발견된 뒤, 1980년부터 본격적인 발굴조사가 이루어졌다.[141] 이후 1992·93년도에 대륙연구소의 발굴을 거쳐, 2001년도에 고구려연구회, 2004년과 2005년도에는 고구려연구재단에 의해 조사가 이루어졌다.

여기서 발해의 해양신앙과 관련하여 주목되는 유물이 나왔다. 그것이 바로 토마(土馬)이다.[142](그림참조) 크라스키노 성터 출토 토마는 머리 부분만 남아있는데 현존하는 크기는 약 3cm이다.[143] 흥미로운 것은 이러한 토마가 한국의 각종 제사유적에서 출토된 예가 있다는 점이다. 즉 경남 김해 부원동, 부산 동래 낙민동 패총, 전북 부안 죽막동 제사유적, 영암 월출산 제사유적 등이 그것이다.(표 참조) 이러한 토마와 철마(鐵馬)를 분석한 연구[144]에 따르면, 철마는 한국특유의 제사유물로 주로 통일신라 이후에 출토된다고 한다. 또한 토마와 철마는 반출하는 예도 많은데, 함께 항해의 안전이나 산신에 대한 공헌물(供獻物)로서 이용되었다고 한다.

철마신앙을 해양신앙과 관련하여 본 연구[145]도 주목된다. 즉 철마신앙은 주로 산악지역과 도서지역에 분포하는데, 이는 유구한 역사 전통을 가지고 있음을 암시한다고 한다. 나아가 도서연안지역의 철마신앙은 주로 뱃사람들의 안전항해와 운수대통의 염원과 관련이 있고, 신라~고려시대의 국제 항구였던 지점에는 여지없이 철마신앙이 남아 있는데 영암 구림마을 상대포와 월출산 천황봉의 철마신앙과 흑산도 읍동마을과 상라봉의 철마신앙의 조합은 가장 대표적인 사례라고 한다.

〈표 7〉 한반도 출토 토마와 철마

	주요출토유물	연대	유적지의 성격	비고
김해 부원동 패총	토마 4점, 복골(卜骨), 각종 미니어처 토기	4세기	제사유적	해양제사
부산 동래 낙민동 패총	토마 8점, 송풍관, 복골, 미니어처 토기	3세기후반~ 7세기전반	제철· 제사유적	해양제사
전북 부안 죽막동	토마 8점	3세기후반~ 7세기전반	제사유적	해양제사
전남 영암 월출산	토마 11점, 철마 3점, 토제모조품(土製模造品), 향로 덮개, 청자, 백자 등	통일신라~ 조선시대 중기	제사유적	해양제사
충남 천안 위례산성	토마 10점, 철마 6점, 제단 구조물 일부	백제~ 통일신라	제사유적	산신제사
경기 광주 이성산 성 1호 신앙유적	토마 10점, 철마 17점	삼국~ 통일신라	제사유적	산신제사

제사 관련 유적에서 출토된 마형모조품의 경우, 신에게 바치는 물건으로서의 성격이 고려되고, 항해의 안전이나 산신에게의 다양한 기원의 때에, 공헌물로서 사용되었다고 생각된다. 특히 통일신라시대에 개시된 철마의 사용은, 조선시대가 되면 철마자체가 신당에 제사지내는 대상으로 되었다. 현대에도 강원도 삼척 지방의 성황당 안에 철마를 봉납하는 예가 보

이는데, 주로 산간지역이라는 것은 흥미가 깊다.[146]

이와 같은 종교민속사례의 검토는, 고대에서의 제사를 복원할 때에 불가결할 것이다. 또한 수많은 토마가 출토되고 있는 일본에서의 철마사례는, 2점만이 나왔다는 것을 고려한다면, 철마는 한국 특유의 제사유물이라고 볼 수 있을 것이다.[147] 이와 관련하여 부안 죽막동 제사유적은 크라스키노성과 마찬가지로 해상교통의 요충지에 위치하고 있으며, 여기에서 나온 토마와 철마는 이 제사유적이 군사적 성격을 지니고 있다고 지적한 견해[148]도 참고할 만하다.

따라서 발해에서 일본으로 가는 항로의 출발지인 염주의 치소가 있던 크라스키노성에서도 항해의 안전을 기원하는 제사행위가 일어났을 가능성이 크고, 토마는 바로 그것을 상징하는 유물로서 중요한 의미를 가지고 있다고 할 수 있다. 아울러 크라스키노성터에 출토된 용머리[149]를 통해 볼 때, 용신앙과의 관련성도 조심스럽게 검토할 여지가 있다고 생각된다.

발해의 해양신앙과 관련하여 하나 더 지적할 것은 크라스키노성터에 남아 있는 사원지의 성격문제이다. 일반적인 토성에서는 성내의 북쪽에 관아 등의 주요한 행정시설이 있지만, 크라스키노토성에서는 사원이 있다. 이것은 크라스키노토성에서는 불교사원이 가장 중요한 시설로 인식되고 있다는 것을 시사한다. 그리고 크라스키노토성에서 출토된 석불(石佛)과 동일한 석불이 훈춘(琿春)평야에 있는 팔련성(八連城)안의 절터에서도 나왔다. 팔련성은 발해 동경(785~793)에 비정되는 유적으로, 사방타자사묘지는 도성에 부속된 사원유적이다. 여기로부터 크라스키노토성에서의 불교의식이 발해왕실과 깊은 관련이 있었음을 시사한다. 성안의 북쪽에 불교사원이 계속적으로 조영되었다는 것은, 항만시설 가운데 불교가 중요한 역할을 하고 있다는 것을 시사한다. 크라스키노토성의 사원은, 발해 사절이 동해를 횡단하는 항해의 안전기원이나 무사를 감사하는 장소로 여겨지지는 않았을까 한다.

발해사절단이 크라스키노성을 출발해서 도착한 곳은 일본 노토반도에 있는 후쿠라항[福良津]이었다. 이곳에서도 바다관련 제사유적이 발굴된 바가 있다. 노토는 다른 세계의 번신(蕃神)이 수도에 들어가는 것을 막는 중요한 장소이고, 노토의 국신(國神)인 케타[氣多]신이 번신을 물리치고 항해를 수호하는 역할을 담당하여 조정에서 중시되었다. 노토는 741년에 엣츄[越中]와 병합되었고, 748년에 엣츄국사[國司] 오토모 야카모치[大伴家持]가 노토를 순행하여 최초로 '기태신궁(氣太神宮)'에 3배를 한 것이『만엽집(万葉集)』에 기록되어있다. 그후 케타신사는 9세기 대에 걸쳐 신계(神階)가 올라, 859년에는 종(從)1위로 되었다. 또한 조정에서 폐백사(幣帛使)가 종종 파견되어 봉호(封戶)나 위전(位田)이 사여되었다. 그리고 케타신사에서 약 800m 떨어진 모래사장에 있는 지케이[寺家]유적은, 나라~무로마치시대의 케타신사와 관련된 유적이라고 생각된다.

일본사람들에게 노토는 발해로 항해하는 항구이고, 다른 세계와의 경계로 인식되지는 않았을까. 발해로 항해하는 사람들의 항해안전이나 번신푸닥거리의 제사도 케타신사의 중요한 임무라고 추정할 수 있다.

노토에서는 케타신사와 후쿠라항이 발해로의 항해관련시설로 정비되어, 러시아연해지방남부에서는 크라스키노성이 일본도의 항구로서 항만관리시설과 사원이 하나로 조영되었다. 발해와 일본의 항구에 부수적으로 항해안전을 수호하는 종교시설이 두어지고, 이러한 배치에 쌍방 국가가 깊은 관련이 있다는 것이 엿보인다. 후쿠라항·케타신사와 크라스키노토성은, 동해를 연결하는 '발해일본도(渤海日本道)'의 중요 시설이라고 할 수 있다.[150]

따라서 크라스키노성에서는 성내 사원의 위치와 토마, 그리고 발해 사절단의 도착항구인 후쿠라항[福良津]의 제사 유적 등을 통해 보았을 때, 바다 관련 국가제사가 거행되었을 가능성이 매우 크다고 할 수 있다.

이상에서 검토한 내용을 정리하면 다음과 같다.

케타신사 안내문 · 케타신사 입구

　발해는 당, 일본 등과 활발한 해상을 통한 교류를 하고 있었다. 따라서 동아시아 여타 다른 국가들의 경우와 마찬가지로 해양신앙이 있었을 가능성이 크다고 생각된다. 그리고 그 유력한 증거로 외교사절단의 구성원이었던 천문생을 들 수 있지 않을까 한다.

　발해의 신앙과 해양신앙과의 관련여부를 검토해 보았다. 이를 통해 불교의 경우는 서경과 동경일대에서 성행했던 법화신앙과 미타신앙, 이광현의 사례를 통해 본 도교의 경우, 샤머니즘 등이 해양신앙과 관련이 있을 것으로 생각된다.

　크라스키노성에서는 성내 사원의 위치와 토마, 그리고 발해 사절단의 도착항구인 일본 후쿠라항의 제사 유적 등을 통해 보았을 때, 바다 관련 국가제사가 거행되었을 가능성이 매우 크다고 할 수 있다.

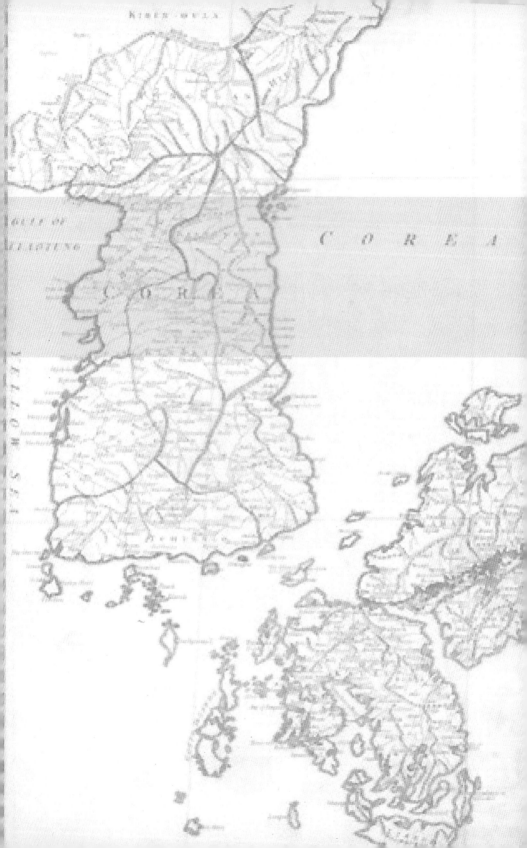

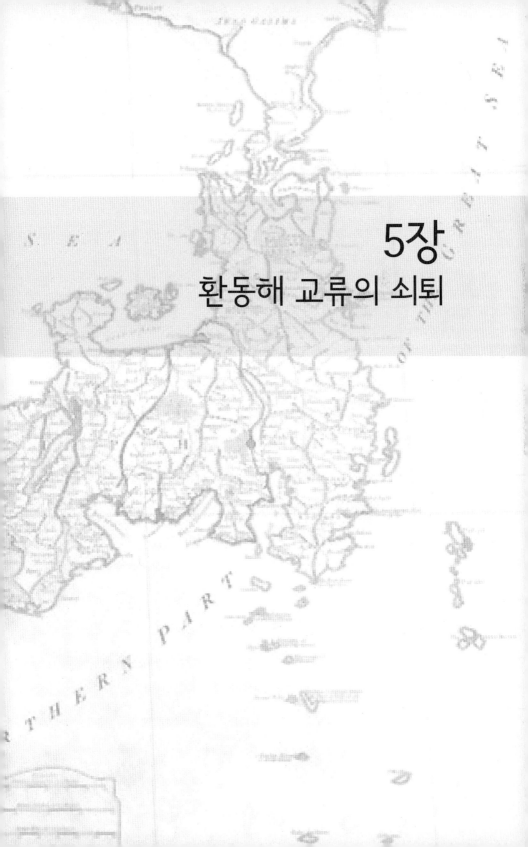

5장
환동해 교류의 쇠퇴

이 장에서는 발해멸망 후 제민족·국가에 의한 환동해 교류에 대해 살펴보고자 한다. 발해 멸망 후 동해연안지역의 동향을 보면, 996년 5월에 고려국인이 석견국(石見國)에 도착하고,(『소우기(小右記)』) 1004년 3월에는 '우릉도인(于陵島人; 현재의 울릉도)'이 인번국(因幡國)에 도착하였다.(『권기(權記)』) 이는 요나라의 지배아래 있던 함경도의 여진이 한반도의 동해안을 남하하여 약탈을 반복하고, 1019년 3월말에 쓰시마[對馬]·이끼[壹岐], 하카다[博多] 주변을 습격하여 사람들을 경악시킨 '도이(刀伊)의 입구(入寇)'의 조짐이라고 해야 할 사건이었다. 아울러 1026년 4월 민부경(民部卿) 원준현(源俊賢)이 단후국(丹後國)에 신장 7여척, 얼굴 길이 2척의 '이국녀(異國女)'가 표류했는데, 배에 접촉한 사람이 병이 들어 상륙을 할 수가 없어서 여자는 배 안에서 죽은 사건도 일어났다.(『삼조서가중서고문서(三條西家重書古文書)』 인용 『소우기(小右記)』 일문(逸文) '이국여기단후국사(異國女寄丹後國事)' 〈『대일본고기록(大日本古記錄)』11〉) 이러한 사건은 대개 산발적이고 우발적이어서, 동해연안제국으로서는 발해의 멸망 후 환동해 교류는 급속히 감소해 간다.

10~12세기 동아시아의 교류

Ⅰ. 고려의 대일교섭 양상

고려 시대는 한국사의 다른 시기에 비해 주변의 여러 민족과 접촉·충돌이 많았던 시기였다. 국초 이래 중원 및 북방의 여러 민족들의 국가 그리고 남쪽의 일본과 우호적인 관계를 맺기도 했지만, 그보다는 대립·충돌관계에 놓이거나 장기간에 걸쳐 전쟁을 치른 경우가 많았다. 아래에서는 동해를 통한 고려 전기의 대외교섭을 살펴보겠다.

1. 중원과의 교섭과 황해·동중국해

먼저 고려시기 동해교섭을 살펴보기 전에 한반도의 서쪽에 위치한 황해 및 동중국해를 둘러싼 한·중 관계[1]에 대해 간단히 살펴보겠다. 후삼국 시기에 궁예는 한반도에서의 주도권을 잡기 위해 대내적으로 영토의 확장을 추진하는 한편 대외적으로 중국과의 통교를 위해 해상의 거점지역 확보에 노력하였다. 여기에는 남중국의 여러 나라들과 긴밀한 관계를 유지하고 있었던 후백제를 견제하여 외교적으로 유리한 위치를 확보하려는 정치적인 목적이 내재되어 있었다. 이러한 입장은 고려의 건국 이후에도 계승·유지되었는데, 이는 거란이 동쪽으로 세력을 확장해 와서 고려의 북진정책과 충돌을 피할 수 없었기에 중원의 한족과 연결하려 하였기 때문이다.

이와 같은 고려의 외교적 입장은 한족의 중원 역대 왕조 쪽에서도 마찬가지였다. 자국의 정치적 안정을 위해서는 고려와의 외교 수립이 중원의 패자로서의 권위 확보에 도움이 되었기 때문이다. 게다가 936년(태조 19년) 이래 거란이 화북의 연운(燕雲) 16주를 점령하기에 이르자 이에 대처하는 공동의 연대 세력이 필요하였기 때문에 중원과 한반도가 일정한 타협을 모색하려고 하였기에 상호 우호적인 관계를 유지하려고 하였던 것으로 짐작된다.

신라시대이래 황해 및 동중국해의 횡단에 있어서는 북선항로(北線航路)와 남선항로(南線航路)가 있었는데, 후삼국시기에도 이것이 이용되었음이 확인되고 있다. 초기에는 고려의 서해도(西海道) 풍주(豊州) 광석산(廣石山) 당관(唐館)과 산동의 등주 팔각진(八角鎭) 해구(海口)·밀주(密州) 판교진(板橋鎭)으로 연결하는 북선항로가 많이 이용되었으나, 고려에 대한 거란의 정치적 압박이 가중됨에 따라 여·송 양국의 형편에 의해 한반도의 흑산도에서 명주(明州)·천주(泉州)로 연결하는 남선항로로 변경되게 되었다.

이러한 형편은 이후에도 계속되다가 여진족의 금이 중원을 장악하게 된 이후인 남송 대에는 항로의 개방에는 여·송 양측이 모두 소극적이고 방어적인 자세를 취하게 되었다. 이는 남송이 금에 구류되어 있는 휘종·흠종을 고려를 통해 구출하고자 하는 가도문제로 인한 것이었다.

서해·동중국해를 사이에 두고 여·송 사이의 외교관계가 전개되는 가운데, 이 지역의 해로에 관한 고려인의 인식은 외교 관계가 원만히 유지되고 있었을 때에는 해로의 개방 및 송과의 통교에 대해 적극적인 인식을 가지고 있었다. 그렇지만 북방 민족인 거란·여진의 정치적 간섭을 의식하지 않을 수 없어 송과의 교통을 비밀리에 추진하여야만 하였고, 이를 위해 북선항로를 포기하고 남선항로를 선택하였다.

2차에 걸친 일본원정을 통해 서해안의 해로는 크게 개척되었다. 원정이 단념된 이후에는 해로가 강남지역과 고려·일본을 연결하는 무역로로 바뀌어 배의 왕래가 원활하게 되었고, 기근 구제를 위해 강남지역의 조운미가 고려 및 쌍성총관부 지역으로 운송되는 통로로 이용되었다.

한편 서해 및 동중국해에 있어서 한·중간의 관할 해역에 대한 분기점이 있어서 명주와 고려를 잇는 남선해로에서는 협계산(夾界山)을 경계로 삼았다. 이 경계가 국경선을 의미하는 것은 아니겠지만 이를 바탕으로 양국의 사신단 및 상인들의 왕래에 따른 통제도 이루어지고 있었던 것 같다.

2. 일본과의 교섭과 남해·동해

고려시대의 일본과의 관계는 정치·경제·외교·군사 등 모든 면에서 가장 침체되고 부진했던 시기였다. 이 시대에 두 나라의 관계가 다른 시대에 비해 소원할 수밖에 없었던 것은 당시의 시대적 상황과 밀접한 관계가 있다. 고려가 건국되던 918년경의 국제정세는 중국에 있어서는 오대의 혼란기였고, 일본에서는 이미 견당사가 폐지되어 중국과의 국교가 단절된 상태였다. 고려는 후삼국의 대립기를 거쳐 통일왕조를 이루었다고는 하지만 신라하대부터 나타났던 사회적 혼란상과 그 연장선상에서 여전히 독자적 정치세력을 형성하고 있는 호족들을 정리하지 못하는 등 아직 정치적 안정을 이룩하지 못한 때였다.

이처럼 10세기초 동아시아의 국제관계는 각국의 국내사정 등으로 상당히 위축될 수밖에 없었는데, 당시의 여·일 관계가 침체되었던 것은 사실이지만 전기에는 통교무역을 중심으로 전개되었고 후기에는 왜구로 대표되는 무력행사로 이어졌다.

「고려첩상(高麗牒狀)」의 내용에 의하면, 우선 937년에 왕건이 중국의 후진(後晉)에도 사자를 보냈음을 살피면 고려가 새로이 반도의 패자가 되었음을 전하면서, 외교를 구했을 것이다. 그런데 일본은 받지 않았다. 그래서 다시 939년에 광평섭첩(廣評省牒)을 보내 일본과의 외교를 요구했다고 생각된다. 광평성은 신라로 말하자면 집사성에 해당한다. 따라서 태정관(太政官)이 응답해야할 것이지만, 다자이후[大宰府]에서 반첩(返牒)을 주어 귀국시켰다.

이후 972년에는 '남경부사'·'김해부사'를 칭하는 사람이 차례로 내일(來日)했는데, 다자이후에서 반첩(返牒)을 주어 귀국시켰다. 다음해인 974년에는 고려국 교역사 장인소출납(高麗國交易使藏人所出納)·고려국 화물사(高麗國貨物使) 등이 교역한 화물을 지니고 귀국하였다. 이는 지방관이 독자적으로 무역 사절을 보낸 것이라 생각되지만, 파견 주체를 지방호족으로 보는 견해도 있다.

이리하여 일본과 고려와의 사이에 공식 외교관계가 맺어진 것은 아니었지만, 교류는 다양한 형태로 진행되었다. 무역과 표류민의 상호송환이 두 차례 있었지만, 그 외에도 돌발적인 사건이 몇 번 있었고 경계영역에는 새로운 움직임이 보이는 듯했다.[2]

이후 997년(長德 3년) 5월 고려의 첩상(牒狀)이 도착하였다.(『소우기(小右記)』같은 해 6월13일조) 첩상의 내용은 불명이지만, '일본국을 모욕하는 구절'

이 있었던 듯하다. 고려첩상은, 일본인의 범죄를 지적하고 그 체포를 요구하는 내용이었을 것으로 추측된다. 여기에 대하여 일본 조정은 "문장(文章)이 무례하다." "번례(蕃禮)에 어긋난다."라 하고 반첩(返牒)을 보냈다. 이에 일본은 고려 침입에 대비한 방위태세를 갖추게 하였다.

즉 규슈의 각 국사(國司)로 하여금 무기·무구를 수리·보수하고, 다자이후 관내의 여러 신위(神位)를 승급시키고, 향추묘(香椎廟)에 봉호(封戶) 25호를 늘렸다. 또 대마수(對馬守) 고교중감(高橋仲堪)이 문무와 지략이 부족하다고 보고 대재대감(大宰大監) 평중방(平中方)으로 교체시켜 섬의 경비를 강화하여 만일의 사태에 대비토록 하였다. 이외에도 호쿠리쿠[北陸]·산인[山陰]에 태정관부(太政官符)를 보내어 방비를 엄하게 하였다.

당시 일본이 고려를 크게 두려워했다는 사실은 그 해 가을에 일어난 오미섬(奄美島)사람의 다자이후 관내 난입사건을 통해서도 알 수 있다. 이 사건은 그 해 10월 초하루, 조정의 남전(南殿)에서 천황과 좌우대내신 이하의 조신이 참석하여 의식이 끝나고 연회가 시작될 때 좌근진관(左近陣官)이 큰 소리를 지르며, "고려국인이 쓰시마·이키를 침략하여 히젠국(肥前國: 지금의 사가현과 나가사키현)에 도착하였고 여기도 침략하려 한다"고 하자, 이 때 상하가 모두 놀래고 세 대신도 선례도 잊은 채 정신없이 동쪽계단에서 내려왔다는 것이다. 이것은 사실 고려가 일본을 침략하려 한다는 일종의 유언비어였던 것이다. 이렇듯 당시의 일본은 고려에 대하여 심한 두려움을 가지고 있었으면서도 고려의 요구에 응하기보다는 거절의 방법을 택하고 수비에 급급하였으므로 얼마가지 않아서 고려는 무역으로 시위를 하였고, 일본은 그 사실을 고려인이 규슈를 침략하였다고 오인하였던 것이다.[3]

실제로 그 당시의 고려의 군사력이 매우 막강하였던 것이 사실이었고, 고려의 국력이 일본에 알려지게 되자 일본인 가운데서는 항상 불안하게 생활하기 보다는 고려에 친부하려는 자들도 나타났다.[4]

직접적인 사절 파견과는 조금 다르지만 1079년 일본에서 무역을 위해 고려에 온 왕측정(王則貞)은 돌아갈 때에 고려의 외교담당당관청인 예빈성 (禮賓省)의 다자이후 첩상(牒狀)과 선물인 금(錦)·릉(綾)·사향(麝香)을 위탁 받고, 구두로 국왕 문종이 병이 들어 치료를 위해 일본에서 의사를 파견해 줄 것을 바란다는 말을 전해 듣는다.[5] 관계 사료를 볼 때 우선 주목되는 것 은, 예빈성첩상(禮賓省牒狀)이 상의하달(上意下達)의 형식이고 내용이라는 점 이다. 여기에 일본과의 우호관계를 나타내는 의례적인 말은 일체 없고, 수 미일관되게 치료효과가 있다면 응분의 대가를 지급한다는 사무적인 연락 내용에 불과하다.

한편 일본에서 고려로의 도항(渡航)을 기록한 『고려사(高麗史)』에 의하면, 그 신분은 크게 두 종류로 나눌 수 있다. 하나는 '일본국사(日本國使)' 후 지와라노요리타다(藤原賴忠, 1056년)·'이키도구당관사[壹岐島勾當官使]' 후 지이 야스쿠니(藤井安國, 1073년)·'일본국쓰시마사(日本國對馬島使' 1082년)'· '쓰시마구당관사(對馬島勾當官使, 1085·1086년)'·'일본국살마주사(日本國薩摩州 使, 1080년)' 등, 지방관의 사자를 명분으로 한 경우이다. 또 하나는 '일본국 인(日本國人)' 왕측정(王則貞)·송영년(宋永年), '일본국선두(日本國船頭)'중리 (重利, 1074년), '일본상인(日本商人)'대강(大江)·'일본인(日本人)'조원(朝元)· 시경(時經)·'일본상(日本商)'모(某, 1075년), '일본상객(日本商客)' 후지와라[藤 原]·'대재부상객(大宰府商客)' 왕측정(王則貞, 1079년)라고 했듯이 명확히 상 인이다.

전자의 경우 해당 지방관이 파견했던가. 혹은 후세에 현저한 위사(僞使) 도 포함되었을 가능성이 있지만, 지방관이나 호족이 독자적으로 사자를 파견했던 것이라 생각된다. 후자의 '일본'상인은 반드시 민족적인 의미로 사용된 것이 아니라 일본을 거점으로 한 송 해상(宋海商)도 포함되었다. 특 히 저명한 인물은 앞서 나온 왕측정으로, 그 이름에서 알 수 있듯이 도래 계 인물로 보이는 왕측정이 다자이후 하급관리인 부로(府老)·왕측계(王則 季)가 축전가마군사(筑前嘉麻郡司)에 있어서 이미 일본에 오랫동안 있던 일족으로 보인다. 그 출자에 대해서는 신라말기 한반도 남부를 거점으로 활약한 왕봉규가 가졌던 왕성(王姓)도 있었기 때문에, 신라·고려에서 온 도래인(渡來人)일 가능성도 생각된다. 어쨌든 '해당조의 상인' '다자이후의 상객'이라고도 기록되어 있어서, 하카다만[博多津] 부근을 거점으로 대고려무역에서 활약했던 것이다.[6]

일본 조정은 무역의 진전에는 관용적이었지만, 외교에 응하는 자세는 보이지 않아서 항상 경계심·불신감이 앞선 대응을 보이고 있다. 언제인가 고려가 공격할지 모른다는 불안감은, 일본은 신에 의해 만들어진 신의 자손이 통치하고 신이 지키는 나라라는 신국의식의 고양에 박차를 가하게 된다.

이렇게 일본 조정의 귀족들이 고려의 통교요청을 거절한 것은 폐쇄적인 대외의식을 강하게 지니고 있었던 데다가 일찍부터 일본이 한반도에 일정한 영향력을 미치고 있었다는 그릇된 인식을 고치지 않았기 때문으로, 이것이 해소되지 않는 한 양국의 공식적인 외교관계 수립은 이루어질 수 없었다. 그럼에도 불구하고 양국의 표류선박에 대한 조치 및 민간 선박의 왕래를 통한 무역 및 교류는 일정하게 이루어지고 있었던 것 같다.

11세기 중엽에서 12세기 중엽에 걸쳐 일본 상인들이 고려에 진출하여 '진봉(進奉)' '진봉선(進奉船)'으로 표현된 일종의 조공무역을 행하기도 하였다. 12세기 후반 무가정권(武家政權)의 기반이 된 헤이시[平氏]정권을 이끌던 다이라노 기요모리[平清盛]는 적극적인 외교정책을 취해 일본에 온 송의 상인과 장원의 영주·장관(莊官) 사이에 밀무역이 성행하였고, 일본 상선들은 동중국해를 건너 남송에 이르러 무역에 종사하기도 하였다.

그러다가 12세기 후반부터 13세기 후반까지의 약 1세기에 걸쳐 고려는 다자이후 또는 이의 관할아래 있었던 쓰시마와 진봉이라고 불리는 조공체제를 수립하였다. 이에 의해 그들이 파견한 선박을 진봉선 또는 공선(貢船)이라고 부르며, 1년에 1회에 한하여 배 2~3척을 한도로 하는 규정을 제정하기도 하였고, 김주(金州, 오늘의 김해)에 일본인들을 위한 객관을 설치하기도 하였다.

한편 남해 및 동해에 있어서 한·일간의 관할 해역에 대한 분기점은 이키섬·쓰시마를 일본경(日本境)으로 하고, 그 서쪽을 고려경(高麗境)으로 하고 있었던 점을 통해 쓰시마의 서쪽이었음을 알 수 있다.[7]

Ⅱ. 환동해 교류 쇠퇴의 양상

1. 여진해적의 대두

태봉이나 고려에게는 중국의 왕조 또는 거란과 관계를 유지하기 위한 중요한 교통로이며 동시에 주되게 대립하였던 후백제의 배후를 타격하기 위해 반드시 필요한 서남해의 제해권을 확보하는 것이 주된 관심사여서 수군의 주력은 이쪽에 집중되어 있었고, 각종의 전투도 주로 서남해에서 벌어지고 있었다.

후삼국 쟁패기에 군사적으로 그다지 중요성을 갖지 못하였던 동해안 일대는 후삼국 통일 후에도 국제관계의 측면에서나 군사적인 측면에서나 그 가치가 크게 달라지지 않았다. 고려가 대외관계면에서 주된 관심을 갖던 나라는 거란과 송이었고, 동해안 일대에는 고려가 크게 관심을 가질만한 존재가 있지 않았기 때문이다.[8]

따라서 후삼국 분립 후 동해에서 수군이 활동한 기록이 나타나지 않는 이유는 당시에 이곳에서는 수군이 크게 쓸모가 있지 않았기 때문이었다. 그래서 동해를 공유하고 있던 태봉·고려와 신라 모두 동해에서는 제대로 정비된 수군을 배치하지 않았거나 또는 일부 배치했다고 보더라도 활동이 매우 미미하였다고 추정할 수 있다.

이러한 가운데 동여진의 침입사건이 일어나게 된다.

(목종) 8년(1005) 봄 정월에 동여진이 등주를 노략질하여 주진과 촌락 30여
곳을 불사르고 가니 장수를 보내어 막았다.

(『고려사』 권3, 목종 8년 정월; 『고려사절요』 권3, 목종 8년 정월)

『고려사』 병지의 성보조(城堡條)와 진수조(鎭戍條)에는 고려 전기의 축성
사실이 집중적으로 기록되어 있다. 목종 때 쌓았다고 성보조에 기록된 성
은 총 17개인데 이 가운데 동계 지역이 영풍진(함경남도 안변), 진명현(함경남도
원산), 금양현(강원도 통천), 용진진(강원도 문천), 익령현(강원도 양양), 등주(함경남도
안변) 등으로 6곳이나 된다. 특히 영풍진을 제외한 다섯 군데는 목종 8년 이
후에 쌓은 성이다. 이로써 당시 동계 지역을 포함하여 동해안에 성을 쌓아
야 할 필요성이 유달리 커졌음을 알 수 있다.

현종 즉위년(1009) 3월에 고려가 75척이나 되는 대규모의 함대를 배치
하여 동북의 해적을 막도록 하였다고 한다. 현종 즉위년 3월은 강조가 정
변을 일으켜서 목종을 폐위하고 정권을 장악한 다음 달이다. 이는 동북 해
적의 준동을 막겠다는 목표 수립과 그에 따른 전선(戰船) 건조 시점이 모두
현종 즉위 이전이었음을 알려준다.

11세기 초반의 동해안 방면 축성 기사와 함대 배치 기사를 통해 당시 동
여진 해적들이 동해안을 통해 고려를 침공하기 시작하였음을 알 수 있는
데, 동여진 해적의 내침을 막는 것이 고려 국방의 주요한 과제 중 하나가
된 때는 동여진 해적의 노략질이 있었음을 명시하고 있는 현종대의 기록
보다 앞서는 목종 8년 무렵부터임을 확인할 수 있었다.

목종대부터 동해안에 면한 지방 가운데 전략적으로 중요한 곳에 성을
쌓기 시작하였다. 축성은 두 가지 측면에서 의미를 갖는데, 하나는 동여진
해적의 공격을 저지하고 반격하기 위한 거점 건설이라는 점이고, 다른 하

나는 동여진 해적을 공격하거나 이들의 준동을 감시하기 위한 수군을 배치하는 데 필요한 기지 설치라는 점이다.

현종 때 동해안 인근에 새로 쌓은 성 9개 중 대부분인 7개를 현종 2년과 3년에 쌓았다는 점이 관심을 끈다. 그리고 이 7개의 성이 동해안 중에서도 상대적으로 남쪽에 치우쳐 있고, 청하·홍해·영일·울주·장기 등 대부분 경주 주위에 몰려 있다는 사실도 흥미롭다.

동여진 해적이 현종 2년과 3년에 경주 일대를 공격한 사실은 목종 8년 경부터 위협적인 집단으로 등장하기 시작한 동여진 해적이 더욱 힘을 키워서 보다 먼 지역에까지 세력을 확장할 수 있었음을 의미한다. 하지만 이는 목종 8년 이후 동여진 해적에 대한 고려의 대응이 나름대로 성공을 거두고 있었음을 반증하기도 한다. 보다 먼 지역을 침공할 수 있을 정도로 세력을 확장한 동여진 해적은 고려가 대비하고 있는 동계 지역 대신 그들의 작전 반경을 확대하여 방비가 상대적으로 허술하고 침공을 통해 얻을 것이 많은 지역을 공격 목표로 삼았기에 대규모의 선단을 동원하여 경주 등지와 인근의 동해안 남쪽지역을 공격하였다.

결국 현종 2년과 3년에 고려를 공격한 해적들이 동계 일대를 공격한 기록이 보이지 않는 것은 고려가 목종 8년 이후 지속적으로 동계의 해안에 성을 쌓고 수군을 증강하였기 때문이다.

현종 3년 이후 고려 침공에 어려움을 겪은 동여진 해적들은 이후 공격 목표를 우산국(于山國), 일본으로 돌려 많은 피해를 입힌다. 일본 측의 자료를 통해서 이 시기 여진 해적의 활동범위와 그 피해의 심각함에 대해 엿볼 수 있어 참고 되는데, 이른바 '도이(刀伊)의 적(賊)'이 그것이다. '도이의 적'은 일본에게 큰 문제여서 이를 해결하기 위해 일본 조정은 여러 차례 사원에서 제사를 지내 공덕을 빌어 물리치고자 하거나 다자이후에 이들을 막도록 하는 조처를 내리고 있다.

1019년 4월 상순에 다자이후에서 비역(飛驛)에 의해, '도이'의 적이 쓰시마·이키[壹岐] 등을 습격했다는 제1보가 조정에 전해졌다. '도이(刀伊)'는 고려 사람들이 연해주지방에 거주하는 여진(동여진)을 부르던 멸칭인 '되'란 발음을 음차한 것이다. 본래 연해주지방은 발해의 영역으로, 발해를 멸망시킨 거란은 동단국(東丹國)으로 지배를 시도했지만, 바로 현지인들의 저항에 지배를 포기하였다. 그 후 발해의 고지는 금의 건국(1115년)까지, 정치적인 통합이 없이 각각의 세력이 분산하여 활동을 전개하여, 송대(宋代)에는 여진이라 불렀다. 고려에서는 이 무렵 매년 여진의 침입에 골치를 썩어 우산국(지금의 울릉도)은 괴멸적인 타격을 받았다. 고려의 여진 대책은 중요한 정치과제로, 동해안에는 방위를 위해 '과선(戈船)'이라 불리는 군선(軍船)을 주력으로 하는 수군이 배치되고, 성이 쌓아질 정도였다.

도이 50척으로 구성된 집단은, 우선 고려를 습격하여 사람과 물자를 약탈하고 남하하여 일본을 습격하였다. 3월 하순 쓰시마[對馬]·이키를 습격하여 막대한 피해를 입히고, 아울러 축전지마군(筑前志摩郡)·조량군(早良郡) 등에서 약탈을 반복하고 하카다만[博多灣]안의 노코노시마[能古島]를 점거하여 상륙을 목표로 하려다 대재권수(大宰權帥) 후지와라노다카이에[藤原隆家]가 이끄는 방위군에 의해 격퇴되었다. 그곳에서 도이는 비전송포군(肥田松浦郡)을 습격한 뒤에 그 사이에 납치한 고려인이나 일본인 포로를 태워 다시 고려로 돌아가려는 것을, 고려 수군에 격퇴되었다. 고려군에 구출된 일본인 포로는, 바로 고려의 사자에 의해 귀국할 수가 있었다.

주목되는 것은 고려군에 구출된 포로여성 내장석녀(內藏石女) 등의 증언이다. 그에 따르면 고려의 병선(兵船)은 이중구조로 상하2단에 노(櫓)나 도(櫂)를 갖추고 배 머리에는 적선을 돌파하기 위한 철제 각(角)이 갖추어져 있다고 한다. 병사 20여명 정도가 탑승하여 철갑옷·크고 작은 창 등의 무기를 사용하였고, 투석기도 탑재되어 있었다고 한다. 이러한 특징을 가진 고려의 병선은, 『고려사』에서 말하는 과선(戈船)으로 보아도 좋을 듯하다.[9]

그러면 여기서 동여진의 실체에 대해 조금 더 알아보겠다. 여진의 전신인 말갈의 고고학 문화는 아무르유역·송화강유역·러시아연해지방·두만강유역 등 문헌상으로 말갈이 거주했던 영역과, 지역적으로 거의 같기 때문에 말갈이라 불리는 각지의 사람들이 문화적 공통성을 가지고 있음을 보인다. 발해국의 고고자료도 그 일부를 이룬다. 그리고 같은 지역의 10세기 이후 여진시대 문화의 대다수도, 그 문화와 일련의 관계를 가진다고 이해할 수 있고, 말갈·여진이 계통적으로 관련이 있다고 생각된다.

환동해북부에서 일본열도와 교류를 했던 집단은 주로 아무르강 하류 지역의 집단이라 생각되고, 거란국시대에 여진이라 불렸는가는 확실하지 않지만 오국부(五國部)나 올야(兀惹) 등이라 불렸을 가능성이 높다. 그러나 고고자료로 보면 말갈집단의 계보를 이었다는 것은 명확하고, 생여진과도 가까운 관계에 있다고 생각된다.

그러나 일본국이 직접 여진집단과 접촉할 기회는 많지 않았다. 기록에 남은 명확한 최초의 접촉은, '도이(刀伊)의 입구(入寇)'라 불리는 사건이다. 이 여진은 고려 동북에 위치하여 동여진이라고도 불렸다. 그들의 거주 지역은 현재의 함흥평야·두만강유역·러시아연해주지방 주변이었다.

여진집단의 고고자료로는 우선 북방의 말갈·여진계집단의 일부가 남하했다고 볼 때, 우수리강 상류지역에서는 아무르 중·하유역을 중심으로 분포하는 파크로프카문화 유적을 들 수 있다. 발해멸망 이전 파크로프카문화의 남한은, 우수리강 중류의 지류인 이만천(川)유역 주변이고, 발해압력의 소실과 그 후의 혼란이 남하를 이끌었을 가능성이 높다. 그러나 남하한 집단과 아무르유역의 집단과는, 토기의 기종 등에 차이가 보여, 생산·유통을 달리하는 자립성이 강한 집단으로 분화했다고 보는 것이 좋다.

한편 연해주 남부에서는 동해연안지역에서 수이푼하유역에 걸쳐 독특한 무늬를 가진 토기를 지표로 하는 니콜라예프카문화가 출현한다. 이 문화는 발해멸망이전에는 자립성이 강한 동해연안부터 사원이나 성곽이 설치된 발해국의 지방통치 거점이 두어졌다고 생각되는 우수리스크평야주변에까지 분포를 넓히고, 발해 멸망 뒤에는 연안부의 집단이 분포를 넓혔을 것이다. 이처럼 발해멸망후의 지역집단의 움직임도, 동여진의 활동과 연동되었다고 생각된다.

여진에 대해서 '남선북마(南船北馬)'라는 말로 대표되듯이 북방의 새외민족(塞外民族)이어서 항해나 해전에는 능하지 않다는 이미지를 가진 경우가 많다. 그러나 실제로 11세기단계에 이미 높은 항해술을 가졌다. 이런 전통은 일본과의 왕래를 왕성하게 했던 발해로부터 이어받은 것일 것이다. 금나라 초기인 1128년에는, 금과의 중개를 요구하는 송나라의 사절에 대해, 고려측이 금나라 수군의 강력함을 말하고 있다. 게다가 1130년에는 실제로 금나라 수군이 남송황제 고종을 명주(明州)부터 온주(溫州)까지 추격하는 일도 벌어졌다. 생여진 가운데 해군력을 가진 것은, 동여진 뿐 이어서 그들의 수군이 금나라에 계승되었음을 나타낸다.[10]

가마쿠라막부시대에 들어 금과의 접촉이 행해진 기사가 나타난다. 우선 『금사(金史)』 본기(本紀) 선종(宣宗)시기인 1217년 12월에 대재부민(大宰府民) 72명이 즉묵이풍자(即墨移風砦, 오늘의 산동성 즉묵시(即墨市)에 표류하여 식량을 주어 돌려보냈다는 기사가 보인다.[11] 또한 『오처경(吳妻鏡)』원인(元仁) 원년 2월조에는, 에치고노[越後]국 테라도마리[寺泊]에 고려인의 배가 표류하여 승무원의 무기 등이 압수되었다는 기사가 보인다. 압수된 물품 가운데 은으로 만든 나무(銀簡)가 있었는데, 네 개의 문자가 기록되어 있었음이 기록되어 있다. 이 문자를 누구도 읽지 못했기 때문에, 그 그림이 기록되게 되었다. 기록된 것이 여진문자이어서 이 '고려인'들의 정체는 여진인이라고 추측된다. 이것은 러시아연해주지방의 발굴성과에서 증명이 되었다.

러시아연해주 지방 남부 스우찬[川]유역에 있는 샤이가성터는, 동하대(東夏代)에 축조된 대형 산성이다. 이 지역은 금나라의 속빈로(速頻路)를 다스리는 금나라 건국에 공적이 높았던 야뢰완언씨(耶懶完顏氏) 일족의 근거지로 추정된다.[12] 은패(銀牌)가 출토된 곳은 내곽에 비교적 가까운 155호 주거지이다. 길이 22cm, 너비 6cm의 직사각형 형태로, 상부에 끈이 통하는 구멍이 있다.

동하(東夏)가 거점으로 하고 샤이가성터가 있던 러시아연해주지역은, 고려에서 동여진(東女眞)이라 부르던 지역이고, 고려가 동진(東眞)이라 불렀다는 것은 이 동여진을 의식했기 때문이다. 그 전통적인 해군력은, 재지 영주였던 야뢰완언씨(耶懶完顔氏) 일족에 의해 그대로 유지되었을 것으로 생각된다.

은패(銀牌)는 당시의 공식 통행증·신분증이어서 그것을 지닌 자는 역마(驛馬)의 공급을 받을 수가 있었다. 또한 병마동원의 권한에 대한 증명의 역할도 있었다. 신분에 따라 주어지는 패(牌)의 종류도 차이가 있어서, 『금사(金史)』 백관지(百官志) 부제조(符制條)에는, 은패가 여진의 맹안(猛安)에게 수여되었다는 규정이 있다. 샤이가성터는 같은 시대 성곽 가운데, 동하(東夏)의 수도인 개원(開元)이라는 설도 있는 크라스노야로프스코예성터(둘레 약 7km)처럼 최대급 성곽의 다음 클래스에 위치하여 거의 맹안 클래스에 해당한다고 보아도 좋다. 결국 샤이가 성주(城主)와 동등한 급의 인물이 배를 탔다고 생각된다.[13]

한편 고려는 축성과 함께 동여진 해적을 격퇴할 수군을 양성하였으며, 이와 함께 동해안에서 해적을 물리칠 수군 관련 업무를 담당하는 전담 기구로 도부서(都部署)를 설치하였다. 도부서는 동계의 진명도부서(鎭溟都部署)와 원흥도부서(元興都部署), 북계의 용주도부서와 압강도부서, 그리고 동남해 지역을 관할했던 동남해도부서가 있었는데, 이 가운데 동여진 해적을 대비하여 가장 먼저 설치된 것은 동계 지역에 설치된 진명도부서였다. 진명도부서는 진명현에 성을 쌓은 목종 8년(1005), 이후 늦어도 진명구에 대규모 함대가 배치되는 현종 즉위년(1009) 이전에는 설치되었다고 추정된다.

전근대 수군은 언제나 전투할 준비가 되어 있는 조직이 아닌 경우가 많아서 전쟁이 끝나면 해체되는 경우가 잦았다. 병사들은 평시에 무역 등 다른 업무에 종사하다가 전시에 전투 집단으로 변신하는 사람들이 대부분이었다. 국가에서도 많은 선단을 상비하고 있는 경우가 적었고, 보통은 상인으로부터 징발하거나, 필요한 선박을 급조하여 수요를 충당하였다가, 사태 수습 후 선박을 반환하거나 방치하였다. 고려의 경우도 후삼국 통일전쟁 전후 수군의 활동상을 통해 추정해보면 비슷한 과정을 거쳤을 것으로 보인다.

그런 점을 고려할 때 목종 8년 이후 고려가 동여진 해적의 내습에 대응할 때 각 지역에 수군으로 분류할 수 있는 무력집단이 전혀 없는 상태였다고는 볼 수 없겠다. 고려가 동해안 일대를 지키기 위한 수군을 창설하면서 국가차원에서 최초로 배치한 함대는 75척으로 이루어져 있었고, 고려는 그 후 동해안의 수군을 꾸준히 증강하여 현종 10년 즈음에는 '수백척'을 단일 작전에 투입할 정도로 규모를 키웠다.[14]

2. 고려시대의 해방능력

고려왕조가 자신의 영역으로 관할하고 있었던 해역은 오늘날의 한국 영해에 해당하는 해역과 동일하여 남해로는 탐라국과 그 주변의 도서, 동해로는 우릉도(芋陵島, 오늘의 울릉도)와 그 부속 도서인 독도에 이르는 지역이었다.

고려초기의 해군력이 어느 정도였는지는 구체적으로 알 수 없으나, 왕건이 궁예의 휘하에서 후백제를 공격할 때 군사 2,500인(912년), 전함 70여 척과 군사 2,000인(914년), 전선 100여척과 대선 10여척과 병력 3,000여 인(918년)을 거느리고 있었던 점을[15] 통해 유추할 수 있다. 이를 계승한 고려초기의 해군력은 전선 200여척과 수군 6,000여 인 이상으로 추정된다.

먼저 해방을 위한 군사적 기구로서 선병도부서(船兵都部署)가 있었는데,

이들은 북방지역의 최고군사령부격인 서북면 및 동북면의 병마사기구 예하에 존재하고 있었다. 서북면에는 압록강 및 통주(通州, 오늘의 선천 부근)도부서가, 동북면에는 진명(鎭溟, 오늘의 원산 부근) 및 원흥진(元興鎭, 오늘의 정평군 부근) 도부서가 있었는데, 이들은 평소에는 병마사의 지휘를 받아 해방을 담당하다가, 여진정벌과 같은 대규모의 군사동원이 있을 때는 중앙정부에서 파견된 지휘관의 통제를 받았다. 그 외 동남해 지역의 방어와 일본과의 관계를 임무로 하는 동남해선병도부서(東南海船兵都部署)가 있었다.[16]

이들 선병도부서는 고려의 중앙정치기구가 중국식으로 전환되던 성종대 이후의 어느 시기에 설치되어 주어진 기능을 수행하다가 북방지역이 몽고의 지배영역으로 들어가게 되는 1258년(고종 45년) 전후에 소멸되었을 것이고, 그 이후 같은 이름의 기구가 있었다고 하더라도 기능에는 변화가 있었을 것이다.

고려 초기 이래의 전선(戰船) 200여척과 수군 6,000여인 이상의 병력, 사방이 16보로서 갑판에서 말을 달릴 수 있을 정도의 대선(大船), 300여인을 실을 수 있는 군선, 여진을 정벌할 때 동북계에서 선병 2,500명이 동원된 점 등을 통해 볼 때 고려의 해군력은 상당한 수준에 이른다고 할 수 있을 것이다.

고려정부는 내국인의 해외진출을 금지하는 한편 일본으로부터 내투해 온 인물들을 해안가에서 멀리 떨어진 내륙에 안치시키기도 하였는데, 이 역시 해방을 위한 하나의 조처였을 것으로 판단된다.

고려시대에는 민간인이 국가의 허락을 받지 않고 국제무역에 종사하였던 사례를 거의 찾아 볼 수 없다. 이는 구제무역에 있어서 국가의 통제가 엄격하게 이루어지고 있었던 결과로 이해할 수 있다. 982년(성종 1년) 최승로는 시무 28조에서 송에 파견되는 사신단을 통해 무역을 하게하고 그 이외의 상거래는 모두 금지하라고 건의하였다. 그의 건의는 국가정책에 반영되었다는 점을 보아 이 역시 채택되어 민간인에 의한 국제무역은 금지되었을 가능성이 높다.

고려시대에는 내외국인의 바다를 통한 출입을 엄격하게 통제하면서 외국으로부터의 해적의 침입을 막기 위한 해방조처로서 각종 방어대책을 마련하기도 하였다. 이는 북방으로부터 동여진의 침입을 방어하기 위해 동해안에 방어 시설과 이를 위한 보급기지를 창설하는 것으로부터 시작되었다.

허가를 받지 않고 고려의 영역 내로 들어온 외국 선박의 경우 나포되어 심문을 받고 미심한 점이 있으면 개경으로 압송되거나 노비로 몰수되었다. 그렇지만 해적선이 아니라는 적절한 해명이 있었을 경우에는 보호를 받다가 귀국할 수 있었다. 그리고 국가의 허가를 받아 입국한 상인의 경우에도 일정한 규제가 마련되어 있어서 이를 어긴 경우에 엄격한 조치를 가하였다. 먼저 외국 선박이 적절한 수속 절차를 갖추어 해당 관서와 접촉을 하지 않은 채 입국을 하였을 때는 곧 귀국 조치를 행하였다. 또 적절한 수속을 밟아 고려에 진출했던 상선들조차 귀국할 때는 임검을 받아 화물을 조사받아야 하였다.[17]

맺음말

　이상에서 동해를 통한 교류의 시작과 전개 과정 등을 청동기시대부터 12세기까지 살펴보았다. 아래에서는 각 장 별로 간단히 내용을 요약하여 결론에 갈음하고자 한다.

　1장 동해의 재인식과 그 의미에서는 우선 '환동해' 지역을 협의의 의미 즉 한국(강원도, 경북, 경남, 부산), 북한(함경남도, 강원도), 중국(길림성, 흑룡강성), 일본(동해 연안 14개 도부현[道府縣]), 러시아 연해주지역을 포함하는 것으로 정의하였다. 다음으로 전근대 동해안 지역 인식에는 신성한 공간, 국가 수호의 의지가 표출된 공간, 영토화의 의지가 투사된 공간이라는 세 가지 의미가 자리 잡고 있었음을 확인하였다. 그러나 이들 가운데 동해안 지역에 대한 가장 압도적인 인식은 동해라는 바다 자체에 대한 인식으로, 인간의 의지로 대결하기에는 엄청난 위력을 지닌 자연공간이라는 인식이었다. 다음으로 동해가 갖는 지정학적 중요성은 그것이 동아시아의 연해라는 점에서 비롯한다는 점도 살펴보았다. 연해(marginal sea)는 육지·반도·섬·열도 등으로 일부가 막혀 있으면서 육지의 주위에, 따라서 대양 쪽에서 볼 때는 그 주변(margin)에 자리 잡고 있는 바다를 말한다. 연해는 지중해와 마찬가지로 전략적으로 매우 중요한 위상을 차지한다. 여러 국가들 중 하나가 그 바다를 지배할 때, 그 영향력과 주도권이 그 주변에 있는 국가들에게 강력하게 확산되기 때문이다.

　2장 환동해 교류의 여명에서는 고고학에서 말하는 청동기시대·초기철기시대 환동해문화권의 형성 과정을 지역별로 살펴보았다. 먼저 오늘의 강원도에서 함경도에 이르는 광범위한 지역에는 예(濊)라고 불리는 사람들이 거주하고 있었고, 이들은 반어를 중국에 수출하였으며, 광개토왕비에서는 '동해고(東海賈)'라 하여 4~5세기에 걸쳐서는 고구려를 경유하여 중국으로까지 해산물을 운반하는 상고(商賈)로써 활약을 하고 있었다. 지금의 함경도와 러시아 연해주 일대에 거주하던 옥저와 읍루도 살펴보았는데, 동옥저에는 바다신에게 산 폐백을 바치는 전설과 다른 모습의 사람들이 표착하는 전승, 나아가서는 바다속의 여인도 이야기 등 해양민에 어울리는 많은 전설이 있었다.

극동지역은 크게 평지성취락, 경질무문토기, 집약적 농경으로 대표되는 함경북도~연해주 남부의 크로우노프카 문화권과 고지성취락, 무기 위주의 철기, 압인문토기로 대표되는 폴체 문화권이 각각 옥저와 읍루라는 2개의 민족 집단과 잘 부합함을 알 수 있다. 옥저문화권은 기원전 2~1세기를 중심으로 급격하게 남하해서 한반도 중부지방에 경질무문토기 문화권으로 확산된다. 이후 기원 전후가 되면서 각 지역은 복합사회로 발전하여 서북지방의 낙랑, 흑룡강 유역의 폴체말기~말갈 초기문화, 영남지방의 변진한, 서남 지역의 마한, 한강 하류의 초기 백제 등이 형성된다. 이때 옥저문화권은 두만강 유역~동해안 지역에 분포하며 사회발전과 주변 지역과의 교역이 활발해지면서 해안 지역으로도 진출하게 된다. 이러한 일련의 사회발전 과정을 겪으면서 중국과의 교류가 있었으며, 환동해 지역을 대표하는 집단으로 역사서에 등재되었던 것으로 생각된다.

영남 동해안 지역의 경우 철기문화를 기반으로 곳곳에서 군장사회가 현성되었으나 곧 신라에 복속되었고, 초기에는 자율성을 지녔지만 차츰 신라에 의하여 자율성이 규제되어 나가다가 끝내 직접적인 지배를 받게 되었다. 신라의 입장에서 보면 영남 동해안 지역은 국가 경영에 매우 중요한 수취원이자 국경지대이고, 또 대외로 진출하려 할 때 주요한 교통로였다. 때문에 신라는 영남 내륙지역에 비하여 상대적으로 강고한 지배를 실시하려 노력한 것으로 보았다.

3장 환동해 교류의 본격화에서는 삼국시대의 환동해 교류에 대해 살펴보았다. 우선은 동해를 건넌 사람들에서 풍랑에 사라져간 고구려 사절, 고구려 승려 혜자, 그리고 고구려 유민에 대해 살펴보았다. 다음으로 활발한 영토 확장을 통해 한강유역, 울릉도를 포함한 동해안지역, 낙동강 하류의 가야지역을 석권한 신라는, 대중국·대왜 무역의 루트를 장악하여 삼국통일의 기반을 다졌다. 나아가 동북아시아의 물류·무역의 중심국가로 발돋움 할 수 있었음을 확인하였다. 셋째로 고구려가 570~668년의 약 100년 동안에 18회의 공식 사절단을 일본에 보냈다는 것은 훗날 발해가 727~919년 약 200년에 걸쳐 34회의 사절단을 일본에 파견된 것과 비교하면, 거의 비슷한 횟수라고 할 수 있다. 다만, 월지역에 도착한 횟수가 4회에 불과하여 실제로 동해를 통한 공식 교류는 4회에 불과하다고 할 수 있다. 그러나 고구려가 일본과 동해를 통해 공식적인 교류를 하였다는 것은 명백한 사실이므로, 그 의의는 낮게 평가할 수 없음을 살펴보았다. 마지막으로 삼국시대 환동해 교류의 자취를 긴키[近畿], 이즈모[出雲], 간토[關東]지역으로 크게 나누어 살펴보았다.

4장 환동해 교류의 활성화에서는 남북국시대 특히 발해의 환동해 교류를 다양한 면에서 살펴보았다. 우선 환동해 교류의 주역인 사람들을 사절단, 수령, 상인, 그리고 승려로 나누어 보았다. 다음으로 교류의 루트를 살폈다. 셋째로 발해의 대일교섭의 양상을 시기별로 나누어 검토하였다. 넷째로 환동해 교류에서 거래된 물품을 모피, 인삼, 말, 그리고 지식 및 기술로 나누어 확인하였다. 다섯째로 교류의 자취를 환동해 연안의 유적·유물을 주로 일본 측을 중심으로 살펴보았고 아울러 발해의 해양신앙도 알 수가 있었다.

5장 환동해 교류의 쇠퇴에서는 고려시대 환동해 교류의 양상에 대해 살펴보았다. 고려시대의 일본과의 관계는 정치·경제·외교·군사 등 모든 면에서 가장 침체되고 부진했던 시기였다. 이 시대에 두 나라의 관계가 다른 시대에 비해 소원할 수밖에 없었던 것은 당시의 시대적 상황과 밀접한 관계가 있음을 살펴보았다. 이러한 부진한 양국관계의 상징적인 사건이 동여진 해적침입이었다. 도이(刀伊) 50척으로 구성된 집단은, 우선 고려를 습격하여 사람과 물자를 약탈하고, 남하하여 일본을 습격하였다. 이 와중에 동해안 지역의 고려 수군의 실체와 해방능력 등을 알 수가 있었다.

이상에서 청동기시대부터 12세기 까지 환동해 교류의 시작과 전개과정을 살펴보았다. 역사적으로 보았을 때, 당연한 이야기이지만 동해는 교류가 활성화되었을 때 상대간의 갈등과 마찰이 적었다. 오늘날에도 동해는 동해표기나 독도영유권과 관련해서 갈등과 분쟁의 바다가 되고 있다. 이는 상대간의 인적·물적 교류가 활성화되지 못함을 의미하는 것은 아닐까 한다.

동해는 교류의 바다였고, 교류의 바다가 되어야만 한다.

〈논문 출전〉

각 장의 내용 가운데 이미 발표된 글은 다음과 같다.

머리말(새로운 글)

1장 동해의 재인식과 그 의미(새로운 글)

2장 환동해 교류의 여명(새로운 글)

3장 환동해 교류의 본격화

    Ⅰ. 동해를 건넌 사람들(새로운 글)

    Ⅱ. 신라의 동해안 제해권 장악과 그 의미

       → 공저, 2010, 『한국무역의 역사』, 청아출판사

    Ⅲ. 고구려의 대왜교섭

       → 2008, 「동해 교류를 통해 본 고구려와 발해의 해양문화」『고구려발해연구』32, 고
구려발해학회 및 2008, 「백제의 무역망과 담당층」『백제연구』47, 충남대학교 백
제연구소

    Ⅳ. 교류의 자취(새로운 글)

4장 환동해 교류의 활성화

    Ⅰ. 동해를 건넌 사람들

       → 공저, 2010, 『고대환동해교류사』2부-발해와 일본, 동북아역사재단

    Ⅱ. 교류의 루트

       → 공저, 2013, 『한국해양사』2-남북국시대, 한국해양재단

    Ⅲ. 발해의 대일교섭의 양상

       → 2001, 「발해의 왕권과 대일무역」『한국사학보』11, 고려사학회

Ⅳ. 교류된 물자

→ 2006, 「8~10세기 발해의 문물교류」『한국사학보』 23, 고려사학회

Ⅴ. 교류의 자취

1. 환동해 연안의 유적·유물

→ 2010, 「일본 소재 발해 유적·유물의 종합적 검토」『한국사학보』 41, 고려사학회

2. 해양신앙

→ 2006, 「발해의 해양신앙」『고구려연구』 22, 고구려연구회

5장 환동해 교류의 쇠퇴(새로운 글)

맺음말(새로운 글)

〈참고문헌〉

『三國史記』, 『三國遺事』, 『高麗史』, 『東國輿地勝覽』, 『新增東國輿志勝覽』, 『史記』, 『漢書』, 『三國志』, 『隋書』, 『舊唐書』, 『新唐書』, 『唐會要』, 『册府元龜』, 『翰苑』, 『唐國史補』, 『樊川文集』, 『宋史』, 『高麗圖經』, 『東坡全集』, 『資治通鑑』, 『日本書紀』, 『續日本紀』, 『日本後紀』, 『續日本後紀』, 『日本三代實錄』, 『日本文德天皇實錄』, 『日本紀略』, 『入唐求法巡禮行記』, 『類聚國史』, 『延喜式』, 『類聚三代格』

강봉룡, 2005, 「한국 서남해 도서·연안지역의 鐵馬信仰」, 『東亞細亞의 海洋信仰과 '海神'張保皐』, 2005년도 목포대학교 도서문화연구소 국제학술회의 발표요지문.

_____, 2011, 「5세기 이전 신라의 동해안방면 진출과 '東海岸路'」, 『한국고대사연구』63.

강상중, 2005, 「바다의 아시아와 국경을 초월한 네트워크」, 『바다의 아시아』6-아시아의 바다와 일본인, 다리미디어.

강인욱, 2008, 「동아시아 고고학·고대사연구 속에서 옥저문화의 위치-옥저·읍루문화권의 제기를 중심으로」, 『고고학으로 본 옥저문화』, 동북아역사재단.

구난희, 2012, 「발일 교류 항로 변화에 대한 검토」, 『속초 발해의 꿈 프로젝트 국제학술세미나』 발표요지문.

김재윤, 2008, 「선사시대의 極東 全身像 土偶와 환동해문화권」, 『韓國上古史學報』60.

신숙정, 2007, 「환동해지역 신석기시대의 문화와 교류」, 『제35회 한국상고사학회 학술발표대회 발표 요지문』-환동해지역 선사시대 사회집단의 형성과 문화교류.

윤재운, 2006,「발해의 해양신앙」『고구려연구』22.

_____, 2006,「8~10세기 발해의 문물교류」『한국사학보』23.

_____, 2007,「발해문화의 고구려계승」『고구려연구』26.

_____, 2008,「동해 교류를 통해 본 고구려와 발해의 해양문화」『고구려발해연구』 32.

_____, 2010,「일본 소재 발해 유적·유물의 종합적 검토」『한국사학보』41.

_____, 2011,「발해의 5경과 교통로의 기능」『한국고대사연구』63.

李炳魯, 2002,「고구려와 왜의 문화교류-일본의 남아있는 유적·유물을 중심으로」 『高句麗研究』14.

이성제, 2012,「高句麗의 對倭外交와 東海交涉路-6세기 후반~7세기 초 고구려· 왜·백제 3국의 상호전략에 대한 재검토를 겸하여-」『고구려발해연구』43.

이창섭, 2008,「11세기 초 동여진 해적에 대한 고려의 대응」『韓國史學報』30

林相先, 2000,「'渤海人'李光玄과 그의 道敎書 檢討」,『韓國古代史研究』20

장동익, 2007,「고려시대의 대외교섭과 해방」『한·중·일의 해양인식과 해금』, 동북 아역사재단.

전덕재, 2013,「상고기 신라의 동해안지역 경영」『역사문화연구』45.

_____, 2014,「異斯夫의 家系와 政治的 位相」『사학연구』115.

鄭炳俊, 2002,「安史의 亂과 李正己」『東國史學』37.

_____, 2002,「平盧節度使 李正己에 대해-代宗時期를 중심으로-」『震檀學報』 94.

池培善, 2003,「고구려인 이정기의 아들 이납의 발자취」『東方學志』119.

최몽룡, 2006,「다원론의 입장에서 본 한국문화의 기원과 시베리아」『아무르·연해 주의 신비』, 국립문화재연구소.

홍형우, 2006,「아무르강 유역 및 연해주의 초기철기시대」『아무르·연해주의 신비』, 국립문화재연구소.

국사편찬위원회 편, 1995,『한국사』15-고려 전기의 사회와 대외관계.

_____, 1997,『한국사』4.

권세은 외, 2011,『동해의 재인식과 환동해학의 모색』, 경희대학교 출판문화원.

경희대학교 혜정박물관, 2009, 『동해의 역사와 형상』.

동북아역사재단 편, 2010, 『고대환동해교류사』 1부-고구려와 왜, 동북아역사재단.

_____, 2010, 『고대환동해교류사』 2부-발해와 왜, 동북아역사재단.

박천수, 2011, 『일본속의 고대한국문화』, 진인진.

_____, 2012, 『일본속 고대 한국문화-近畿지방』, 동북아역사재단.

송기호, 1993, 『발해를 찾아서』, 솔 출판사.

신종원 외, 2005, 『한국신을 모시는 일본의 신사』, 한국학중앙연구원.

영남대 민족문화연구소 편, 2005, 『전근대 동해안 지역사회의 운용과 양상』, 경인문
　　　화사.

윤재운, 2006, 『한국 고대 무역사 연구』, 경인문화사.

_____, 2011, 「8~12세기 한·중 해상 교통로의 변천과 의미」, 『한중관계사상의 교
　　　통로와 거점』, 동북아역사재단.

이한상 외, 2009, 『4~6세기 영남 동해안 지역의 문화와 사회』, 동북아역사재단.

환동해고고학연구회 편, 2009, 『철기시대 한국과 연해주』, 주류성출판사.

해양수산부, 2002, 『한국의 해양문화』 3-동남해역 (상)·(하).

_____, 2002, 『한국의 해양문화』 4-동해해역.

高慶秀, 2004, 「韓國の土馬と鐵馬」, 『季刊 考古學』 87, 雄山閣.

小嶋芳孝, 1999, 「日本 국내의 발해 관계 자료」 『高句麗研究』 6.

_____, 2004, 「渤海と日本列島の交流經路」 『歴史と地理』 577, 山川出版社.

_____, 2006, 「畝田東遺跡群出土 花文帶金具로 보는 東아시아 世界」 『高句
　　　麗研究』 25.

松本浩一, 2004, 「船人たちが傳えた海の神-媽祖信仰とその廣がり-」 『アジ
　　　ア遊學』 70, 勉誠出版.

李成市, 1998, 「古代東北アジア諸民族の對日本通交-穢·高句麗·渤海を中
　　　心に-」 『東アジアの古代文化』 96.

早乙女雅博, 2003, 「발해 동경성의 발굴」 『해동성국 발해』, 서울대학교 박물관.

酒寄雅志, 2006, 「古代日本海の交流」 『日本海域歴史大系』 2, 清文堂.

蓑島榮紀, 1998, 「渤海滅亡後の東北アジア諸民族と交流·交易の諸相」 『東

アジアの古代文化』96.

_____, 2006, 「北海道　津輕の古代社會と交流」『日本海域歷史大系』2, 清文堂.

후루야마 다다오(古厩忠夫), 2005, 「중국해와 동해」『바다의 아시아』5-국경을 넘는 네트워크, 다리미디어.

臼杵勳, 2008, 「女眞社會の綜合資料學的研究-その成立と展開」『アジア遊學』107.

木山克彦, 2008, 「ロシア沿海州における金・東夏代の城郭遺跡」『アジア遊學』107.

三宅俊彦, 2008, 「金代・北東アジアの錢貨流通」『アジア遊學』107, 勉誠出版

中澤寬將, 2008, 「土器生産とその組織化-渤海から女眞への展開プロセス」『アジア遊學』107.

井黑忍, 2008, 「官印資料に見る金代北東アジアの'周邊'」『アジア遊學』107.

熊木俊朗, 2008, 「中世のサハリソ」『アジア遊學』107.

榎本淳一, 2008, 『唐王朝と古代日本』, 吉川弘文館.

菊池俊彦, 2009, 『オホーツクの古代史』, 平凡社.

石見清裕, 2009, 『唐代の國際關係』, 山川出版社.

鈴木靖民・荒井秀規 編, 2011, 『古代東アジアの道路と交通』, 勉誠出版.

田中史生, 1997, 『日本古代國家の民族支配と渡來人』, 校倉書房.

_____, 2005, 『倭國と渡來人』-交錯する'內'と'外', 吉川弘文館.

_____, 2009, 『越境の古代史』, 筑摩書房.

齊藤優, 1978, 『半拉城と他の史蹟』, 半拉城址刊行會.

竹田和夫 編, 2011, 『古代・中世の境界意識と文化交流』, 勉誠出版.

荒野泰典・石井正敏・村井章介, 2010, 『日本の對外關係』1-東アジア世界の成立, 吉川弘文館.

_____, 2011, 『日本の對外關係』2-律令國家と東アジア, 吉川弘文館.

_____, 2010, 『日本の對外關係』3-通交・通商圈の擴大, 吉川弘

文館.

_____, 2010, 『日本の對外關係』4- 倭寇と「日本國王」, 吉川弘文館.

姫田光義 編, 2012, 『北·東北アジア地域交流史』, 有斐閣.

〈주석〉

1장 동해의 재인식과 그 의미

1 권세은, 2011,「지역연구 대상으로서 환동해권」『동해의 재인식과 환동해학의 모색』, 경희대학교 출판문화원, 33~34쪽.

2 경희대학교 혜정박물관, 2009,『동해의 역사와 형상』, 경희대학교 출판문화연구원 참조.

3 『高麗史』卷58, 志12, 지리3 익령현.

4 『記言』卷24, 陟州時期行鈔語.

5 『신증동국여지승람』권44, 강원도 양양도호부조.

6 전신재, 2005,「김부대왕전설의 형성과 변모」『강원민속학』19, 62~63쪽.

7 송병기, 2998,「안용복의 활동과 죽도(울릉도)도해금지령」『동양학』43, 단국대 동양학연구소.

8 경희대학교 혜정박물관, 2009, 앞의 책, 13~14쪽.

9 해양수산부, 2002,『한국의 해양문화』3-동남해역- 참조.

10 해양수산부, 2002,『한국의 해양문화』4-동해해역 참조.

11 주성재, 2011,「동해의 지정학적 의미와 표기 문제」『동해의 재인식과 환동해학의 모색』, 경희대학교 출판문화원, 62~64쪽.

12 최광식 외, 2004,『한국해양사자료집』-고대·고려시대 편, 37~40쪽.

2장 환동해 교류의 여명

1 『한서(漢書)』권6, 무제(武帝) 및 권24하, 지(志)4하(下), 식화(食貨).

2 『삼국지』권30, 위서(魏書)30, 오환선비동이전(烏丸鮮卑東夷傳) 30, 고구

려·부여.

3 『후한서』권85, 열전 75, 동이 고구려.

4 이현혜, 1997,「동예의 사회와 문화」『한국사』 4, 국사편찬위원회, 235~
245쪽.

5 최몽룡, 2006,「다원론의 입장에서 본 한국문화의 기원과 시베리아」『아무
르·연해주의 신비』, 국립문화재연구소, 149~152쪽.

6 김재윤, 2008,「선사시대의 극동 전신상(全身像) 토우(土偶)와 환동해문화
권」『한국상고사학보』 60.

7 도유호, 1962-5,「왕검성의 위치」『문화유산』, 61쪽.

8 김기흥, 1985,「夫租薉君에 대한 고찰」『한국사론』 12, 서울대, 30쪽.

9 강인욱, 2008,「동아시아 고고학·고대사연구 속에서 옥저문화의 위치-옥
저·읍루 문화권의 제기를 중심으로」『고고학으로 본 옥저문화』, 동북아역
사재단 참조.

10 이하 옥저와 읍루의 고고학 문화에 대한 설명은 홍형우, 2006,「아무르강 유
역 및 연해주의 초기철기시대」『아무르·연해주의 신비』, 국립문화재연구소
참조.

11 강인욱, 2008, 앞의 글, 61쪽.

12 강인욱, 2008, 앞의 글, 62쪽.

13 이한상, 2009,「영남 동해안 지역의 신라 토기문화」『4~6세기 영남 동해안
지역의 문화와 사회』, 동북아역사재단, 25~26쪽.

14 서영일, 2003,「신라의 실직국 병합과 동해 해상권의 장악」『신라문화』 21,
331~333쪽.

15 강봉룡, 2011,「5세기 이전 신라의 동해안방면 진출과 '東海岸路'」『한국고
대사연구』 63, 136~141쪽.

16 김재홍, 2009,「영남 동해안 지역의 농경 및 어로 문화」『4~6세기 영남 동해
안 지역의 문화와 사회』, 동북아역사재단, 178~182쪽.

3장 환동해 교류의 본격화

1 이노우에 나오키, 2010, 「첫 번째 사절단의 비극(572~573년)」『고대 환동해 교류사』, 동북아역사재단, 42~43쪽.

2 임석규, 2010, 「고구려 승려 혜자」 앞의 책, 199~203쪽.

3 이노우에 나오키, 2010, 「미나미야성-고구려인의 후손과 그 활동」 앞의 책, 169~170쪽.

4 이우태, 1997, 「신라의 융성」『한국사』 7-삼국의 정치와 사회Ⅲ 신라·가야-, 국사편찬위원회.

5 주보돈, 1998, 『신라 지방통치체제의 정비과정과 촌락』, 신서원, 84쪽.

6 강봉룡, 1994, 『신라 지방통치체제 연구』, 서울대학교 박사학위논문, 114~127쪽.

7 전덕재, 2014, 「異斯夫의 家系와 政治的 位相」『사학연구』 115, 14~16쪽.

8 김윤곤, 1998, 「우산국과 신라·고려의 관계」『울릉도·독도의 종합적 연구』, 영남대학교 민족문화연구소, 30쪽.

9 김호동, 2001, 「삼국시대 신라의 동해안 제해권 확보의 의미」『대구사학』 65, 33~35쪽.

10 정운용, 1996, 『5~6세기 신라 대외관계사 연구-고구려·백제·가야관계를 중심으로-』, 고려대학교 박사학위논문, 125~126쪽.

11 박경철, 2000, 「중원문화권의 역사적 전개-그 지정학적·전략적 위상 변화를 중심으로-」『선사와 고대』 15, 288쪽.

12 이기백, 1974, 『신라정치사회사연구』, 일조각, 141쪽; 이정숙, 1986, 「신라 진평왕대의 정치적 성격」『한국사연구』 52, 19~22쪽; 김두진, 1990, 「신라 진평왕대 초기의 정치개혁」『진단학보』 69, 19~21쪽; 이명식, 1990, 「신라 중고기의 왕권강화과정」『역사교육논집』 13·14, 325쪽.

13 『일본서기』 권17, 계체천황(繼體天皇) 23년 3월조.

14 『삼국사기』 권4, 법흥왕 19년조.

15 『삼국유사』 권2, 기이(紀異)2, 가락국기(駕洛國記).

16 최영준, 1990, 『영남대로-한국고도로의 역사적 지리적 연구』, 고려대학교

민족문화연구원.

17 李成市, 2002, 「新羅の國家形成と加耶」『倭國と東アジア』- 日本の時代史 2-, 吉川弘文館, 280쪽.

18 후루야마 다다오(古廐忠夫), 2005, 「중국해와 동해」『바다의 아시아』 5-국경을 넘는 네트워크, 다리미디어, 61~62쪽.

19 三上次男, 1966, 「穢人とその民族的性格」, 『古代東北アジア史研究』, 吉川弘文館; 李成市, 1997, 「濊族の生業とその民族的性格」, 『朝鮮社會の史的展開と東アジア』, 山川出版社.

20 武田幸男, 1989, 「舊領の支配形態」, 『高句麗史と東アジア』, 岩波書店.

21 酒寄雅志 著·한규철 譯, 1999, 「日本과 渤海· 靺鞨과의 교류-東海·오호츠크 해역권과 船」, 『國史館論叢』 85, 264~265쪽.

22 윤명철, 2006, 「고대 한일 지역 간의 항로」『한일관계 2천년 보이는 역사, 보이지 않는 역사』, 경인문화사, 99~106쪽 참조.

23 이성제, 2012, 「高句麗의 對倭外交와 東海交涉路-6세기 후반~7세기 초 고구려·왜·백제 3국의 상호전략에 대한 재검토를 겸하여-」『고구려발해연구』 43.

24 李炳魯, 2002, 「고구려와 왜의 문화교류-일본에 남아있는 유적·유물을 중심으로」『高句麗研究』 14, 197~203쪽 참조.

25 최문정, 2008, 「도래인의 정체와 일본창세신화의 의미」『일본어문학』 42.

26 김열규, 1984, 「한국신화와 일본신화」『사상과 정책』 5, 경향신문사.

27 노성환, 2008, 「신라왕자 아메노히보코의 도일전승에 관한 연구」『일어일문학연구』 67.

4장 환동해교류의 활성화

1 윤재운, 2005, 「南北國時代의 네트워크」, 『韓國研究センター年報』 5, 九州大學韓國研究センター, 67~77쪽의 〈표〉 남북국시대 한국·중국·일본 삼국의 항해사례 참조.

2   石見淸裕, 1998, 『唐の北方問題と國際秩序』, 汲古書院, 505~508쪽.

3   馬一虹, 1999, 「渤海と唐の關係」, 『アジア遊學』 6, 52쪽.

4   朝貢 즉 公貿易에 의해 거래된 물품은 왕실이나 국가 재정에 귀속되지만, 조공 사절단들이 개인적으로 거래한 물건은 개인의 소유가 되기 때문에 私貿易으로 보아야 한다고 생각한다(尹載云, 2002, 『南北國時代 貿易硏究』, 고려대학교 사학과 박사학위논문, 17쪽).

5   石井正敏, 1992, 「10世紀の國際變動と日宋貿易」, 『新版 古代の日本』 2-アジアからみた古代日本-, 角川書店, 345~346쪽.

6   朴眞淑, 2001, 「渤海의 地方支配와 首領」, 『國史館論叢』 97, 15쪽.

7   鈴木靖民, 1999, 「발해와 일본·당의 무역」, 『장보고와 21세기』, 혜안, 40쪽.

8   宋基豪, 1997, 「渤海 首領의 성격」, 『金容燮敎授停年紀念 韓國史學論叢』 2-韓國 古代·中世의 支配體制와 農民-, 지식산업사, 157쪽.

9   金鍾圓, 1979, 「渤海의 首領에 대하여」, 『전해종박사화갑기념 사학논총』, 219쪽.

10 鈴木靖民, 1979, 「渤海の首領に關する豫備的考察」, 『朝鮮歷史論集』 上, 龍溪書舍 ; 1985, 『古代對外關係史の硏究』, 吉川弘文館 재수록.

11 鈴木靖民, 1999, 「渤海の遠距離交易と荷担者」, 『アジア遊學』 6, 勉誠出版.

12 山崎覺士, 2002, 「未完の海上國家-吳越國の試み-」, 『古代文化』 54-2.

13 林相先, 2000, 「'渤海人'이광현과 그의 道敎書 檢討」, 『韓國古代史硏究』 20.

14 『入唐求法巡禮行記』 卷3, 開成 5년 7월 3일.

15 『渤海國志長編』 卷11, 士庶列傳.

16 東野治之, 1984, 「日羅間における渤海の中繼的役割」 『日本歷史』 483.

17 高瀬重雄, 1986, 「古代の日本海交通-とくに日本と渤海の交流」 『季刊 考古學』 15; 임상선 편역, 1990, 『발해사의 이해』, 신서원.

18 石井正敏, 1987, 「八·九世紀の日羅關係」 『日本前近代の國家と對外關係』, 吉川弘文館.

19 浜田耕策, 1983, 「新羅の中·下代の內政と對日外交-外交形式と交易をめぐって-」『學習院史學』21.

20 Karl Polany, 1977, *The Livelihood of Man*, Academic Press; 朴賢洙譯, 1983, 『人間의 經濟』I, 도서출판 풀빛, 141~144쪽.

21 森克己, 1975, 『續日宋貿易の研究』, 國書刊行會.

22 李成市, 1997, 『東アジアの王權と交易』, 靑木書店, 173쪽.

23 李炳魯, 1998, 「『續日本紀』에 나타난 韓國古代史像」『韓國古代史研究』14.

24 朴眞淑, 1997, 「渤海 文王代의 對日本外交」『歷史學報』153; 朴眞淑, 1998a, 「渤海 宣王代의 對日本外交」『韓國古代史研究』14; 朴眞淑, 1998b, 「渤海 康王代의 對日本外交」『忠南史學』10; 朴眞淑, 1999, 「渤海 大彛震代의 對日本外交」『韓國古代史研究』15.

25 전영률, 1997, 「발해의 대일관계」『발해사연구논문집』2.

26 『續日本紀』卷10 神龜4년 9월 庚寅.

27 宋基豪, 1995, 「8세기의 遷都와 文王의 文治」『渤海政治史研究』, 一潮閣, 101쪽.

28 『續日本紀』卷13, 天平11년 가을 7월 癸卯.

29 『續日本紀』卷13 天平11년 11월 辛卯.

30 『續日本紀』卷19 天平勝寶3년 6월 己丑.

31 『續日本紀』卷19, 天平勝寶5년 5월 丁卯.

32 『續日本紀』卷21, 天平寶子2년 9월 丁亥.

33 『續日本紀』卷24, 天平寶子6년 10월 丙午朔.

34 石井正敏, 1974, 「初期日渤交涉における一問題-新羅征討計劃中止との關聯をめぐって」『對外關係と政治文化』1, 森克己博士古稀記念會, 吉川弘文館.

35 孫玉良, 1982-4, 「略述大欽茂及其統治下的渤海」『社會科學戰線』, 177쪽.

36 『續日本紀』卷22, 寶龜2년 6월 壬午.

37 『續日本紀』卷32, 寶龜4년 6월 丙辰 및 寶龜4년 6월 戊辰.

38 『類聚國史』卷93, 殊俗・渤海上, 延曆 14년 11월 丙申.

39 『續日本紀』卷39, 延曆 5년 9월 甲辰.

40 『舊唐書』卷199下, 渤海靺鞨傳 및『册府元龜』卷972, 外臣部 封册3.

41 『舊唐書』卷199下, 渤海靺鞨傳.

42 『日本後紀』卷12, 延曆 23년 6월 庚午.

43 『三國史記』卷10, 新羅本紀 10, 哀莊王 4년.

44 『日本後紀』卷12, 延曆 23년 9월 己丑.

45 『日本後紀』卷24, 弘仁 6년 正月 甲午.

46 『類聚國史』卷194, 弘仁 10年 11月 甲午.

47 『類聚國史』卷194, 弘仁 10年 11月 甲午;『類聚國史』卷194, 弘仁 11
年 正月 甲午.

48 『類聚國史』卷194, 弘仁 12年 11月 乙巳;『類聚國史』卷194, 弘仁 13
年 正月 戊申.

49 『類聚國史』卷194, 弘仁 14年 11月 壬申.

50 『類聚國史』卷194, 天長 2年 12月 申丑.

51 『類聚國史』卷194, 天長 3年 3月 戊辰.

52 『入唐求法巡禮行記』卷2, 開成 5年 7月 3日.

53 『類聚國史』卷194, 天長 5年 正月 甲戌.

54 『類聚三代格』卷18, 夷俘幷外蕃人事.

55 『册府元龜』卷972, 外臣部 朝貢 5.

56 『續日本後紀』卷5, 承和 3年 閏5月 辛巳.

57 森公章, 1995,「古代難波における外交儀禮とその變遷」『前近代の日
本と東アジア』, 吉川弘文館.

58 『江家次第』卷5, 春日祭使途中次第 "… 昔蕃客參入時 重明親王乘
鴨毛車 着黑貂裘八重 見物 此間 蕃客 纔以件裘一領持來爲重物 見
八領 大懃云云".

59 菊地眞, 2004,「古典文學の中の渤海國交易品-'ふるきの皮衣'續編」,
『アジア遊學』59, 123쪽.

60 南豊鉉, 1976,「제2新羅帳籍에 대하여」,『美術資料』19, 32쪽.

61 川島祐治, 1993, 『朝鮮人蔘秘史』, 八坂書房, 29~30쪽.

62 윤재운, 2004, 「발해의 왕권과 대중국무역」, 『白山學報』68, 248~249쪽.

63 日野開三郎, 1990, 「五代時代における契丹と支那との海上貿易ー東丹國內における渤海遺民の海上活動(上·中·下)」, 『日野開三郎 東洋史學論集』16ー東北アジア民族史(下), 三一書房; 蓑島榮紀, 1998, 「渤海滅亡と東北アジア諸民族と交流·交易の諸相」, 『東アジアの古代文化』96; 蓑島榮紀, 1999, 「渤海滅亡後の北東アジアの交流·交易」, 『アジア遊學』6.

64 小嶋芳孝, 2002, 「古代日本海世界北部の交流」, 『北の環日本海世界』, 山川出版社.

65 『遼史』卷60, 志29 食貨 下; 『遼史』卷37, 志7 地理志1; 『契丹國志』卷24, 王沂公行程錄.

66 『日本紀略』前篇14, 弘仁元年 5월 丙寅.

67 小嶋芳孝, 1997, 「日本海の島々と靺鞨·渤海の交流」, 『境界の日本史』, 山川出版社, 36~39쪽.

68 大日方 克己, 2003, 「宣明曆と日本· 渤海· 唐をめぐる諸相」, 『日本と渤海の古代史』, 山川出版社, 79쪽.

69 『入唐求法巡禮行記』卷1, 開成 承和 5년 12월 20일. 당시 唐에서는 淮南지방에서 인쇄된 私板曆書가 팔리고 있었다(엔닌지음·김문경 역주, 2001, 『엔닌의 입당구법순례행기』, 중심, 89쪽).

70 田島公, 1991, 「海外との交涉」, 『古文書の語る日本史』2-平安-, 筑麻書房, 256~258쪽.

71 宋基豪, 1992, 「佛頂尊勝陀羅尼經 跋文」, 『譯註 韓國古代金石文』Ⅲ-신라2·발해편, 가락국사적개발연구원, 511쪽.

72 小嶋芳孝, 2004, 「渤海と日本列島の交流經路」, 『歷史と地理』577, 山川出版社, 4~5쪽.

73 下出積與, 1973, 『日本古代の神祇と道敎』, 吉川弘文館.

74 小嶋芳孝, 1995, 「日本海を越えてきた渤海使節」, 『日本の古代』3-海をこえての交流-, 中央公論社, 322~331쪽.

75 石川縣敎育委員會·(財)石川縣埋藏文化財セソター, 2005·2006, 『金

澤市畝田東遺蹟群Ⅰ~Ⅳ』(畝田寺中遺蹟); 고지마 요시타카, 2010,「발해 선박의 도래」,『고대 환동해 교류사』2부-발해와 일본, 동북아역사재단, 167~168쪽에서 재인용.

76 小嶋芳孝, 1995, 앞의 논문, 322쪽.

77 小嶋芳孝, 1995, 앞의 논문, 333쪽.

78 淺香年木, 1983,「能登客院考」,『北陸の考古學』, 石川考古學硏究會.

79 小嶋芳孝, 2008, 앞의 글, 130~131쪽.

80 金澤市敎育委員會, 2000,『戶水大西遺蹟Ⅰ』; 小嶋芳孝, 2008, 위의 논문에서 재인용.

81 小嶋芳孝, 2008, 위의 논문, 137~141쪽.

82 金澤市敎育委員會, 1996,『金石本町遺蹟Ⅰ~Ⅳ』; 小嶋芳孝, 2008,「고고학에서 본 발해와 일본의 교류사」,『東아시아속의 渤海와 日本』, 경인문화사, 124~141쪽에서 재인용.

83 小嶋芳孝, 1995, 앞의 논문, 333~335쪽.

84 小嶋芳孝, 1999, 앞의 논문, 255~256쪽.

85 小嶋芳孝, 1999, 위의 논문, 256쪽.

86 『日本紀略』前篇14, 弘仁 元年 5月 丙寅.

87 小嶋芳孝, 1997,「日本海の島々と靺鞨・渤海の交流」,『境界の日本史』, 山川出版社, 36~39쪽.

88 임동권, 2004,『일본에 살아있는 백제문화』, 주류성, 101쪽.

89 일본학계에서는 다가성비 자체를 위작설로 보는 설도 있으며, 그 근거중 하나가 京에서 말갈 등까지의 거리이다. 위작설로 보지 않는 입장에서는 '말갈국'을 국가보다는 흑수말갈과 같은 발해에 속하지 않는 말갈족으로 보는 설이 현재로서는 다수의 지지를 받고 있다.(平川 南, 2003,『古代地方木簡の硏究』, 吉川弘文館) 그러나 다가성비가 건립된 762년은 발해와 일본이 통교한지 35년이 지난 시점이기 때문에, 적어도 그 당시에는 말갈이 대륙의 주민이라는 인식이 있었을 것이다. 또한 당시 일본이 발해를 '말갈국'이라 불렀을 가능성은 낮지만, 말갈과 발해가 겹치는 부분이 있는 것은 확실하기 때문에 비문의 '말갈국'이 발해를 포함한 넓은 의미의 말갈족을 가리킬 수도 있다.(鈴木拓也, 2005,「國境の城と碑」,『文字と古代日本』2-文字によ

る交流, 吉川弘文館, 362쪽).

90   임동권, 2004, 앞의 책, 101~102쪽.

91   『日本三代實錄』卷5, 貞觀 3년 春正月 20일 乙未;『日本三代實錄』卷
    5, 貞觀 3년 5월 21일 甲午;『日本三代實錄』卷5, 貞觀 3년 5월 26일 己亥.

92   酒寄雅志, 2003,「渤海の交易-朝貢·互市, そして三彩」,『日本と渤海の
    古代史』, 山川出版社, 12쪽.

93   小嶋芳孝, 1999, 앞의 논문, 258쪽.

94   "鎭一丸 高麗客人禮佛會日破損如件 買韓槻鐥料 如件 …"(東京帝
    國大學, 1927,『大日本古文書』16, 東京帝國大學 文學部 史料編纂掛, 324
    ~325쪽; 宋基豪, 1992,「발해」,『譯註 韓國古代金石文』, 한국고대사회연구소,
    498쪽에서 재인용).

95   구난희, 2007,「발해관련 일본자료」『발해의 역사와 문화』, 동북아역사재단,
    413~414쪽.

96   임석규, 2010,「사이토마사루 기증 후쿠이현립 역사박물관소장 팔련성 출
    토유물」,『고대 환동해 교류사』 2부-발해와 일본-, 동북아역사재단, 213~
    223쪽.

97   小嶋芳孝, 1999, 앞의 논문, 259쪽.

98   小嶋芳孝, 1999, 앞의 논문, 260쪽.

99   서울대학교 박물관, 2003,『해동성국 발해』, 20쪽.

100   早乙女雅博, 2003,「발해 동경성의 발굴」『해동성국 발해』, 서울대학교 박
     물관, 125~129쪽.

101   小嶋芳孝, 1999, 앞의 논문, 260쪽.

102   임석규, 2005,「渤海 塑造佛像의 性格과 製作技法에 관한 연구」,『北方
     史論叢』7, 고구려연구재단.

103   송기호, 1993, 앞의 책, 259~260쪽.

104   小嶋芳孝, 2006,「畝田東遺跡群出土 花文帶金具로 보는 東아시아 世
     界」『高句麗研究』25.

105   『三國史記』卷9, 혜공왕 12년.

106   『三國遺事』卷2, 紀異2, 萬波息笛.

107 蔡美夏, 2005,「청해진의 祀典편제와 해양신앙」,『震檀學報』99, 58쪽.

108 李龍範, 1969,「처용설화의 신고찰」,『震檀學報』32.

109 森田健太郎, 2003,「宋朝四海信仰實狀」,『早稻田大學大學院 文學研究科紀要』49.

110 채미하, 2002,「신라 종묘제의 수용과 그 의미」,『歷史學報』176.

111 濱田耕策, 1998,『新羅國史の研究』, 吉川弘文館, 454~455쪽.

112 蔡美夏, 2005, 앞의 논문, 56~57쪽.

113 국립문화재연구소, 1991,『將島 淸海鎭 유적발굴조사보고서』I, 75쪽.

114 小田富士雄 編, 1988,『古代を考える沖ノ島と古代祭祀』, 吉川弘文館.

115 유병하, 2002,「해양교류와 고대 제사유적-한반도 서남해안 일대를 중심으로-」,『해양교류의 고고학』-26회 한국고고학대회발표요지문-, 65~68쪽.

116 豊見山和行著·김정환譯, 2005,「바다의 신앙」,『바다의 아시아』5-국경을 넘는 네트워크, 다리 미디어.

117 권덕영, 2001,「재당 신라인 사회와 적산 법화원」,『史學研究』62; 조범환, 2002,「장보고와 적산 법화원」,『대외문물교류연구』창간호, (재)해상왕장보고기념사업회.

118 김문경, 1999,「신라 무역선단과 관세음신앙」,『장보고와 21세기』, 혜안.

119 松本浩一, 2004,「船人たちが傳えた海の神-媽祖信仰とその廣がり-」,『アジア遊學』70-特集 波騒ぐ東アジア-, 勉誠出版.

120 金文經, 1987,「唐日文化 交流와 新羅神信仰-日本天台僧 最澄·圓仁·圓珍을 中心으로-」,『東方學志』54·55·56合集, 연세대학교 국학연구소.

121 朱剛玄, 1998,『조기에 관한 명상』, 한겨레신문사; 朱剛玄, 2005,「東亞細亞 海洋과 海洋信仰」,『東亞細亞의 海洋信仰과 '海神'張保皐』-2005년도 목포대학교 도서문화연구소 국제학술회의 요지문, 13~18쪽.

122 국립해양유물전시관, 1998,『물·바다·사람·배·꿈·삶·그 자국』91쪽.

123 『類聚三代格』卷18, 夷俘幷外番人事 太政官符 改正渤海國使朝聘期事;「咸化11年 中臺省牒 寫本」,『譯註 韓國古代金石文』3, 駕洛國史蹟開發研究院, 1992, 504~505쪽.

124 權悳永, 1997, 『古代韓中外交史-遣唐使研究』, 一潮閣, 128쪽.

125 『册府元龜』 卷971, 開元 원년 12월.

126 『松漠紀聞』 卷上, 渤海國.

127 조선유적유물도감편찬위원회, 1991, 『조선유적유물도감』 8-발해편-, 외국문종합출판사, 187쪽.

128 三上次男, 1968, 「半拉城出土の二佛幷座像とその歷史的意義」, 『朝鮮學報』 49; 1990, 『高句麗と渤海』, 吉川弘文館, 148~152쪽.

129 宋基豪, 1992, 「渤海佛教의 展開過程과 몇 가지 特徵」, 『韓國佛教文化思想史』 上卷-伽山 李智冠스님 華甲紀念論叢-, 705~706쪽.

130 駒井和愛, 1977, 「渤海の佛像-特に二佛竝座像について-」, 『中國都城·渤海研究』, 雄山閣, 174쪽.

131 車玉信, 1990, 「渤海 佛像에 관한 연구」, 이화여대 미술사학과 석사학위논문, 84쪽.

132 宋基豪, 1992, 앞의 논문, 722~724쪽.

133 齊藤優, 1978, 『半拉城と他の史蹟』, 半拉城址刊行會.

134 고구려연구회 · 러시아과학원 시베리아분소 고고민속연구소, 1998, 『러시아 연해주 발해 절터』, 학연문화사.

135 姜熺靜, 2003, 「발해 불교 미술의 신해석」, 『발해 고고학의 최신성과』-'해동성국 발해'특별전 기념 국제학술회의 요지문-, 서울대학교 박물관, 68~70쪽.

136 林相先, 1998, 「渤海의 道教思想에 대한 試論」, 『汕耘史學』 8.

137 林相先, 2000, 「'渤海人'李光玄과 그의 道教書 檢討」, 『韓國古代史研究』 20.

138 方學鳳, 1999, 「발해 샤만교(薩滿教)의 존재여부에 대하여」, 『高句麗研究』 6.

139 하효길, 2004, 「바다와 신앙」, 『한반도와 바다』, 국립민속박물관 · (재)해상왕장보고기념사업회; 주강현, 2005, 「東亞細亞 海洋과 海洋信仰」 『東亞細亞의 海洋信仰과 '海神' 張保皐』, 2005년도 목포대학교 도서문화연구소 국제학술회의 발표요지문.

140 이남석, 2004, 「크라스키노 발해유적」, 『러시아 연해주 크라스키노 발해 사원지 발굴보고서』, 고구려연구재단, 63~65쪽.

141 크라스키노성터 발굴의 역사에 대해서는, V. I. 볼딘, 2005, 「크라스키노성터 발굴 보고서」, 『2004년도 러시아 연해주 발해유적 발굴 보고서』, 고구려연구재단, 21~22쪽 참조.

142 ユーリ・G・ニキーチソ, 2005, 「渤海の港灣遺跡-クラスキノ土城における主な調査成果」, 『古代日本と渤海-能登からみた東アジア』, 大巧社, 145쪽.

143 2002년 3월 20일 세종문화회관 컨퍼런스홀에서 열린 한·러 발해유적 공동발굴 결과보고회(고구려연구회·강남대학교·러시아 극동고고역사민속연구소 주최)에서 2001년도 발굴결과가 간략히 보고된 바가 있다. 이에 따르면 발굴은 크라스키노성내 25, 27, 29피트에서 이루어졌으며, 土馬는 벼루·토기·철제 벨트 등과 함께 출토되었다고 한다.

144 高慶秀, 2004, 「韓國の土馬と鐵馬」, 『季刊 考古學』 87, 雄山閣, 78~81쪽.

145 강봉룡, 2005, 「한국 서남해 도서·연안지역의 鐵馬信仰」, 『東亞細亞의 海洋信仰과 '海神'張保皐』, 2005년도 목포대학교 도서문화연구소 국제학술회의 발표요지문.

146 金泰坤, 1983, 『韓國의 民間信仰硏究』, 集文堂.

147 高慶秀, 2004, 앞의 논문, 81쪽.

148 최광식, 1998, 「백제의 국가제사와 죽막동 제사유적의 성격」, 『부안죽막동 제사유적연구』, 국립전주박물관, 139쪽.

149 고구려연구재단, 2004, 『러시아 연해주 크라스키노 발해 사원지 발굴 보고서』, 306쪽.

150 小嶋芳孝, 2004, 「渤海への渡航經路と能登」, 『古代能登の對岸世界』-TOGI渤海シソポジウム, 石川縣 富來町, 7~8쪽.

제5장 환동해교류의 쇠퇴

1   장동익, 2007, 「고려시대의 대외교섭과 해방」『한·중·일의 해양인식과 해금』, 동북아역사재단, 67~81쪽.

2   石井正敏, 2010, 「高麗との交流」『日本の對外關係』3-通交·通商圈の擴大, 吉川弘文館, 88~92쪽.

3   나종우, 1995, 「일본 및 아라비아와의 관계」『한국사』15-고려 전기의 사회와 대외관계, 국사편찬위원회, 371~372쪽.

4   『高麗史』卷3, 世家 3, 목종 2년 10월.

5   『朝野群載』卷20, 異國.

6   石井正敏, 2010, 앞의 논문, 103쪽.

7   장동익, 2007, 앞의 논문, 동북아역사재단, 82~88쪽.

8   이창섭, 2008, 「11세기 초 동여진 해적에 대한 고려의 대응」『한국사학보』30, 83~84쪽.

9   石井正敏, 2010, 앞의 논문, 93~94쪽.

10   臼杵勳, 2010, 「契丹·女眞との交流」『日本の對外關係』3-通交·通商圈の擴大, 吉川弘文館, 124~126쪽.

11   藤田明良, 2007, 「文獻資料から見た日本海交流と女眞」『北東アヅア交流史研究』, 塙書房.

12   井黑忍, 2008, 「官印資料にみる金代東アヅアの'周邊'-'南船北馬'と女眞の水軍」『アヅア遊學』107.

13   臼杵勳, 2010, 앞의 논문, 128~129쪽.

14   이창섭, 2008, 앞의 논문, 96~101쪽.

15   『高麗史』세가1, 태조 乾化 2년·4년; 貞明 4년.

16   김남규, 1983, 「고려의 수군제도」『고려군제사』, 육군본부.

17   장동익, 2007, 앞의 논문, 89~103쪽.

윤재운

고려대 사학과를 나오고 같은 학교 대학원에서 남북국시대 무역을 주제로 박
사학위를 취득하였다. 한국고대사를 전공하며 세부 전공분야는 8~10세기 동
아시아 네트워크, 발해사, 역사교육이다. 고구려연구재단 및 동북아역사재단을
거쳐 현재 대구대학교 역사교육과에 있다. 주요 저서로는 한국 고대무역사 연
구(2006, 경인문화사), 고대 환동해교류사(공저, 2010, 동북아역사재단), 한중
관계사상의 교통로와 거점(공저, 2011, 동북아역사재단) 등이 있다.

교류의 바다 동해

인   쇄 2015년 6월 8일 초판 인쇄
발   행 2015년 6월 15일 초판 발행

글 쓴 이 윤재운
발 행 인 한정희
발 행 처 경인문화사
등록번호 제10-18호(1973년 11월 8일)
주   소 서울시 마포구 마포동 324-3 경인빌딩
대표전화 02-718-4831~2 · 팩 스 02-703-9711
홈페이지 http://kyungin.mkstudy.com
이 메 일 kyunginp@chol.com

ISBN 978-89-499-1084-0 93910
값 20,000원